Theodor Bühler
Sicherungsmittel im Zahlungsverkehr

Sicherungsmittel im Zahlungsverkehr

Dokumentenakkreditiv
Bankgarantie
Eigentumsvorbehalt

von

Theodor Bühler

Dr. iur., Rechtsanwalt, Professor an der Universität Zürich

Schulthess Polygraphischer Verlag Zürich 1997

meiner lieben Frau gewidmet

© Schulthess Polygraphischer Verlag AG, Zürich 1997
ISBN 3 7255 3573 6

Vorwort

Über Dokumentenakkreditive und über Bankgarantien besteht auch in der Schweiz eine umfangreiche Literatur. Diese stammt aber mehrheitlich von Autoren, die entweder in der Rechtsabteilung einer Bank arbeiten oder gearbeitet haben oder einer Bank nahestehen. Dies ist von der Natur der Sache her nicht weiter erstaunlich, denn dort sind auch die Fachleute über diese Gebiete zu suchen. Das Übergewicht dieser Autoren hat aber dazu geführt, dass jenen Mittel der Sicherung von vertraglichen Verpflichtungen der Vorzug gegeben worden ist, die für eine Bank die bequemsten sind. Es sind dies die Bankgarantie auf erstes Anfordern hin ohne jede Einredemöglichkeit und das Dokumentenakkreditiv, das mit möglichst wenigen Dokumenten auskommt. Beide Formen von Sicherungsmittel haben aber den Nachteil, dass sie dem Rechtsmissbrauch Vorschub leisten. Nun wollen die betreffenden Autoren, dass bei der Abwicklung dieser Sicherungsmittel der Rechtsmissbrauch nicht oder nur so wenig als nur möglich Berücksichtigung finden kann. Es ist nun das Verdienst der Gerichte und der Internationalen Handelskammer hier erfolgreich gegengesteuert zu haben. Auch hat sich richtigerweise die Erkenntnis durchgesetzt, dass die Regelung dieser im internationalen Handelsverkehr eingesetzten Instrumente nicht den nationalen Rechtsordnungen überlassen werden dürfe, sondern dass deren Ordnung übernational erfolgen müsse, wofür nur einheitliche Regeln der Internationalen Handelskammer oder multilaterale Konventionen in Frage kamen. Solche sind kürzlich entweder revidiert oder überhaupt erst geschaffen worden. Es ist daher von grosser Bedeutung, diese Ordnungen den Anwender nahezubringen, damit sich diese Ordnungen möglichst rasch durchsetzen können. Dies ist Zweck und Ziel dieser Arbeit, wobei zusätzlich vermehrt die Sicht des Exporteurs vertreten werden soll.
Der Teil Eigentumsvorbehalt entspricht meinem Beitrag «Die Mobiliarverschreibung als Alternative zum Eigentumsvorbehalt de lege ferenda nach dem Vorbild des Liechtensteinischen Rechts» in der Gedenkschrift Erich Seeger (Schaan 1994) S. 73 ff. allerdings aktualisiert und abgeändert.
Besonderen Dank schulde ich dem Verlag Schulthess Polygraphischer Verlag für die sorgfältige Drucklegung, den Herren Werner Stocker und Bénon Eugster für die freundliche Betreuung und steten Hilfeleistungen, die das gute Gelingen des Werkes gewährleisteten und der Bank CIAL (Schweiz) in Zürich insbesondere den Herren Erich Wyss, Generaldirektor und H.P. Rickli, Direktor der Niederlassung Zürich für die Promotion des Buches.

Inhaltsverzeichnis

Abkürzungsverzeichnis 7

1	**Das Zug-um-Zug-Leistungsprinzip und seine Sicherung**	**13**
1.1	Die Zug-um-Zug-Leistung	13
1.2	Das Leistungsverweigerungsrecht nach Art. 83 OR	14
1.3	Die Vorleistungspflicht des Zahlungsschuldners	15
1.4	Auseinanderfallen der gegenseitigen Leistungsfristen	16
1.5	Tafel zur Zug-um-Zug-Leistung	17
2	**Das Akkreditiv**	**19**
2.1	Das Prinzip	20
2.2	Die ERA	22
2.3	Das Akkreditivverhältnis und die daran beteiligten Parteien	23
2.4	Die Qualifikation des Deckungsverhältnisses nach schweizerischem Recht	32
2.4.1	als Anweisung	32
2.4.2	als Auftrag	32
2.4.3	als Kreditbrief	33
2.4.4	als Vertrag zugunsten eines Dritten	34
2.4.5	als Vertrag zu Lasten eines Dritten	34
2.5	Das Verhältnis zwischen der eröffnenden Bank und dem Begünstigten	34
2.6	Die Funktionen des Akkreditivs	36
2.6.1	Die Sicherungsfunktion	36
2.6.2	Die Zahlungsfunktion	36
2.6.3	Die Kreditfunktion	36
2.7	Die Akkreditivklausel	36
2.8	Der Akkreditiveröffnungsauftrag	39
2.9	Die Dokumente, die üblicherweise vorgelegt werden müssen	40
2.9.1	Allgemeine Regelungen	40
2.9.2	Transportdokumente	41
2.9.3	Versicherungsdokumente	48
2.9.4	Handelsrechnungen	48
2.9.5	Das Qualitätszertifikat	49

2.9.6	Weitere Dokumente	49
2.9.7	Der Wertpapiercharakter der Warenpapiere	50
2.9.8	Die sachenrechtliche Berechtigung am Warenpapier	52
2.10	**Die Unabhängigkeit des Dokumentenakkreditivs und die Folgen für Ansprüche aus dem Valutaverhältnis**	**54**
2.10.1	Die Unabhängigkeit des Deckungsverhältnisses	54
2.10.2	Die Dauer der Geltung der Abstraktheitsregel	56
2.10.3	Die Nichtigkeit des Akkreditivgeschäfts	57
2.10.4	Die Ausnahme zur Unabhängigkeitsregel	57
	2.10.4.1 Eine entgegenstehende Vereinbarung	57
	2.10.4.2 Die Nichtigkeit des Valutaverhältnisses	58
	2.10.4.3 Der Vorbehalt des Rechtsmissbrauchs	58
	2.10.4.4 Die Rechtsbehelfe der Beteiligten nach Eröffnung des Dokumentenakkreditivs	59
	2.10.4.5 Arrest oder einstweilige Verfügung	63
	2.10.4.5.1 Arrest	63
	2.10.4.5.2 Einstweilige Verfügung	66
2.11	**Die Form der Mitteilungen**	**68**
2.11.1	Nach den ERA	68
2.11.2	Nach dem schweizerischen Obligationenrecht	69
2.12	**Die sogenannte «Dokumentenstrenge»**	**69**
2.12.1	Der Begriff	69
2.12.2	Zweck: Sicherung, dass nur gegen akkreditivkonforme Dokumente bezahlt wird	71
2.12.3	Die Regeln über die Dokumentenprüfung	72
	2.12.3.1 Regeln, welche die ERA setzen	72
	2.12.3.2 Regeln, die sich aus der Rechtsprechung und der Literatur ergeben	75
2.12.4	Der Gegenstand der Dokumentenprüfung	75
	2.12.4.1 Die eingereichten Dokumente müssen vollständig sein	76
	2.12.4.2 Die eingereichten Dokumente müssen mit jenen, die verlangt werden, übereinstimmen	77
	2.12.4.3 Die Dokumente dürfen keine Widersprüche unter sich aufweisen	78
	2.12.4.4 Die Dokumente dürfen keine Fälschung sein	79
	2.12.4.5 Die Einschränkung durch Treu und Glauben	79
2.12.5	Das Vorgehen bei «unstimmigen» Dokumenten und insbesondere die Zahlung unter Vorbehalt	80
2.12.6	Die Haftung der Banken aus der Dokumentenstrenge	83
2.13	**Rechte und Pflichten der Zweitbanken**	**85**
2.13.1	Die sogenannte Avisbank	86
2.13.2	Die «benannte» Bank oder Zahlstelle	87

2.13.3	Die bestätigende Bank	90
2.13.4	Die Remboursbank	92
2.13.5	Das anwendbare Recht	93
2.14	**Die Fristen**	**93**
2.14.1	Die für das Akkreditiv massgebenden Fristen	93
2.14.2	Das Verfalldatum	96
2.14.3	Die Bearbeitungsfrist	97
2.14.4	Die höhere Gewalt	98
2.15	**Die Honorierungspflicht**	**98**
2.16	**Die Haftung der Bank für die Honorierung des Akkreditivs**	**102**
2.16.1	Die Haftung der eröffnenden Bank	102
2.16.2	Die Haftung der bezogenen Bank	103
2.17	**Die Übertragung des Akkreditivs**	**104**
2.17.1	Bedürfnis	104
2.17.2	Begriff	104
2.17.3	Die Übertragbarkeitsklausel	105
2.17.4	Die sogenannte «doppelte Zustimmung»	105
2.17.5	Weiterleitung von Änderungsmitteilungen	106
2.17.6	Übertragung an mehrere Zweitbegünstigte	107
2.17.7	Übertragung zu Originalbedingungen	107
2.17.8	Fakturen- und Trattenaustausch	107
2.17.9	Recht auf Verlegung der Zahlstelle	108
2.17.10	Die Rechtsnatur der Akkreditivübertragung	108
2.17.11	Die Abtretung von Akkreditiverlösen	108
2.18	**Dokumenten-Akkreditiv und Preisforderung**	**109**
2.19	**Tafeln zum Akkreditiv**	**110**
3	**Die Bankgarantie**	**113**
3.1	**Einleitung**	**113**
3.2	**Die ICC-Einheitlichen Richtlinien für «Contract Bonds»**	**114**
3.3	**Die ICC-Einheitlichen Richtlinien für auf Anfordern zahlbare Garantien**	**114**
3.4	**Der Entwurf einer UNO-Konvention über unabhängige Garantien und Stand-by letters of credit**	**115**
3.5	**Die Beteiligten an einer Bankgarantie**	**116**
3.6	**Begriff der «Bankgarantie»**	**117**
3.7	**Typologie nach wirtschaftlichen Gesichtspunkten**	**123**
3.8	**Verpflichtungsgrund**	**125**
3.9	**Rechtsgrundlage**	**125**

3.10	Die Unabhängigkeit	127
3.11	Form der Garantie	128
3.12	Inhalt der Bankgarantie	129
3.13	Die sogenannte Gegengarantie	132
3.14	Das «Amendment»	135
3.15	Das Begehren um Inanspruchnahme der Bankgarantie bzw. die Zahlungsaufforderung des Begünstigten	136
3.16	Zur sogenannten Effektivklausel	138
3.17	Die Dokumentenstrenge	140
3.18	Übertragung des Rechtes, eine Garantie in Anspruch zu nehmen und die Abtretung des Zahlungsanspruches	147
3.19	Das Erlöschen der Bankgarantie	148
3.20	Die Notwendigkeit einer internationalen Regelung des Bankgarantierechtes	149
3.20.1	Die Ausgangslage: Die Leichtigkeit mit der first demand-Garantien missbräuchlich in Anspruch genommen werden können	149
3.20.2	Die Einrede des Rechtsmissbrauchs	150
3.20.3	Die Rechtsprechung ausländischer Gerichte und der IHK Schiedsgerichte bezüglich Typen von Fällen rechtsmissbräuchlicher Inanspruchnahme	151
3.20.4	Die Rechtsprechung der kantonalen Gerichte und des Bundesgerichtes	153
3.20.5	Die Rechtsprechung der Genfer Cour de Justice	156
3.21	Die Regelung des Rechtsmissbrauches im Entwurf der UNO-Konvention	158
3.22	Die Haftung des Garanten gegenüber dem Auftraggeber	161
3.23	Die Zulässigkeit der Verrechnung	164
3.24	Tafeln zur Bankgarantie	165
3.25	Muster von Bankgarantien	168
4	**Die Mobiliarverschreibung als Alternative zum Eigentumsvorbehalt de lege ferenda nach schweizerischem Recht?**	175
	Einleitung	175
4.1	Die Grundlagen	176
4.1.1	Die einschlägigen Gesetzesnormen	176
4.1.2	Die systematische Einordnung der betreffenden Normen	177
4.1.3	Weitere Normen	178

4.1.4	Lücken und offene Rechtsfragen	179
4.1.5	Lückenfüllung durch Rechtsprechung und Doktrin	179
4.1.6	Entstehungsgeschichte	179
4.2	**Kommentierung de lege lata**	**180**
4.2.1	Ablehnung der französischen Fassung von Art. 715 ZGB	180
4.2.2	Vereinbarung über einen Eigentumsvorbehalt und Eigentumsvorbehalt	181
4.2.3	Das «Wirksamwerden» des Eigentumsvorbehaltes	183
4.2.4	Ist die Eigentumsübertragung suspensiv- oder resolutivbedingt?	187
4.2.5	Die Wirkungen des Eigentumsvorbehaltsregisters	191
4.2.6	Eigentumsvorbehalt und Gefahrtragung	194
4.2.7	Eigentumsvorbehalt und Dritte	195
4.2.8	Versetzung des Veräusserers in die Klägerrolle	195
4.2.9	Gutglaubensschutz	197
4.2.10	Spezialfälle von Kollision mit Drittrechten	198
4.2.11	Faktischer Untergang durch Verarbeitung, Verbindung oder Vermischung	199
4.3	**Das Mobiliarpfandrecht**	**200**
4.3.1	Vorbilder	200
	4.3.1.1 Im schweizerischen Recht	200
	4.3.1.2 Im früheren schweizerischen Recht	200
	4.3.1.3 Im früheren kantonalen Recht	202
4.3.2	Rechtsvergleichend	202
	4.3.2.1 Das argentinische Registerpfandrecht	204
	4.3.2.2 Das sog. feste Pfandrecht	204
	4.3.2.3 Das sog. gleitende Pfandrecht	205
	4.3.2.4 Das chilenische Registerpfandrecht	206
	4.3.2.5 Das Registerpfandrecht in Costa Rica	207
	4.3.2.6 Das niederländische besitzlose Mobiliarpfandrecht	207
	4.3.2.7 Der Eigentumsvorbehalt und die Mobiliarhypothek nach Liechtensteinischem Recht	208
4.3.3	Andere Mobiliarsicherungsformen	209
	4.3.3.1 Das italienische Maschinenprivileg	209
	4.3.3.2 Die österreichische Maschinenanmerkung im Grundbuch	210
4.4	**Schlussfolgerungen: Konzept einer Neuordnung de lege ferenda im schweizerischen Recht**	**211**

Anhang
Draft united nations convention on independent guarantees and stand-by letters of credit   213

Stichwortverzeichnis   227

Abkürzungsverzeichnis

A.a.O.	Am angegebenen Ort
AB OW	Amtsbericht der Rechtspflege des Kantons Obwalden
Abs.	Absatz
ABGB	österreichisches Allgemeines Gesertzbuch vom 1. Juli 1811
Abl.	Amtsblatt der Europäischen Gemeinschaften
AcP	Archiv für civilistische Praxis (Tübingen)
ADHGB	Allgemeines Deutsches Handelsgesetzbuch von 1861
AGB	Allgemeine Geschäftsbedingungen
AGVE	Aargauische Gerichts- und Verwaltungsentscheide
ALL E.R.	All England Law Reports
AISUF	Arbeiten aus dem Juristischen Seminar der Universität Freiburg
AJP	Aktuelle Juristische Praxis
Anm.	Anmerkung
aOR	Bundesgesetz über das Obligationenrecht vom 14. Juni 1881
Art.	Artikel
AS	Amtliche Sammlung
ASR	Abhandlungen zum Schweizerischen Recht (Bern)
Aufl.	Auflage
BB	Der Betriebs-Berater (Heidelberg)
Bd	Band
Beil.	Beilage
BG	Bundesgesetz
BGB	deutsches Bürgerliches Gesetzbuch vom 18. August 1896
BGE	Entscheidungen des Schweizerischen Bundesgerichtes (Amtliche Sammlung)
BGH	Deutscher Bundesgerichtshof
BGHZ	Entscheidungen des (deutschen) Bundesgerichtshofes in Zivilsachen
Bgr	Bundesgericht
BJM	Basler Juristische Mitteilungen
BL	Baselland
BTSP	Berner Tage für die Juristische Praxis
BV	Bundesverfassung der Schweizerichen Eidgenossenschaft vom 29. Mai 1874
C	Commission (Kommission) der EU-Gemeinschaften
C.A.	Court of Appeal

CC	Code civil (franz.Fassung für ZGB)
Ccfr.	Code civil français vom 21. März 1804
CCI	Chambre de Commerce Internationale (Paris)
Ccit.	Codice civile italiano vom 16. März 1942
CISG	United Nations Convention on Contracts for the International Sale of Goods (=WKR)
CO	Code des Obligations (franz.Fassung für OR)
DB	Der Betrieb (Heidelberg)
Diss.	Dissertation
DPCI	Droit et Pratique du commerce international/ International Trade Law and Practice (New York)
dv, DV	Datenverarbeitung
ECE	Wirtschaftskommission der Vereinten Nationen für Europa (Genf)
EFTA	European Free Trade Association (Europäische Freihandelszone)
EG	Europäische Gemeinschaft
EGV SZ	Entscheide der Gerichts- und Verwaltungsbehörden des Kantons Schwyz
EKG	Einheitliches Gesetz über den internationalen Kauf beweglicher Sachen vom 17.7.1973; BGBl. I S. 868
ERA	Einheitliche Richtlinien für Dokumentenakkreditive
Erw.	Erwägung
EU	Europäische Union
EuGH	Gerichtshof der Europäischen Gemeinschaften
Exp.Kom.	Experten-Kommission
Extraits	Entscheide des Kantonsgerichts Freiburg, veröffentlicht in: «Extraits des principaux arrêts du Tribunal cantonal et de décisions du Conseil d'Etat du canton de Fribourg»
Fak.	Fakultät
FJJ	Fichier de jurisprudence du Tribunal cantonal jurassien
Form.	Formular
FR	Freiburg
Fs	Festschrift
GATT	General Agreement on Tariffs and Trade
gl.M.	Gleicher Meinung
GVP GR	Gerichts- und Verwaltungspraxis des Kantons Graubünden (1935–1942)
GVP SG	St. Gallische Gerichts- und Verwaltungspraxis (seit 1951)

HGB	deutsches Handelsgesetzbuch vom 10. Mai 1897
Hrsg.	Herausgeber
ICC	International Chamber of Commerce
IFL	International Financial Law Review
IHK	Internationale Handelskammer (Paris)
insbes.	insbesondere
IPRG	BG vom 18. Dezember 1987 über das Internationale Privatrecht
JdT	Journal des Tribunaux
jur.	juristische
JuS	Juristische Schulung, München
JZ	Juristenzeitung, Tübingen
KassG	Kassationsgericht
KG Berlin	Kammergericht Berlin
Kgr.	Kantonsgericht
Komm.	Kommentar
L	Law
LGVE	Luzerner Gerichts- und Verwaltungsentscheide, I. Teil, Obergericht (Maximen) (seit 1974)
L.I.	Llyods List Law Review
lit.	littera
Lloyds Rep.	Lloyds Law Report
Max	Entscheidungen des Obergerichtes des Kantons Luzern und der Anwaltskammer (Maximen) (seit 1974)
Münch.Komm.	Münchener Kommentar zum Bürgerlichen Gesetzbuch
N	Note
nF	neue Folge
NJW	Neue Juristische Wochenschrift, München
Nr.	Nr.; Randnummer eines Buches
OG	BG vom 16.Dezember 1943 über die Organisation der Bundesrechtspflege
OGH	österreichischer Oberster Gerichtshof
OGr.	Obergericht
OJZ	Oesterreichische Juristische Zeitschrift (Wien)
OLG	Oberlandesgericht
OR	BG vom 30. März 1911/18. Dezember 1936 über das Obligationenrecht
OW	Obwalden
PKG	Die Praxis des Kantonsgerichtes von Graubünden (seit 1942)

Pra	Die Praxis des Schweizerischen Bundesgerichtes (Basel)
PrHG	BG vom 18. Juni 1993 über die Produktehaftplicht
Prot.	Protokoll
PW	Privatwagen
Q.B.	Law Reports, Queen's Bench
recht	recht, Zeitschrift für juristische Ausbildung und Praxis
RGZ	Entscheidungen des (deutschen) Reichsgerichts in Zivilsachen (Leipzig)
Rep.	Repertorio di Giurisprudenza Patria
Rev.jurispr.com.	Revue de jurisprudence commerciale
RIW	Recht der Internationalen Wirtschaft
RJJ	Revue jurassiennee jurisprudence (seit 1991)
RJN	Recueil de jurisprudence neuchâteloise 1^e partie – Droit civil (seit 1953)
Rs	Rechtssache
RVJ	Revue valaisanne de Jurisprudence
Rz	Randziffer
S.	Seite
SemJud	La semaine judiciaire (Genf)
SG	St.Gallen
SJK	Schweizerische Juristische Kartothek
SJZ	Schweizerische Juristen-Zeitung
SO	Solothurn
SOG	Solothurnische Gerichtspraxis (seit 1973)
SPR	Schweizerisches Privatrecht (Basel und Stuttgart)
ss.	et suivants
StenBull.	Stenographisches Bulletin
StGB	Schweizerisches Strafgesetzbuch vom 21. Dezember 1937
StR	Ständerat
TC	Tribunal cantonal
TI	Tessin (Ticino)
UCP	Uniform Customs and Practice for Documentary Credits
u.a.	unter anderem
UN	United Nations (Vereinte Nationen)
UNCITRAL	United Nations Commission on International Trade Law (Wien)
UWG	BG vom 19. Dezember 1986 gegen den unlauteren Wettbewerb

VAR	Vierteljahresschrift für Aargauische Rechtsprechung (bis 1946)
Vorbem	Vorbemerkung
VPB	Verwaltungspraxis der Bundesbehörden
W.L.R.	Weekly Law Reports
WKR	«Wiener Kaufrecht», Übereinkommen der Vereinten Nationen vom 11. April 1980 über den internationale Warenkauf auch CISG abgekürzt
WM	Wertpapiermitteilungen, Zeitschrift für Wirtschafts- und Bankrecht
WTO	World Trade Association (neue Bezeichnung für GATT)
z.B.	zum Beispiel
ZBGR	Schweizerische Zeitschrift für Beurkundungs- und Grundbuchrecht
ZBJV	Zeitschrift des bernischen Juristenvereins
Zbl.	Schweizerisches Zentralblatt für Staats- und Gemeindeverwaltung
ZfRV	Zeitschrift für Rechtsvergleichung (Oesterreich)
ZGB	Schweizerisches Zivilgesetzbuch vom 10. Dezember 1907
Ziff.	Ziffer
zit.	zitiert
ZR	Blätter für Zürcherische Rechtsprechung
ZSR	Zeitschrift für Schweizerisches Recht
ZWR	Zeitschrift für Walliser Rechtsprechung (seit 1967)

1. Das Zug-um-Zug-Leistungsprinzip und seine Sicherung

1.1 Die Zug-um-Zug-Leistung

Wenn in einem zweiseitigen oder synallagmatischen Vertrag[1] die Leistungen der Parteien gleichzeitig zu erbringen sind, wenn beispielsweise der Verkäufer den Kaufgegenstand gleichzeitig (Zug-um-Zug) gegen Zahlung des Kaufpreises durch den Käufer an diesen zu übergeben hat, so spricht man von Zug-um-Zug-Leistung[2]. Diese bietet keine Schwierigkeiten, wenn beide Leistungen denselben Erfüllungsort haben z.B. wenn der Käufer den Kaufgegenstand am Wohnort des Verkäufers abzuholen hat, woselbst nach Artikel 74 OR der Kaufpreis zu bezahlen ist[3] (Art. 75 OR).

Gleich zu behandeln ist die Einräumung einer kurzen Zahlungsfrist nach der Ablieferung[4].

Im Fall von vereinbarter Zug-um-Zug-Leistung hat der Schuldner das Recht, die eigene Leistung zurückzubehalten bis die andere Vertragspartei ihrerseits ihre Leistung bzw. die Zahlung anbietet[5]. Voraussetzung hierfür ist allerdings, dass die gegenseitigen Verpflichtungen aus dem zweiseitigen Vertrag derart aufeinander Bezug haben, dass die eine die Gegenleistung für die andere ist[6]. Entscheidend ist somit die Identität des Geschäftes.

---

[1] Begriff bei *Bruno von Büren*, Schweizerisches Obligationenrecht, Allgemeiner Teil (1964) S. 178 f.; *Robert Simmen*, Die Einrede des nicht erfüllten Vertrages (OR 82): ASR 467 (1981) S. 21 ff.; *Rolf Weber*, Kommentar zu Art. 82 OR (Bern 1983) N. 42 ff.; *Marius Schraner*, Komm. zu Art. 82 OR (Zürich 1991) N. 3 und N. 19.

[2] Hierzu *Fritz Oesterle*, Die Leistung Zug-um-Zug (Berlin 1980).

[3] *Von Tuhr/Escher*, Allgemeiner Teil des Schweizerischen Obligationenrechts Bd. 2 (1974) S. 58; *Weber* N. 136; RechB. Thurgau 1987 S. 66 ff.

[4] *Weber* a.a.O. N. 139.

[5] *Eugen Bucher*, Schweizerisches Obligationenrecht, Allgemeiner Teil (1988) S. 309; *Gauch/Schluep*, Schweizerisches Obligationenrecht, Allgemeiner Teil 2 (1995) Nr. 2220 ff.; BGE 107 II S. 223; 78 II S. 378; 94 II S 267; 109 II S. 30.

[6] Im Einzelnen *Schraner* N. 19 f.

Es handelt sich hierbei um eine aufschiebende Einrede, die «exceptio non adimpleti contractus», die in Art. 82 geregelt ist[7]. Diese ist auch bei der Rückabwicklung von Verträgen[8] anwendbar.

1.2 Das Leistungsverweigerungsrecht nach Art. 83 OR

Ist bei einem zweiseitigen Vertrag der eine Teil zahlungsunfähig geworden[9], wie namentlich, wenn er in Konkurs geraten oder fruchtlos gepfändet ist, und wird durch diese Verschlechterung der Vermögenslage der Anspruch des anderen gefährdet, so kann dieser seine Leistung so lange zurückbehalten, bis ihm die Gegenleistung sichergestellt wird (Art. 83 Abs. 1 OR). Wird er innerhalb einer angemessenen Frist auf sein Begehren nicht sichergestellt, so kann er vom Vertrage zurücktreten (Art. 83 Abs. 2 OR).

Während bei einem zweiseitigen Vertrag, bei welchem beide Leistungen gleichzeitig zu erbringen sind, nur derjenige den andern zur Erfüllung anhalten kann, der seinerseits geleistet oder doch die Leistung angeboten hat (Art. 82 OR), setzt Artikel 83 OR voraus, dass die eine Vertragspartei nach Vertragsabschluss zahlungsunfähig geworden ist[10]. Unter dieser Voraussetzung und nur unter dieser Voraussetzung stellt Art. 83 OR der andern Vertragspartei einen besonderen Rechtsbehelf zur Verfügung, der wesentlich einschneidender ist, als die Einrede nach Artikel 82 OR[11]. Damit gibt Artikel 83 OR der sich vor veränderten Verhältnissen gestellt sehenden Vertragspartei das Recht, die aus der Verschlechterung der Vermögenslage der anderen Vertragspartei folgende Gefährdung ihres Anspruches abzuwenden[12]. Die vom Gläubiger zur Leistung der Sicherstellung anzusetzende Frist hat angemessen zu sein[13].

---

[7] *Schraner* N 8 f. zu Art. 82 OR; BGE 107 II S. 233 b; 111 II 466 Erw. 3; *Bucher* S. 309 f. Zum Anwendungsbereich der Einrede: *Gauch/Schluep* Nr. 2232 ff. und dort zit. Lit. und Rechtsprechung.
[8] *Bucher* a.a.O.; Bundesgericht in SemJud 108 (1986) S. 382; RechB. Thurgau 1987 S. 66 ff.
[9] Begriff in BGE 68 II S. 171 ff.
[10] *Weber* a.a.O. N. 8 zu Art. 83 OR; *Bucher* a.a.O. S. 310 f.; *von Tuhr/Escher* a.a.O. S. 66; *Schraner* N 23 zu Art. 83 OR.
[11] *Von Tuhr/Escher* a.a.O. S. 65.
[12] BGE 105 II S. 30 f.; hierzu *Merz* in ZBJV 117 (1991) S. 131 f.
[13] BGE 106 II S. 33; 103 II S. 106 Erw. b mit weiteren Hinweisen.

Dieser Rechtsbehelf dient vor allem einer Vertragspartei, die im zweiseitigen Vertrag vorleistungspflichtig ist, wie dies vielfach der Fall ist[14/15].

Es wird nicht ein Anspruch auf Sicherheitsleistung begründet, sondern nur eine Einrede zur Verweigerung der eigenen Leistung, die wiederum durch Sicherstellung beseitigt werden kann. Ausser der Einrede gibt Artikel 82 Abs. 2 OR bei Zahlungsunfähigkeit der einen Vertragspartei der anderen das Recht vom Vertrag zurückzutreten, wenn ihm nicht auf sein Begehren innerhalb angemessener Frist Sicherheit geleistet wird, wobei dann ein Schadenersatzanspruch aus diesem Rücktritt ausgeschlossen ist[16].

1.3   Die Vorleistungspflicht des Zahlungsschuldners

Um jedes Risiko der Zahlungsunfähigkeit auszuschliessen, kann die zu einem Tun oder einem Unterlassen sich verpflichtende Vertragspartei von der anderen verlangen, dass diese die Zahlung vorschiesst.

Die Vorleistungspflicht kann auf dem Gesetz, einer besonderen Abrede, der Natur des Vertrages oder unmittelbar auf Treu und Glauben beruhen.

Die Vorleistungspflicht des Zahlungsschuldners ist gesetzlich vorgesehen beim sog. Vorauszahlungsvertrag, wofür aber eine ganz Reihe von formellen Voraussetzungen zu erfüllen sind (Art. 227a OR): Im übrigen beruht die Vorauszahlungspflicht auf Vertrag, so bei «Kasse gegen Faktura» oder «Zahlung gegen Dokumente»[17].

Die Vorauszahlungspflicht hat zum Nachteil, dass der Vorauszahlungspflichtige das volle Risiko trägt, dass die Gegenpartei nicht oder nicht richtig erfüllt. Er kann in einem solchen Fall zwar auf Schadenersatz gemäss Artikel 97 OR klagen[18] bzw. die ihm auf Grund des besonderen

---

[14] *Weber* a.a.O. N. 140 ff. zu Art. 82 OR.
[15] *Von Tuhr/Escher* a.a.O. S. 65.
[16] *Bucher* a.a.O. S. 311.
[17] *Weber* a.a.O. N. 144 zu Art. 82 OR; *Schraner* N 111 zu Art. 82 OR.
[18] Hierüber *H. Becker* in Komm. zu Art. 97 OR (Bern 1941) N 1 ff.; *Peter Jäggi*, Zum Begriff der vertraglichen Schadenersatzforderung: Festgabe für Wilhelm Schönenberger (Fribourg 1968) S. 181 ff.; *Gauch/Schluep* a.a.O. Nr. 2596 ff.

Vertragsverhältnisses zustehenden Rechtsbehelfe in Anspruch nehmen[19]. Hierfür trägt er allerdings die Beweislast[20] und muss gewärtigen, keinen Schadenersatz zu erhalten, wenn der Nicht- oder Schlechterfüllende zahlungsunfähig wird.[21]

1.4 Auseinanderfallen der gegenseitigen Leistungsfristen

Die Zug-um-Zug-Leistungen im synallagmatischen Vertrag haben den unbestreitbaren Vorteil, dass keine Partei das Risiko der Leistungspflicht durch die andere Partei tragen muss. Doch ist vielfach das Zug-um-Zug-Geschäft unmöglich, entweder weil die Parteien durch so grosse Distanzen voneinander entfernt sind, dass eine Hol- oder Bringleistung unzumutbar ist[22] oder es handelt sich um ein Dauerschuldverhältnis[23] bzw. einen sog. Dauervertrag[24], bei welchem der Zeitpunkt für die Erfüllungspflicht der einen Partei nicht mit demjenigen der anderen Partei übereinstimmt oder es handelt sich um Fälle, wo der Zeitpunkt der Fälligkeit nicht mit demjenigen der Erfüllbarkeit übereinstimmt[25]. In all diesen Fällen besteht für die Vertragspartei, die vorzeitig erfüllt oder zu erfüllen hat, ein Bedürfnis, für ihre Vorleistung gesichert zu sein[26].

---

[19] Minderung und alternativ dazu Wandelung beim Kauf, Nachbesserung, Minderung und Wandelung beim Werkvertrag.
[20] Gemäss Art. 8 ZGB.
[21] Zum ganzen Fragenkomplex: *Rudolf Bodmer*, Die Verarrestierung von Bank-Akkreditiven. Schweiz. Schriften zum Bankrecht 2 (1981) 1 ff.
[22] Vgl. *von Tuhr/Escher* a.a.O. S. 59, so beim Distanzkauf (Art. 204 OR): *Guhl, Koller, Druey*, Das Schweizerische Obligationenrecht (Zürich 1991) S. 360; *H. Giger*, Komm. zu Art. 204 OR (Bern 1977) N. 4 ff.
[23] *Bucher* a.a.O. S. 382 ff.; *von Tuhr/Escher* a.a.O. S. 45.
[24] *Gauch/Schluep* Bd. 1 (1995) Nr. 263.
[25] *Von Tuhr/Escher* a.a.O. S. 51 f.
[26] Wenn nur eine der beiden Parteien sich bewusst nicht an den Grundsatz «pacta sunt servanda» halten will, oder wenn einer vertragsgemässen Erfüllung ein anderes Hindernis im Wege steht, ist für eine gerichtliche Durchsetzung des Anspruches bei internationalen Handelsgeschäften mit einem erheblichen Aufwand an Zeit und Kosten zu rechnen. Im Extremfall wird sie sich als gänzlich hoffnungslos erweisen: *Conrad M. Ulrich*, Rechtsprobleme des Dokumentenakkreditivs: Schr. zum Handels- und Wirtschaftsrecht Bd. 126 (1989) S. 4 f.

Im Folgenden sollen die im Rahmen der schweizerischen Rechtsordnung wichtigsten Instrumente betrachtet werden, die zur Sicherung der Leistungspflicht zur Verfügung stehen. Es sind dies das Akkreditiv und die Bankgarantie. Für beide hat die Internationale Handelskammer Regelungen geschaffen, deren neueste Fassungen Gegenstand der folgenden Untersuchung sind.

1.5 Tafel zur Zug-um-Zug-Leistung

Zug-um-Zug

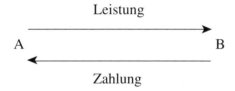

Vorauszahlung

2. Das Akkreditiv

Literaturauswahl:

Bodmer, Rudolf, Die Verarrestierung von Bank-Akkreditiven insbesondere die Verarrestierung der Forderung des Begünstigten, Bd. 8 (1991); *Bontoux C.*, La pratique du crédit documentaire... quelques problèmes particuliers: Hommage à Frédéric Eisemann (Paris 1978) S. 161 ff.; *Canaris, Claus-Wilhelm*, Bankvertragsrecht Bd.1 (Berlin, New York 1988) S. 631 ff.;); *Dallèves L.*, Exécution forcée dans les opérations d'accréditif in SAG 1985 S.14 ff.; *Dohm, Jürgen*, Crédit documentaire SJK 314 und 315; *Eisemann F./Schütze R.A.*, Das Dokumentenakkreditiv im Internationalen Handelsverkehr (Heidelberg 1989); *Gani L.*, La saisissabilité des droits patrimoniaux en matière d'accréditif documentaire (Diss.Lausanne 1987); *Graffe/Weichbrodt/Xueref*, Dokumenten-Akkreditive – ICC-Richtlinie 1993 – Text und Kurzkommentar (Bonn 1993); dies., Dokumenten-Akkreditive – ICC-Richtlinien 1993 (Frankfurt/Paris 1993); *Guggenheim, Daniel*, Die Verträge der schweizerischen Bankpraxis (Zürich 1986); *Gutteridge H.C./Megrah M.*, The Law of Banker's commercial credits (London 1984); *Gutzwiller Peter*, Bemerkungen zum Verhältnis zwischen Akkreditivbank und Korrespondenzbank: SJZ 1984 S.157 ff.; ders., Die neuen Einheitlichen Richtlinien und Gebräuche für Dokumenten Akkreditive im internationalen Handel: SAG 1985 S. 24 ff.; *Hartmann, Jürg*, Der Akkreditiv-Eröffnungsauftrag nach den Einheitlichen Richtlinien und Gebräuchen für Dokumenten-Akkreditive (Revision 1962) und dem schweizerischen Recht (Diss. Zürich 1974); *Hoeren/Florian*, Rechtsfragen des internationalen Dokumentenakkreditivs und -inkassos unter besonderer Berücksichtigung der ICC-Richtlinie vom 1.1.1993 (Berlin 1996); *Kleiner, Beat*, Die Zahlungspflicht der Bank bei Garantien und unwiderruflichen Akkreditiven: SJZ 1976 S. 353 ff.; *Lanzi M./Wille H.*, Ausnahme vom Grundsatz der Dokumentenstrenge und Abstraktheit der Akkreditivverpflichtung: SAG 1990 S. 56 ff.; *Liesecke R.*, Neuere Theorie und Praxis des Dokumentenakkreditivs: WM 1976 S. 258 ff.; *Lombardini, Carlo*, Droit et pratique du crédit documentaire: Etudes suisses de droit bancaire 25 (Zürich 1994); *Lüdi V.*, Die Pfändung bzw. Verarrestierung von Akkreditivguthaben unter Berücksichtigung der neuen Bundesgerichtspraxis: SJZ 1952 S. 313 ff.; *Nielsen Jens*, Neue Richtlinien für Dokumenten-Akkreditive (Heidelberg 1993); *Schärrer, Heiner*, Die Rechtsstellung des Begünstigten im Dokumenten-Akkreditiv: ASR NF 464 (Bern 1980); *Richter M.*, Stand By Letter of Credit (Diss. Zürich 1990); *Schönle, Herbert*, Missbrauch von Akkreditiven und Bankgarantien: SJZ 1983 S. 53 ff und 73 ff.; *Schütze, Rolf A.*, Das Dokumentenakkreditiv im Internationalen Handelsverkehr (Heidelberg 1996); *Slongo, U*, Die Zahlung unter Vorbehalt im Akkreditiv Geschäft nach den einheitlichen Richtlinien und Gebräuchen für Dokumentenakkreditive der Internationalen Handelskammer (Revision 1974) (Diss. Bern 1979/Zürich 1980); *Tevini Du Pasquier, S.*, Le crédit documentaire en droit suisse. Droits et obligations de la banque mandatée et assignée (Diss. Genf 1990/Basel und Frankfurt a.M. 1990); *Thévenoz, L.*, Propriété et gage sur la marchandise et son titre représentatif dans le crédit documentaire: SAG 1985 S.1 ff.; *Ulrich C. M.*, Rechtsprobleme des Dokumentenakkreditivs Diss. Zürich 1989); *Wassermann, Henning*, Die Verwertung von Ansprüchen aus Dokumentenakkreditiven: Studien zum Bank- und Börsenrecht 8 (Baden-Baden 1981); *Wessely, Wolfram*, Die Unabhängigkeit der Akkreditivverpflichtung von Deckungsbeziehung und Kaufvertrag (München 1975); *Graf von Westphalen, Friedrich*, Rechtsprobleme der Exportfinanzierung (Heidelberg 1987) S. 221 ff.; *Zahn Johannes C.D./Eberding Ekkard/Ehrlich Dietmar*, Zahlung und Zahlungssicherung im Aussenhandel (Berlin/New York 1986).

2.1 Das Prinzip

Um die Wirkung des Zug-um-Zug-Geschäfts im Distanzhandelsverkehr erreichen zu können[27], hat die Praxis der Banken auf die altbewährte Idee[28] zurückgegriffen, einen gemeinsamen Treuhänder bzw. Vertrauensmann einzuschalten[29]. Diesem fällt die Aufgabe zu, die beidseitigen Leistungen entgegenzunehmen und an jeden der Kontrahenten weiterzuleiten[30]. Hierfür eignet sich am besten eine Bank. Da diese im Falle des Kaufes oder Werkvertrages nicht die Waren selbst entgegennehmen kann, einerseits weil sie nicht über die entsprechende Logistik (Transportmittel, Lagerraum) verfügt, anderseits weil keine Partei daran interessiert sein kann, dass die Ware über den Umweg über eine Bank geliefert werden muss, ist man auf die Idee gekommen, für die Ware ein (Traditions-)Surrogat zu finden in der Form von Dokumenten, die die Ware vertreten[31]. Die Dokumente erfüllen dabei die Funktion von Legitimationspapieren[32]. Diese werden der Bank ausgehändigt, die damit ermächtigt wird[33], die Zahlung auszulösen. Die Bank wird damit aber nicht Eigentümerin der Dokumente, sondern nimmt diese lediglich in Besitz[34]. Man nennt diesen Vorgang ein Dokumentenakkreditivgeschäft. «Die Funktion des Akkreditives besteht darin, zum Schutze beider Kauf- (oder Werk-)vertragsparteien die beidseitige ordnungsgemässe Vertragserfüllung zu sichern. Der Käufer bzw. die von ihm mit der Akkreditiverfüllung beauftragte Bank, soll den Kaufpreis nur gegen Übergabe der Dokumente freigeben müssen, die das Vorhandensein sowie die vertragsgemässe Beschaffenheit der Ware bele-

---

[27] SemJud 1986 S. 533; *Schraner* N. 103 zu Art. 82 OR.
[28] Diese Idee ist bereits im Mittelalter durch die Einschaltung des sog. «Salmannes» verwirklicht worden.
[29] *Von Tuhr/Escher* a.a.O. 59; BGE 54 II S. 177.
[30] Oder in den Worten *von Tuhr/Escher* a.a.O. S. 59: «Die Bank verspricht dem Verkäufer, die ihr vom Käufer überwiesene Summe auszuzahlen gegen Übergabe der Dokumente, welche dem Verkäufer die Verfügung über die Ware verschaffen»; ferner *Bucher* a.a.O. S. 310.
[31] Es handelt sich hierbei nicht nur um Warendokumente, sondern um Dokumente jeder Art: *Jens Nielsen,* Neue Richtlinien für Dokumentenakkreditive: Schriftenreihe RIW Bd. 41 (1993) Anm. 10a S. 23. Dazu heisst es in den ERGDA (hierüber später): Im Akkreditivgeschäft befassen sich alle Beteiligten mit Dokumenten und nicht mit Waren, Dienstleistungen und/oder anderen Leistungen, auf die sich die Dokumente möglicherweise beziehen.
[32] Hierzu *A. Meier-Hayoz/Hans/Caspar von der Crone,* Wertpapierrecht (Bern 1985) S. 340 ff.
[33] Da das Dokument das Verfügungsrecht des bisherigen Wareninhabers legitimiert.
[34] ZR 88 (1989) S. 101; BGE 108 II S. 99.

gen und ihm die Verfügungsgewalt über diese verschaffen. Der Verkäufer seinerseits soll die Dokumente nur aus der Hand geben müssen, wenn Gewähr dafür besteht, dass ihm der in Form des Akkreditivs bereitgestellte Kaufpreis ausbezahlt wird»[35]. Dagegen ist der Käufer für das Stellen des Akkreditivs vorleistungspflichtig[36].

An die Stelle von Dokumenten können jedoch auch andere Bedingungen treten ‚die erfüllt sein müssen, um die Bank zu ermächtigen, auszuzahlen. Man nennt diesen Vorgang **Standby-Letter-of-Credit**[37].

«Unter einem Standby-Letter-of-Credit versteht man die, gemäss Weisungen ihres Auftraggebers gegenüber ihrem Begünstigten eingegangene abstrakte Verpflichtung einer Bank, eine vereinbarte Summe zu zahlen, falls genau umschriebene Dokumente präsentiert werden, aus denen sich ergibt, dass eine Verpflichtung aus dem zugrunde liegenden Hauptvertrag verletzt wurde. Dabei wird meistens eine Korrespondenzbank im Lande des Begünstigten eingeschaltet.»[38] Diese Rechtsfigur wurde in den USA entwickelt: Danach wird dem Begünstigten für den Fall der Nichterfüllung der Pflichten des Schuldners ein Zahlungsanspruch eingeräumt, der üblicherweise gegen die blosse Vorlage einer Sichttratte und einer schriftlichen Erklärung, dass der Schuldner seinen Verpflichtungen nicht nachgekommen ist, realisiert werden kann[39]. Der Standby-Letter-of-Credit unterscheidet sich mithin vom Dokumentenakkreditiv dadurch, dass er nicht, wie dieses zur Sicherung der Bezahlung einer Warenlieferung oder ähnlichem dient, sondern – wie etwa die Bürgschaft oder Garantie – eine Schadloshaltung des Begünstigten bezweckt. Ausgelöst wird die Zahlungspflicht der Bank allerdings nicht durch das vertragliche Fehlverhalten des Standby-Auftraggebers sondern dadurch, dass hierüber ein Schriftstück

---

[35] BGE 93 II 342; 90 II 307; vgl. auch UCC § 5–103 sowie die Definitionen amerikanischer Gerichte bei *Henry D. Gabriel,* Standby-Letters of Credit. Does the Risk outweigh the benefits?: Columbia Law Review 3 (1988) S. 706 Fn. 3, ferner *Schütze*, Das Dokumentenakkreditiv im Intern. Handelsverkehr 1996 S. 21 und S. 75 f.
[36] *Schraner,* Komm. zu Art. 82 OR N 111 und dort zit. Lit.
[37] Auch «Guarantee Letter of Credit» genannt. Vgl. schon UCP 1983 und *Silvia Tevini Du Pasquier,* Le crédit documentaire en droit suisse. Droits et obligations de la banque mandataire et assignée: Etudes suisses de droit bancaire 25 (1994) S. 17 f.
[38] *Marc R. Richter,* Standby Letter of Credit: Schriften zum Bankenwesen Bd. 32 (Zürich 1990) S. 53; 12 C.F.R. § 7.11.60 (1981) S. 53. nach *Richter* a.a.O.; da die Standby Letter of Credit mit der Bankgarantie eng verwandt ist und auch zu deren Umgehung geschaffen wurde, wird sie hier im Zusammenhang mit der Bankgarantie behandelt.
[39] *Eisenmann/Ebert,* Das Dokumenten-Akkreditiv im Internationalen Handelsverkehr: Schriftenreihe RIW (1979) S. 62.

vorgelegt wird[40]. Das Standby-Letter-of-Credit formt somit nicht das Zug-um-Zug-Geschäft nach, sondern gleicht eher einem Garantievertrag. Dennoch wird das Standby-Letter-of-Credit nach denselben Regeln wie das Dokumentenakkreditiv, d.h. in den ERA, behandelt[41].

Der **Letter of Credit** stellt die in der anglo-amerikanischen Bankpraxis gebräuchliche Form der Aussenhandelsfinanzierung dar. Seine Besonderheit liegt darin, dass er stets gegen Wechsel (Tratten) benutzbar ist, die in Verbindung mit den vorgeschriebenen Dokumenten einzureichen sind[42].

Das **Gegenakkreditiv** hat wirtschaftlich ähnliche Funktionen wie die Übertragung des Akkreditivs oder die Abtretung des Zahlungsanspruchs aus einem Akkreditiv. Das Gegenakkreditiv auch Unterakkreditiv oder Zwischenakkreditiv genannt ist ein echtes Akkreditiv, das nach Eröffnung des Hauptakkreditivs zugunsten eines (Unter-)Lieferanten oder Zwischenhändlers eröffnet wird[43].

2.2   Die ERA

Beide Institute sind in keinem nationalen Gesetzbuch enthalten, sondern es werden hierfür weltweit die von der Internationalen Handelskammer kodifizierten «**Einheitlichen Richtlinien und Gebräuche für Dokumenten-Akkreditive**» abgekürzt **ERGDA**, die seit 1993 in einer revidierten Fassung vorliegen[44], angewendet[45/46].

---

[40] *Zahn/Eberding/Ehrlich,* Zahlung und Zahlungssicherung im Aussenhandel (1986) S. 335 und dort zit. Lit. Zur Entstehung des Standby Letters of Credit: *Nielsen* a.a.O. S. 19.

[41] *Nielsen* a.a.O. Note 8.

[42] *R. A. Schütze,* Das Dokumentenakkreditiv im Internationalen Handelsverkehr (1996) Rz. 88.

[43] *Ebenda* Rz. 100.

[44] Auch als ERA 500 abgekürzt nach der ICC-Publication Nr. 500 (Mai 1993).

[45] ERA 500 Art. 1. Über die umstrittene Natur der ERGDA habe ich mich in meinem Beitrag «Faktische Rechtsquellen» in der Festschrift für Hans Ulrich Walder zum 65. Geburtstag (Zürich 1994) S. 160 ff. geäussert. Hier wird bloss darauf und auf die dort zit. Lit. hingewiesen. Hierzu kommt noch *Ulrich* a.a.O. S. 35 ff.; *Nielsen* a.a.O. S. 15 ff.; *Lombardini* a.a.O. S. 30 ff.; wie dem auch sei, wird der Hinweis auf die ERA 500 in jedem Akkreditiv empfohlen, insbesondere sollte dies bei einem Standby Letter of Credit geschehen.

[46] Zum Dokumentenakkreditiv selbst gibt es eine reichhaltige Literatur, wofür auf *Weber*, Einleitung und Vorbemerkungen zu den Art. 68–96 OR a.a.O. N 201 verwiesen wird, für die seitdem erschienene Literatur vgl. die nachfolgenden Hinweise.

Die erste Fassung der **ERA** (früher ERGDA) stammt aus dem Jahr 1932. Seitdem hat es in den Jahren 1951, 1962, 1974 sowie 1983 als Revisionen bezeichnete Änderungen gegeben. Im April 1993 wurde von der Internationalen Handelskammer sodann die 5. Revision verabschiedet, die am 1.1.1994 unter dem Titel ICC Publikation Nr. 500 in Kraft getreten ist[47].

Die ERA sind von der Internationalen Handelskammer (IHK) geschaffen. Die IHK ist seit ihrem Bestehen eine reine privatrechtliche Organisation, die das Ziel verfolgt, die internationalen Wirtschaftsbeziehungen zu verbessern. Gesetzgeberische Kompetenzen hat diese Organisation niemals besessen[48]. Ebensowenig sind «die Beschlüsse der Handelskammer und ihrer Kommissionen Staatsverträge, die als Völkerrecht entsprechend den Verfassungsvorschriften der verschiedenen Staaten nationales Recht werden können»[49].

Unbestrittenermassen handelt es sich bei der ERA 500 nicht um Gesetze oder Verordnungen im verfassungsrechtlichen Sinne und auch nicht um an Private delegierte Rechtssetzung, da eine solche Delegation fehlt. Im Übrigen ist aber die Rechtsnatur der ERA umstritten[50].

Drei Qualifikationen sind vorherrschend:

1. Die ERA sind Allgemeine Geschäftsbedingungen[51], was zur Folge hätte, dass sie jeweils in den Einzelvertrag einzubeziehen sind[52]. Hierfür spricht der Wortlaut von Artikel 1 ERA 500[53]. Gegen diese Qualifikation spricht der Zweck der ERA: Mit ihrer Aufstellung hat man es unternommen,

---

[47] *Nielsen*, a.a.O., S. 13; *Tevini Du Pasquier*, a.a.O., S. 28 ff.; *Lombardini* a.a.O. S. 28 f.; zur Geschichte eingehend *Schütze* Rz 23 ff.
[48] Hierzu *Hans Martin Dahlgrün*, Funktionen und Rechtspersönlichkeit der Internationalen Handelskammer (Diss. Mainz 1969).
[49] *Conrad M. Ulrich* a.a.O., S. 37 f.
[50] Hierzu *Th. Bühler* a.a.O., S. 161 ff.; umfassend *Tevini Du Pasquier* a.a.O. S. 27 ff. sowie *Lombardini* S. 31 ff., *Schütze* S. 50 ff.; *Hoeren/Florian*, Rechtsfragen des internationalen Dokumentenakkreditivs und -inkassos... (1996) S. 17 ff.
[51] BGH vom 19.11.1959 in WM 1960 S. 38 ff. und 101; BGE 87 II 137; 100 II 149; 111 II 78 f.; *Ulrich* a.a.O. S. 43 ff.; *Friedrich Graf von Westphalen*, Rechtsprobleme der Exportfinanzierung: Schriftenreihe RIW (1986) S. 227 f.; *Lombardini* S. 32 ff.; *Hoeren/Florian* S. 19 f., weitere Literatur bei *Schütze* Anm. 81 S. 54; ablehnend *Schütze* a.a.O. S. 54 f.
[52] Hierzu *Ulrich* a.a.O. S. 45 ff. und BGE 87 II 237.
[53] «Die Einheitlichen Richtlinien und Gebräuche für Dokumenten-Akkreditive, Revision 1993, ICC Publikation Nr. 500, gelten für alle Dokumenten-Akkreditive.., in deren Akkreditivtext sie **einbezogen** sind».

über die Landesgrenzen hinaus die Auffassungen der Kaufmannschaft über ein seit langem weltweit bekanntes und angewendetes, gesetzlich nicht geregeltes Rechtsinstitut durch Definitionen, Klärung der Terminologie, Abgrenzung der Rechte und Pflichten der Beteiligten und Verfahrensvorschriften für den Geschäftsablauf anzugleichen und zu fixieren, um somit international eine Vereinheitlichung der Akkreditivhandhabung zu erreichen[54]. Die ERA sind auch nicht einseitig von einer Partei redigiert, werden nicht der anderen Partei «gestellt», sondern sind von einer über den Interessen der Beteiligten stehenden Organisation geschaffen[55]. Sie sind daher sicher keine typische Allgemeine Geschäftsbedingungen, sondern sog. «Branchen-Bedingungen» und sind dazu bestimmt, den Rechtsverkehr für eine Branche zu ordnen.[56]

2. Die ERA sind ein Regelwerk geworden, das von den Banken von 165 Ländern angewendet wird und zum Ausbildungsstand eines Kaufmannes gehört[57]. Daher setzt sich immer mehr die Auffassung durch, dass es sich entweder um Gewohnheitsrecht[58], Handelsusanzen[59] oder um ein Normengefüge eigener Art[60] handelt. Als weltweite Gewohnheitsrechtsregeln werden insbesondere betrachtet das Prinzip «Zahlung gegen Dokumente»[61], der Grundsatz der Dokumentenstrenge[62] und die Unabhängigkeit der Bankverpflichtung aus Akkreditiv von der Deckungsbeziehung und vom Valutaverhältnis[63/64].

3. Die ERA sind sowohl Allgemeine Geschäftsbedingungen als auch Gewohnheitsrecht bzw. Teile der ERA geben Handelsusanzen wieder, während die übrigen Teile AGB sind[65].

---

[54] *Zahn/Eberding/Ehrlich*, 1/16.
[55] Gl. *M. Schütze* Rz. 38.
[56] BGE 87 II 234; *Gauch/Schluep* Bd. 1/1995 N 1123; *Richter* S. 113.
[57] *Nielsen* a.a.O. sowie *Bühler* a.a.O. jeweils mit weiterführenden Literatur.
[58] *Canaris*, Bankvertragsrecht I (1988) N 926 und in Fn. 12 zit. Autoren; ferner *Schütze* Rz. 34 und dort Zit.
[59] So *Zahn/Eberding/Ehrlich* a.a.O. und *Tevini Du Pasquier* a.a.O. S. 45; diese werden zuweilen als «lex mercatoria» qualifiziert: hierzu *Lombardini* S. 42 ff.; ferner *Schütze* Rz. 32 f. (lex mercatoria) und 53 f. (Handelsbräuche).
[60] Nach *Eisemann/Schütze*, Das Dokumenten-Akkreditiv in Internationalen Handelsverkehr (1989) S. 57 f. und *Schütze* Rz 39.
[61] BGE 90 II 302.
[62] BGE 115 II 70 f.; 104 II 275; 88 II 341; 87 II 234 und hinten S. 69 ff.
[63] BGE 117 III 78, 115 II 71; 100 II 145.
[64] *Schönle*, Vorbem. zu Art. 184-551 OR N 68.
[65] So offenbar *Canaris* N. 926 f.

Die Frage der Natur der ERA ist nicht bloss akademisch, denn von ihrer Beantwortung hängt die Auslegungsmethode ab. Meine Qualifikation der ERA als «faktische Rechtsquelle» weist auf die unbestreitbare Analogie zu einer Rechtsnorm hin (Deshalb ist auch die Rede von einer «lex contractus»)[66]. Die ERA sind daher analog zu einer Rechtsnorm auszulegen[67]. Dies ist auch dann der Fall, wenn die ERA 500 als Allgemeine Geschäftsbedingungen bzw. als Branchenbedingungen qualifiziert werden, denn auch dann handelt es sich um Regeln, die nicht von den Vertragsparteien selbst, sondern von einer unabhängigen Institution geschaffen worden sind. Bei den ERA 500 kommt noch hinzu, dass sie von einer Institution geschaffen worden sind, bei welcher sowohl die Banken als auch deren Kontrahenten, die Exporteure, vertreten sind. Man kann daher davon ausgehen, dass sie den Charakter einer zwischen diesen «Parteien» ausgehandelten Kollektivvereinbarung tragen, was deren Objektivität noch erhöht. Damit ergibt sich ein Unterschied zur Auslegung der Akkreditivbedingungen. Diese sind nämlich Vertragsinhalt der am betreffenden Akkreditiv beteiligten Parteien. Ihr Sinn ist wie der Inhalt aller Verträge im Lichte von Treu und Glauben zu ermitteln, unter Würdigung ihres Zweckes und des Zusammenhanges, in dem sie stehen.[68]

2.3 Das Akkreditivverhältnis und die daran beteiligten Parteien

Artikel 2 der ERA 500 definiert das «Akkreditiv» folgendermassen: «Im Sinne dieser Richtlinien bedeuten die Ausdrücke ‹Dokumenten-Akkreditiv(e)› und ‹Standby Letter(s) of Credit› (im folgenden Akkreditiv(e) genannt) jede wie auch immer benannte oder bezeichnete Vereinbarung, wonach eine im eigenen Interesse handelnde Bank (‹eröffnende Bank›) gegen vorgeschriebene Dokumente:

1. eine Zahlung an einen Dritten (‹Begünstigter›) oder dessen Order zu leisten oder vom Begünstigten gezogene Wechsel (Tratten) zu akzeptieren und zu bezahlen hat oder

---

[66] *Ulrich* a.a.O. S. 55.
[67] Im Ergebnis die Analyse von *Ulrich* der Auslegungspraxis des Bundesgerichtes (S. 57 ff.).
[68] BGE 88 II 345 ff.

2. eine andere Bank zur Ausführung einer solchen Zahlung oder zur Akzeptierung und Bezahlung derartiger Wechsel (Tratten) ermächtigt oder

3. eine andere Bank zur Negoziierung ermächtigt, sofern die Akkreditiv-Bedingungen erfüllt sind»[69].

Das Akkreditiv ist somit zumindest ein Dreieckverhältnis[70] zwischen Akkreditivsteller und Auftraggeber[71], Akkreditierter oder Begünstigter und Akkreditivbank oder eröffnende Bank. Es sind somit mindestens *drei Parteien* beteiligt[72]. Das Dokumentenakkreditiv setzt mindestens *zwei Verträge* voraus[73]. Der sog. Auftrag des «Auftraggebers» an die «eröffnende Bank» ist das sog. **Deckungsverhältnis**[74]. Neben diesem besteht ein Vertrag oder **Valutaverhältnis** zwischen dem Akkreditivsteller und dem Begünstigten[75]. Zwischen dem Begünstigten und der eröffnenden Bank besteht in der Regel kein Rechtsverhältnis.

Das Akkreditiv setzt ein Valutaverhältnis voraus. Dabei handelt es sich normalerweise um einen Kauf-, Werklieferungs- oder Werkvertrag. Ein solcher Vertrag enthält als Nebenverpflichtung des Käufers oder Bestellers (je nachdem es sich um einen Kauf oder um einen Werkvertrag handelt) den Abschluss eines Akkreditivvertrages und als solche des Verkäufers oder Unternehmers die Einreichung von bestimmten Dokumenten, bei der im Deckungsverhältnis bezeichneten Bank.

Der Käufer oder Besteller schliesst zur Erfüllung dieser Nebenverpflichtung einen sogenannten Akkreditivvertrag oder **Akkreditivklausel** mit der bezeichneten Bank ab[76]. Er wird somit zur Partei sowohl des Akkreditiv- als auch des Valutaverhältnisses, stellt aber zugleich auch die einzige Verbindungsperson zwischen diesen beiden Rechtsverhältnissen dar. Aus seiner Sicht und nur aus dieser ist die causa des Akkreditivvertrags das Valutaverhältnis, d.h. der Kauf-, Werklieferungs- oder Werkvertrag.

---

[69] *Tevini Du Pasquier* a.a.O. S. 16 f. und dort zit. Lit.
[70] *Tevini Du Pasquier* a.a.O. S. 15 ff.
[71] In Übereinstimmung mit dem schweizerischen Recht: *Ulrich* a.a.O. S. 10 Anm. 25.
[72] *Schütze* a.a.O. Rz. 58.
[73] *Ebenda* Rz. 59.
[74] *Weber* a.a.O. N 204; *Ulrich* a.a.O. S. 9 f.
[75] *Guhl/Koller/Druey* a.a.O. S. 508; *Ulrich* a.a.O. S. 100; BGE 49 II 199; 54 II 176; 78 II 48; 93 II 342; 100 II 148 Erw. 3a; 113 III 30; und 114 II S. 48 f. sowie Pra. 77 S. 574 f.; 117 III 77 Erw. 6a.
[76] *Schütze* Rz. 59.

Für die Bank dagegen ist dieses Valutaverhältnis irrelevant. Für sie ist allein der Akkreditivvertrag massgebend. Dieser besteht aus folgenden Elementen, eine Anweisung ihres Kunden an einen Dritten, einen bestimmten Geldbetrag zu bezahlen unter der Resolutivbedingung, dass dieser Dritte bestimmte Dokumente akkreditivkonform und rechtzeitig einreicht, einen Auftrag, diese Dokumente zu prüfen und gegebenenfalls weitere Verpflichtungen zu erfüllen[77] und in der Regel ein Kredit- oder Hinterlegungsverhältnis zur Deckung des von der Bank auszuzahlenden Betrages, alles gegen Entschädigung. Die Bank ist nämlich berechtigt, die Anweisung davon abhängig zu machen, dass der von ihr auszuzahlende Betrag gedeckt ist[78]/[79].

Während bei einem unwiderruflichen Akkreditiv naturgemäss kein solches besteht, hat die Bank beim widerruflichen Akkreditiv das jederzeitige Rücktrittsrecht gemäss Artikel 404 OR.

Die Bank als Angewiesene, die dem Begünstigten die Annahme ohne Vorbehalt erklärt, wird ihm zur Zahlung verpflichtet und kann ihm nur solche Einreden entgegensetzen, die sich aus ihrem persönlichen Verhältnis oder aus dem Inhalt selbst ergeben (Art. 468 Abs. 1 OR). Insbesondere kann sie nicht mehr geltend machen, der angewiesene Betrag sei nicht gedeckt.

Für das **«Akkreditivverhältnis»** ist somit die Anweisung an die Bank bzw. das Deckungsverhältnis allein massgebend. Dieses ist abstrakt, d.h. unabhängig vom Valutaverhältnis, was sich eindeutig aus Artikel 3 der ERA 500 ergibt: «Akkreditive sind ihrer Natur nach von den Kauf- oder anderen Verträgen, auf denen sie möglicherweise beruhen, getrennte Geschäfte und die Banken haben in keiner Hinsicht etwas mit solchen Verträgen zu tun und sind nicht durch sie gebunden, selbst wenn im Akkreditiv auf solche Verträge in irgendeiner Weise Bezug genommen wird»[80].

---

[77] BGE 78 II S. 54; 111 II S. 80. Mit der Entgegennahme der vorgelegten, akkreditivgemässen Dokumenten wird die Zahlungspflicht der eröffneten bzw. bestätigenden Bank zur unbedingten und sie wird zugleich fällig. Damit wird aber auch der Verwendungs- und Aufwendungsersatz fällig.
[78] Aufgrund von Art. 402 Abs. 1 OR und *Tevini du Pasquier* S. 131.
[79] *Ebenda* S. 98 f.
[80] Hierzu insbesondere *Graffe/Weichbrodt/Xueref*, Dokumenten-Akkreditive – ICC Richtlinien 1993 – Kurzkommentar für die Praxis (1993) S. 19; Zur Abstraktheit *Wolfram Wessely*, Die Unabhängigkeit der Akkreditivverpflichtung von Deckungsbezeichnung und Kaufvertrag: Bankrechtliche Schriften des Instituts für Bankwirtschaft und Bankrecht an der Universität Köln Bd. 8 (1975). Vorbehalten sind andere Rechtstitel, die es den am Akkreditivverhältnis beteiligten Parteien gestatten, sich auf das Valutaverhältnis zu berufen: Bundesgericht in SemJud 1986 S. 532; BGE 100 II 150.

Dies bedeutet, dass alles auf die Anweisung des «Auftraggebers» an die eröffnende Bank und insbesondere auf dessen Weisung ankommt. Deshalb legt Art. 5 ERA 500 fest: «Aufträge zur Eröffnung eines Akkreditivs, das Akkreditiv selbst, Aufträge zur Akkreditiv-Änderung und die Änderung selbst müssen vollständig und genau sein. Um Irrtümern und Missverständnissen vorzubeugen, sollten die Banken jedem Versuch entgegentreten 1. zu weit gehende Einzelheiten in das Akkreditiv oder in die Akkreditiv-Änderung aufzunehmen, 2. Aufträge zur Eröffnung, Avisierung oder Bestätigung eines Akkreditivs durch Bezugnahme auf ein früher eröffnetes Akkreditiv (gleiches Akkreditiv) zu erteilen, wenn dieses frühere Akkreditiv Gegenstand angenommener und/oder nicht angenommener Änderungen war (lit. a). Alle Aufträge zur Akkreditiv-Eröffnung und das Akkreditiv selbst sowie gegebenenfalls alle Aufträge zur Akkreditiv-Änderung und die Änderung selbst müssen genau das (die) Dokument(e) angeben, gegen das (die) Zahlung, Akzeptleistung oder Negoziierung vorgenommen werden soll» (lit. b)[81]. Man nennt dies die sog. **Auftragsstrenge**[82].

Die eröffnende Bank kann angewiesen werden, eine zweite Bank einzuschalten oder eine solche einschalten

- die dem Begünstigten die Eröffnung des Akkreditivs sowie allfällige Änderungen mitzuteilen hat[83], es handelt sich um eine sog. «**Avisbank**», die bloss als Hilfsperson der eröffnenden Bank[84] tätig wird.
- oder bei welcher die Dokumente zur Weiterleitung an die eröffnende Bank alternativ zur eröffnenden Bank einzureichen sind, jedoch als **Zahlstelle** gegenüber dem Begünstigten eingesetzt ist; in einem solchen Fall ist die Zweitbank Unterbeauftragte der eröffnenden Bank[85], die eröffnende Bank bleibt daher die verantwortliche Bank[86]
- oder welche die Dokumente entgegenzunehmen und zu prüfen hat und als Zahlstelle fungiert, bzw. sämtliche Aufgaben der eröffnenden Bank zu übernehmen, ermächtigt ist, womit sie zur **bestätigenden Bank** und zur Substitutin der eröffnenden Bank wird[87]. Die bestätigende Bank

---

[81] Vgl. hierzu *von Westphalen* a.a.O. S. 231.
[82] *Nielsen* a.a.O. N 14 zu Art. 5.
[83] *Ulrich* a.a.O. S. 30 ff.
[84] *Nielsen* a.a.O. N 125 zu Art. 18; zur Hilfsperson: *K. Spiro*, Die Haftung für Erfüllungsgehilfen (Bern 1984) S. 140 ff.
[85] *Nielsen* a.a.O. N 126 zu Art. 18.
[86] *Nielsen* a.a.O. N 135 zu Art. 18; a.A. LG Frankfurt AktG 1976, 47.
[87] *Nielsen* a.a.O. N 127 zu Art. 18; *Tevini Du Pasquier* a.a.O. S. 148 und die dort in Anm. 89 aufgeführte Lit. und Rechtsprechung.

wird dadurch dem Begünstigten gegenüber selbständig verpflichtet[88]. In einem solchen Fall spricht man von einem **bestätigten Akkreditiv**[89].

Der Begriff **«Bank»** ist in den ERA 500 nicht enthalten. Er muss aus dem jeweiligen nationalen Recht und somit für die Schweiz aus dem schweizerischen Bankenrecht[90] entnommen werden. Die ERA 500 präzisieren allerdings in Art. 2 letzter Absatz, dass auch «Filialen» einer Bank als «Bank» im Sinne des Akkreditivrechts gelten[91].

Die ERA unterscheiden zwischen **unwiderruflichen** und **widerruflichen** Akkreditiven (Art. 6 ERA 500) und empfehlen, dass im Akkreditiv angegeben werde, ob es sich um ein widerrufliches oder um ein unwiderrufliches Akkreditiv handelt. Fehlt eine solche Angabe so wird vermutet, es handle sich um ein unwiderrufliches Akkreditiv, da dies der Normalfall darstellt[92]. Das widerrufliche Akkreditiv ist nicht handelsüblich. Aus diesem Grunde entspricht die Vermutung in Artikel 6a der ERA 500, dass das Akkreditiv unwiderruflich ist, wenn im Akkreditiv nichts darüber steht, den Bedürfnissen der Handelspraxis eher als die umgekehrte Vermutung, wie sie die früheren ERA aufstellten. Nach der heutigen Lehre handelt es sich beim widerruflichen Akkreditiv um eine negative resolutiv-potestative Bedingung[93]. Der Auftraggeber ist zwar der zum Widerruf Berechtigte, doch ist auf seine Weisung nur die das Akkreditiv emittierende Bank berechtigt, Akkreditive zu widerrufen[94]. Nach schweizerischem Recht übt die Bank mit dem Widerruf des Akkreditivs ein Gestaltungsrecht aus[95], was zur Folge hat, dass dessen Wirkung erst eintritt, wenn die entsprechende Willenskundgebung dem Betroffenen mitgeteilt worden ist[96]. Nach dem schweizerischen Recht kann somit Art. 8a ERA 500 nur im Einklang

---

[88] BGE 78 II 50 f.; ZR 88/1989 S. 100.
[89] *Ulrich* a.a.O.
[90] Vgl. *Emch/Renz/Bösch*, Das Schweizerische Bankgeschäft (1993) S. 21 ff.; ferner *Beat Kleiner*, Die Gesetzgebung über das Bankwesen in Bund und Kantonen: Schriften zum Bankenwesen Bd. 4 (1979) S. 24.
[91] *Graffe/Weichbrodt/Xueref*, Dokumenten-Akkreditive a.a.O. S. 17.
[92] Es handelt sich hierbei um eine Neuerung der ERA 500, die der Praxis besser entspricht: *Graffe/Weichbrodt/Xueref* a.O. S. 24 und *Schütze* S. 66.
[93] *Tevini Du Pasquier* S. 49; *Lombardini*, a.a.O. S. 8.
[94] *C.E. Balossini*, Norme ed usi uniformi relativi ai crediti documentari (Milano 1988) S. 30: *Lombardini* S. 8 entgegen *Eisemann/Schütze*, Das Dokumentenakkreditiv im Internationalen Handelsverkehr (Heidelberg 1989) S. 70 und *Schütze* Rz. 73.
[95] *Lombardini* S. 10.
[96] *E. Bucher*, Schweizerisches Obligationenrecht. Allgemeiner Teil (1988) S. 139; *Lombardini* a.a.O.

mit den allgemeinen Regeln betreffend Wirkung einer Willenserklärung ausgelegt werden[97]. Die Auffassung, dass der Widerruf erst gültig wird, wenn er dem Betroffenen mitgeteilt worden ist, seine Wirkung aber auf den Zeitpunkt der Versendung dieser Mitteilung zurückwirkt, würde zu Artikel 10 Abs. 1 OR im Widerspruch stehen und ist daher abzulehnen[98].

Nach einem älteren Bundesgerichtsentscheid[99] ist ein widerrufliches Akkreditiv vor dem Akzept jederzeit frei widerrufbar. Diese Frage ist nun, davon abweichend, durch Artikel 8 ERA 500 kodifiziert worden, indem die eröffnende Bank einen solchen Widerruf jederzeit ausüben kann auch nach Sichtzahlung, Akzeptleistung oder Negoziierung durch eine andere Bank[100], wird aber dann zum «Rembours» gegenüber dieser verpflichtet[101]. Dagegen sagen die ERA 500 nichts darüber aus, bis wann der Widerruf zulässig ist. Die herrschende Lehre scheint den Widerruf bis zur Zahlung des vorgesehenen Betrages an den Begünstigten zulassen zu wollen[102]. Demgegenüber hat die Genfer Cour de Justice in einem Fall Banco Aleman Panamena SA gegen Convalor Finanz AG[103] den Widerruf nur bis zum Zeitpunkt zugelassen, wo der Begünstigte die Dokumente der Bank präsentiert. Dieser Auffassung ist zu folgen, weil mit der Entgegennahme der Dokumente und der Auszahlung des Betrages Fakten geschaffen werden, die sich unter Umständen nicht mehr rückgängig machen lassen.

«**Ein unwiderrufliches Akkreditiv** begründet eine feststehende Verpflichtung der eröffnenden Bank. Hat die Bank demnach ein unwiderrufliches Akkreditiv eröffnet, so wird ihr dadurch die Möglichkeit der nachträglichen Herabsetzung des Betrages zu dessen Zahlung sie sich verpflichtet hat, entzogen.»[104] Ein unwiderrufliches Akkreditiv ist bedingungs-

---

[97] *Zahn/Eberding/Ehrlich* S. 111; *H. Merz,* Vertrag und Vertragsschluss (Freiburg 1988) S. 108 ff.; *Kramer/Schmidlin,* Komm. zu Art. 1–18 OR (Bern 1986) Allgemeine Einleitung S. 103 ff. sowie *Lombardini* S. 10.
[98] *Lombardini*; anders das Englische Recht, das eine Mitteilung des Widerrufes als blossen Höflichkeitsakt betrachtet: *H. C. Gutteridge/M. Megrah,* The Law of Bankers commercial credits (London 1984) S. 19.
[99] BGE 49 II 200.
[100] *Tevini Du Pasquier* a.a.O. Anm. 9 S. 49.
[101] Art. 8b Ziff. 1; hierzu *Meier-Hayoz/von der Crone* a.a.O. S. 400 f.; ferner *Tevini Du Pasquier* a.a.O. S. 47 ff. und Genfer Cour de Justice in SemJud 1984 S. 558.
[102] *Tevini Du Pasquier* S. 49 Anm. 16; *C. W. Canaris,* «Bankvertragsrecht» in Handelsgesetzbuch-Grosskommentar. Dritter Band, 3. Teil, 2. Bearbeitung, 8. Abschnitt «Akkreditiv und Dokumenten-Inkasso (1981)» S. 683.
[103] SemJud 1984 S. 564 ff.
[104] BGE 108 Ib S. 277.

feindlich, weil eine Bedingung die Unwiderruflichkeit des Akkreditivs praktisch wertlos machen würde[105]. Da das unwiderrufliche Akkreditiv eine feste Verpflichtung der Bank begründet, kann die Bank es nicht in Frage stellen und muss in jedem Fall bezahlen, wo der Begünstigte oder Dritte sich auf die Unwiderruflichkeit der Verpflichtung der Bank verlassen hat[106].

Das Verhältnis zwischen der eröffnenden Bank und der Zweitbank hängt vom Akkreditivtypus ab. Als solche zählt ERA 500 Art. 10 das Sichtakkreditiv, das Akzeptierungsakkreditiv und das Akkreditiv mit hinausgeschobener Zahlung auf, wobei im Akkreditivtext klar ersichtlich sein muss, um welchen Typus es sich handelt. Der eine Typus schliesst die anderen aus[107]. Das Dokumentenakkreditiv muss auch die Bank benennen, die zur Honorierung der Dokumente ermächtigt ist, es sei denn, es handle sich um ein frei negoziierbares Akkreditiv, das die Dokumenteneinreichung bei irgendeiner Bank zulässt[108].

Nach den ERA 500 Art. 10 b II ist Negoziierung nicht nur, wie bisher, Ankauf von Tratten, verbunden mit der Vorlage ordnungsgemässer Akkreditivdokumenten sondern auch allein Ankauf von Dokumenten ohne Tratten[109].

Bei einem nicht bestätigten Akkreditiv besteht für die Zweitbank kein Obligo. Wenn aber die Zahlstelle sich zur Honorierung der Dokumente verpflichtet hat, kann sie nicht mehr im Hinblick auf ihr fehlendes Obligo widerrufen[110]. Die Zahlstelle muss alle Weisungen der eröffnenden Bank befolgen und die eröffnende Bank kann jederzeit der dieser gegebenen «Unterauftrag» widerrufen[111], was wiederum für deren Stellung als Hilfsperson spricht. Dabei ist zu bedenken, dass die sog. «Zahlstellenvereinbarung» ohne Zustimmung des Begünstigten nicht geändert werden kann, da dieser den Anspruch hat, von der bezeichneten Zahlstelle bezahlt zu werden[112]. Eine Umgehung der Zahlstelle ist nur in sehr engen

---

[105] BGE 93 II 339.
[106] *Lombardini* S. 13 ff.; BGE 93 II 329 ff.; hierzu *Lombardini* a.a.O.; *Ulrich* S. 1121; Kritik des Urteils durch *H. Schönle,* La responsabilité extra-contractuelle du donneur de crédit envers les tiers en droit suisse in SAG 1977 S. 153.; *Guggenheim* S. 105 ff. ferner OLG Frankfurt a.M. vom 12. Nov. 1991 in WM 1992 S. 569 = RIW 1992 S. 315 ff.
[107] *Nielsen* a.a.O. S. 69 f.
[108] *Ebenda.*
[109] *Ebenda* S. 70; Eine Tratte ist ein gezogener Wechsel.
[110] Art. 100 ERA 500; *Nielsen* S. 72.
[111] *Nielsen* S. 79.
[112] *Nielsen* a.a.O. N. 77 zu Art. 10; *Zahn/Eberding/Ehrlich* a.a.O. N 2/86.

Grenzen möglich, namentlich im Falle der Unmöglichkeit der Leistungen durch die Zahlstelle[113]. In jedem Falle ist die eröffnende Bank zum Aufwendungsersatz gegenüber der Zweitbank verpflichtet, auch dann, wenn die Dokumente auf dem Weg der ermächtigenden Zweitbank zu ihr verloren gehen[114].

«Authentische» Telekommunikationsmittel sind rechtsgenügend (Art. 11 ERA 500). Unvollständige oder unklare Weisungen sind unverzüglich zu klären (Art. 12 ERA 500), was Ausfluss der sog. Dokumentenstrenge ist.

2.4 Die Qualifikation des Deckungsverhältnisses nach schweizerischem Recht

2.4.1 als Anweisung

Nach herrschender Lehre[115] und Rechtsprechung[116] ist das Verhältnis zwischen dem Auftraggeber und der das Akkreditiv eröffnenden Bank ein Anweisungsverhältnis im Sinne von Art. 466 ff. OR, wobei die angewiesene Bank zur Zahlung verpflichtet und nicht bloss ermächtigt (wie sich dies aus dem Wortlaut von Art. 466 OR ergeben würde) ist, sobald ihr der Begünstigte die akkreditivkonformen Dokumente präsentiert.

2.4.2 als Auftrag

Neben diesem Anweisungsverhältnis besteht in der Regel noch ein Auftragsverhältnis (Deckungsverhältnis) zwischen Anweisendem (Akkreditivsteller) und Angewiesenem (Akkreditivbank)[117].

---

[113] *Nielsen* a.a.O.
[114] Ebenda S. 75.
[115] *Ulrich* S. 95; *Tevini Du Pasquier* S. 69 ff.; *Lombardini* S. 49 ff.; *Meier-Hayoz/von der Crone* S. 407 Nr. 57; *Gautschi*, Vorbem. zum 18. Titel N 5d; *Oser-Schönenberger* N 14 zu Art. 466 OR und Vorbem. zu Art. 407–411 N. 3; *Honsell* S. 322; *Thomas Koller* in Honsell/Vogt/Wiegand, Komm. zu Art. 407–411 OR N 3 auch nach deutschem Recht: *Hoeren/Florian* S. 25.
[116] BGE 49 II 199 f.; 108 Ib 277.

Gegenstand des Auftrages ist:

- das Eröffnen eines Akkreditives zugunsten des Begünstigten entsprechend den Weisungen des Auftraggebers;
- die Mitteilung des Kredites an den Begünstigten;
- die Zahlung an den Begünstigten, sofern dieser die erforderlichen Dokumente präsentiert;
- gegebenenfalls die Einschaltung einer zweiten Bank als Avis-. Sitzbank oder bestätigende Bank[118].

Eine bestimmte Form für den Auftrag ist nicht vorgeschrieben[119]. Hingegen hat im Anklang an Art. 395 OR die Bank dem Auftraggeber unverzüglich mitzuteilen, ob sie den Auftrag annimmt[120]. Dies ist nicht so zu verstehen, dass gemäss Art. 395 OR der Auftrag als angenommen zu gelten hat, wenn er nicht sofort abgelehnt ist, sondern als ein Erfordernis, das sich aus der Sorgfaltspflicht der Bank gemäss Art. 398 Abs. 1 OR ergibt im Anklang an Art. 395 OR.

Die neuere Lehre[121] und Rechtsprechung[122] nehmen daher an, dass das Verhältnis zwischen dem anweisenden Akkreditivauftraggeber und der angewiesenen akkreditiveröffnenden Bank gleichzeitig Anweisungs- und Auftragsrecht unterliegt.

2.4.3 als Kreditbrief

Gemäss *Guhl/Merz/Kummer* S. 472 und *Hofstetter*[123] insbes. Anm. 5 und 6 ist das Akkreditiv, als Kreditbrief zu qualifizieren, was aber unzutreffend ist, denn mittels Kreditbrief wird der Adressat ermächtigt, an den Begünstigten bestimmte Beträge auszuzahlen, ohne dass dieser sich durch Dokumente legitimieren müsste[124].

---

[117] BGE 78 II 48 Erw. 3; vgl. auch BGE 100 II 43 Erw. 3a und 114 II 48 f. Erw. a und b sowie 117 III 77 Erw. 6a. Nach deutschem Recht handelt es sich hierbei um einen Werkvertrag: *Schütze* Rz. 105 und dort Zitierte.
[118] *Lombardini* S. 56.
[119] *Ebenda* S. 57.
[120] BGH vom 23.3.55 in WM 1955 S. 765 und vom 17.10.83 in WM 1983 S. 1385 ff.
[121] *Schönle*, Vorbem. zu Art. 184–551 OR N 11 und N 46.
[122] Seit BGE 78 II 48 (hierzu *Bodmer* S. 10) BGE 117 III 77 ff.; 114 II 48; 100 II 43.
[123] SPR VII, 2 (1979).
[124] *Tevini Du Pasquier* S. 73 f.; *Lombardini* S. 46 und *L. Gani*, La saisissabilité des droits patrimoniaux en matière d'accréditif documentaire (Diss. Lausanne 1987) S. 16.

2.4.4 als Vertrag zugunsten eines Dritten

Auch der Vertrag zugunsten eines Dritten gemäss Art. 112 OR scheidet als Grundlage aus, weil die Bank kein Leistungsversprechen an den Begünstigten macht, das auf einem Schuldverhältnis mit diesem beruht[125].

2.4.5 als Vertrag zu Lasten eines Dritten

Auch Artikel 111 OR scheidet aus, da die Bank dem Begünstigten keinen Schadenersatz verspricht, für den Fall, dass der Auftraggeber nicht leistet[126].

2.5 Das Verhältnis zwischen der eröffnenden Bank und dem Begünstigten

Nach *Rudolf Bodmer* ist die Mitteilung der eröffnenden Bank an den Begünstigten, dass sie das Akkreditiv zu seinen Gunsten eröffne bzw. der bestätigenden Bank, dass diese das Akkreditiv bestätige, ein Antrag nach Art. 3 OR mit einer Annahmefrist, die mit jener der Laufzeit des Akkreditivs zusammenfällt und die Vorlage der akkreditivkonformen Dokumente durch den Begünstigten an die Bank die Annahme des Antrages, womit zwischen dem Begünstigten und der Bank ein Vertrag zustandekommt[127]. Diese Auffassung widerspricht der Konzeption des Akkreditivs und seiner Qualifikation als Anweisung, die Bodmer in übrigen bejaht[128].

1. Wenn sich der künftige Akkreditivauftraggeber und der künftige Begünstigte im Valutaverhältnis sich über die Akkreditivklausel geeinigt haben, wissen sie in der Regel noch nicht, welche Bank das Akkreditiv eröffnen bzw. bestätigen werde und falls die Akkreditivbank bereits bestimmt ist, steht damit noch nicht fest, dass diese den Auftrag annimmt.

2. Letzteres steht erst dann fest, wenn der Akkreditivauftraggeber mit der Bank im sog. Deckungsverhältnis den Auftrag vereinbart hat, aber über dieses Resultat ist dannzumal der Begünstigte nicht informiert.

---

[125] *Lombardini* a.a.O. S. 47.
[126] *Ebenda*.
[127] S. 65 ff.
[128] S. 84 ff.

3. Der Begünstigte wird erst dann informiert sein, wenn ihm die Bank das Akkreditiv eröffnet bzw. bestätigt. Mit dieser Eröffnung oder Bestätigung ist das gesamte Akkreditiv-«System» perfekt[129]. Einer Annahme durch den Begünstigten bedarf es nicht mehr. Genau diesen Vorgang aber formt Artikel 468 Abs. 1 OR nach, welcher lautet: «Der Angewiesene (in unserem Fall die Bank), der dem Anweisungsempfänger (in unserem Fall der Begünstigte), die Annahme ohne Vorbehalt erklärt (was beim unwiderruflichen Akkreditiv der Fall ist), wird ihm zur Zahlung verpflichtet und kann ihm nur solche Einreden entgegensetzen, die sich aus ihrem persönlichen Verhältnisse oder aus dem Inhalte der Anweisung selbst ergeben, nicht aber aus seinem Verhältnis zum Anweisenden»[130] oder in anderen Worten die Bank macht gegenüber dem Begünstigten ein Schuldbekenntnis nach Art. 17 OR[131], was, wenn dies bejaht, wird, zu einem einseitigen Vertrag zwischen Bank und Begünstigten führt[132]. «Es gehört zum Wesen der Anweisung, dass ein Dritter begünstigt wird. Wenn der Angewiesene diesem gegenüber die vorbehaltlose Annahme erklärt, erhält dieser – der Anweisungsempfänger – eine im eigenen Namen einklagbare Forderung[133]. Zwischen dem Angewiesenen und dem Anweisungsempfänger entsteht somit eine vertragliche Bindung, die indessen nicht einem Auftragsverhältnis gleichkommt»[134]. Dieses «vertragliche Verhältnis» ist aber bereits mit der Mitteilung der Akkreditiveröffnung bzw. -bestätigung durch die Bank an den Begünstigten zustande gekommen[135]. Es bedarf somit keiner Annahme durch den Begünstigen mehr. Anders ist gegebenenfalls zu entscheiden, wenn es um eine Abänderung des Akkreditives geht: Soweit es die Bank ist (und nicht der Akkreditivauftraggeber), die dem Begünstigten die Abänderung «beantragt», hat der Begünstigte dieser zuzustimmen bzw. diese zu genehmigen, was gegebenenfalls erst im Zeitpunkt der Dokumentenvorlage geschieht.[136]

---

[129] Gleicher Meinung offenbar *Schinnerer/Avancini,* S. 104.
[130] Vgl. *Schönle* in SJZ 1983 S. 55 und BGE 113 II 525 bzw. Pra. 77/1988 S. 864.
[131] Hierüber *Alfred Koller,* Schweizerisches Obligationenrecht, Allgemeiner Teil, Bd. 1 (1996) S. 376 ff., nach deutschem Recht ein abstraktes Schuldversprechen gemäss § 780 BGB: *Hoeren/Florian* S. 38 Rz. 37.
[132] Was *Schönle* S. 58 ablehnt.
[133] Art. 468 Abs. 1 OR; (*Gautschi* N 30 zu Vorbem. zu Art. 466 ff. OR); BGE 92 II 337.
[134] BG in Pra. 1988 S. 864.
[135] Gleicher Meinung offenbar *Bucher,* Schweiz. OR, Allgemeiner Teil S. 127.
[136] Siehe oben S. 106.

2.6 Die Funktionen des Akkreditivs

2.6.1 Die Sicherungsfunktion

Es liegt ein «abstraktes» somit vom Valuta- und vom Deckungsverhältnis losgelöstes Zahlungsversprechen einer Bank vor, das sich nach Artikel 468 OR[137] richtet. Dieses ist beim unwiderruflichen Akkreditiv endgültig bindend, während es beim widerruflichen Akkreditiv unter der resolutiven Potestativbindung des Widerrufs steht[138].

2.6.2 Die Zahlungsfunktion

Der Schuldner verspricht durch die Akkreditivklausel die Leistung durch einen Dritten (die Akkreditivbank) erfüllungshalber, wobei primär das Akkreditiv zu benützen ist[139].

2.6.3 Die Kreditfunktion

Diese Funktion erfüllt vor allem das Akkreditiv mit aufgeschobener Zahlung[140] und das Akkreditiv allgemein indirekt als Indiz dafür, dass der Schuldner von der eröffnenden Bank als kreditwürdig gilt[141].

2.7 Die Akkreditivklausel

Die Akkreditivklausel ist jene Abrede im Valutaverhältnis, welche die Verpflichtungen der Parteien zur Eröffnung und zur Benützung des Dokumentenakkreditivs regelt. Sie stellt die eigentliche Zahlungsvereinbarung im Grundvertrag zwischen Käufer und Verkäufer beim Kaufvertrag bzw. zwischen Besteller und Unternehmer beim Werk- bzw. Werklieferungsvertrag dar[142]. Die wichtigsten Akkreditivbedingungen, die in der Akkreditivklausel zu vereinbaren sind, betreffen Betrag, Währung, Laufzeit, Zahlstelle, Bestätigung, Beschreibung der Dokumente usw. Der

---

[137] Hierzu *G. Gautschi,* Komm. zu Art. 468 OR (Bern 1962).
[138] *Meier-Hayoz/Von der Crone* a.a.O. S. 400.
[139] *Ulrich* a.a.O. S. 22 f.
[140] Siehe hinten S. 99.
[141] *Ulrich* S. 24 f.; *Tevini Du Pasquier* a.a.O. S. 21; *Schütze* Rz. 56.
[142] *Wessely* N 7 und *Bodmer* S. 21.

mit dem Verkäufer vereinbarte Inhalt der Akkreditivklausel muss fast wörtlich in den Akkreditiveröffnungsauftrag aufgenommen werden, ansonst die zwischen dem Akkreditivauftraggeber und dem Begünstigten getroffene Zahlungsvereinbarung nicht eingehalten wird. Auch unterliegt die Akkreditivklausel dem Recht des Grundvertrages. Durch die Akkreditivklausel übernimmt der Käufer die Pflicht, das Akkreditiv zu stellen, der Verkäufer die Pflicht das Akkreditiv zu benutzen, beides innerhalb der dafür vorgesehenen Fristen und in der vereinbarten Art und Weise[143]. Die Pflicht zur Benutzung des Akkreditivs erwächst dem Verkäufer gegenüber dem Käufer und nicht gegenüber der Bank, der er die Dokumente vorlegen muss[144].

Entgegen dem gesetzlichen Modell des Kauf- bzw. Werkvertrages tritt in bezug auf die rechtzeitige Erstellung des inhaltlich vertragskonformen Dokumenten-Akkreditives der Käufer gegenüber dem Verkäufer bzw. der Besteller gegenüber dem Unternehmer in Vorleistung[145]. Solange der Käufer das Akkreditiv nicht vertragsgemäss gestellt hat, kann der Verkäufer die Lieferung der Ware verweigern. Er kann auch vom zugrunde liegenden Vertrag zurücktreten[146].

Nach schweizerischem Recht hat der Begünstigte das ihm eröffnete bzw. bestätigte Dokumentenakkreditiv mit den in der Akkreditivklausel getroffenen Vereinbarungen zu überprüfen. Stellt er Abweichungen oder Mängel gegenüber den in der Akkreditivklausel formulierten Bedingungen und Vorschriften fest, hat er dem Akkreditiv-Steller in Analogie zu Art. 467 Abs. 3 bzw. Art. 407 Abs. 2 OR unverzüglich Mitteilung zu machen[147]. Andernfalls gilt das Akkreditiv in der ihm eröffneten Form als genehmigt[148]. Daran ändert das nunmehr in Art. 9 lit. d iii ERA 500 für Akkreditivänderungen vorgesehene Prozedere nichts, da sich dieses auf die von der eröffnenden oder bestätigenden Bank dem Begünstigten mitgeteilten Änderungen des Akkreditives bezieht und somit das Verhältnis zwischen Bank und Begünstigten betrifft, das zusammen mit dem Deckungsverhältnis den ERA untersteht, während die Übereinstimmung zwischen eröffneten Akkreditivbestimmungen und der Akkreditivklausel

---

[143] *Canaris* N 1048; *Dallèves* S. 16; *Thévenoz* S. 7; *Wassermann* S. 28; *Bodmer* S. 21.
[144] *Bodmer* a.a.O.
[145] *Schönle* in SJZ 1983 S. 54; *Ulrich* S. 75; *Wassermann* S. 28; *Weber* N. 218 zu Einleitung und Vorbem. zu Art. 68-96 OR, ZR 48 Nr. 119; ZBJV 1955 S. 489.
[146] *Bodmer* S. 22.
[147] *U. Slongo,* Die Zahlung unter Vorbehalt im Akkreditiv-Geschäft (Zürich 1980) S. 21; *Bodmer* S. 23.
[148] *Gautschi* N. 129 a zu Art. 407 OR; *Canaris* N 983.

eine Frage ist, die das Valutaverhältnis betrifft und dem jeweiligen nationalen Recht und somit auch dem schweizerischen Recht untersteht. Auch ist nur der Begünstigte und nicht die Bank, welche die Akkreditivklausel in ihrer ursprünglichen Form nicht kennt, in der Lage zu prüfen, ob die Akkreditivbestimmungen mit der Akkreditivklausel übereinstimmen.

Eine Klärung bringt zweifellos die von einem Teil der Lehre befürwortete Annahme der Eröffnung oder Bestätigung des Akkreditivs durch den Begünstigten, sobald diese ihm von der Bank mitgeteilt worden ist[149]. Eine Verpflichtung dazu ergibt sich weder aus dem ERA noch aus dem Gesetz (Art. 468 Abs. 3 OR).

Entspricht das eröffnete oder bestätigte Dokumentenakkreditiv der Akkreditivklausel oder hat der Begünstigte die eröffneten Akkreditivbedingungen ausdrücklich oder konkludent genehmigt, so kann er diese nicht mehr zurückweisen, ohne gegenüber dem Akkreditiv-Steller in Annahmeverzug zu geraten[150].

Ist die Akkreditiveröffnung dem Begünstigten mitgeteilt worden und hat dieser nichts dagegen einzuwenden, so hat er die vereinbarten Lieferungen bereitzustellen und zu versenden[151]. Diese Leistungen sind Voraussetzung dafür, dass der Begünstigte einer weiteren vertraglichen Verpflichtung nachkommen kann, der Lieferung akkreditivkonformer Dokumente und deren Vorlage fristwahrend der Bank, womit er das Dokumentenakkreditiv beanspruchen kann, wozu er sich gegenüber dem Akkreditiv-Steller in der Akkreditivklausel verpflichtet hat[152].

Ist der Akkreditivsteller der vertragsgemässen Lieferfrist nicht nachgekommen, so kann im kaufmännischen Verkehr der Begünstigte gegen ihn auf Grund von Art. 190 f. OR vorgehen, hat der letztere die Dokumente nicht innert der Akkreditivfrist vorgelegt, so sind die Art. 107 ff. OR anwendbar[153], wobei die Möglichkeit einer Abänderung des Akkreditivs offen steht aber mit dem Akkreditivsteller und den Banken zu vereinbaren ist (Art. 9 lit. d i ERA 500).

---

[149] *Gautschi* N 2 b zu Art. 468 OR; *Schärrer* S. 50; *Slongo* S. 32; *Wassermann* S. 37.
[150] *Gautschi* N 31 b zu Art. 407 OR und *Bodmer* S. 23.
[151] *Canaris* N 1048.
[152] *Bodmer* S. 25.
[153] *Ebenda* und Fn. 113.

2.8 Der Akkreditiveröffnungsauftrag

Im Akkreditiveröffnungsauftrag oder einfacher **Akkreditivauftrag** werden die Verpflichtungen der Bank durch die Weisungen des Akkreditivauftraggebers bestimmt, «die sowohl in wirtschaftlicher als auch in rechtlicher Hinsicht das Akkreditivgeschäft prägen»[154]. Die ERA schreiben deshalb in Art. 5 Abs. 1 vor, dass «Aufträge zur Eröffnung eines Akkreditivs, das Akkreditiv selbst, Akkreditivänderung und die Änderung selbst, vollständig und genau» sein müssen.

Die Hauptverpflichtungen der Akkreditivbank aus dem Akkreditiveröffnungsauftrag sind die folgenden drei:

– fristgemässe Eröffnung des Akkreditivs;
– Dokumentenprüfung;
– Honorierung akkreditivkonformer Dokumente[155].

Der Akkreditiv-Eröffnungsauftrag (den der Akkreditivauftraggeber der eröffnenden Bank erteilt) entspricht fast wörtlich der Akkreditivklausel, hat vorzugsweise schriftlich zu erfolgen[156] und sich über folgende Punkte zu äussern[157]:

– Bezeichnung des Begünstigten[158];
– Akkreditivsumme und Währungsangabe; das Akkreditiv lautet immer auf einen bestimmten Höchstbetrag[159];
– Gültigkeitsdauer des Akkreditivs mit Angabe des Verfalldatums und Ortes der Dokumentenvorlage (Art. 42 lit. a ERA 500; Art. 46 UCP 400), sowie gegebenenfalls des Verladedatums (Art. 43 ERA 500); ferner ist darauf hinzuweisen, wo das Akkreditiv **gültig** und wo es **benutzbar** ist, denn beide Begriffe sind nicht identisch: gültig ist das Akkreditiv dort, wo die Dokumente vor Verfalldatum fristwahrend eingereicht werden können (Art. 42 ERA 500); benutzbar ist ein Akkreditiv bei der Bank, die gemäss Art. 10 lit. b i ERA 500 ermächtigt ist, die Dokumente durch Zahlung, Eingehung einer Verpflichtung zur

---

[154] *Schütze* Rz. 101; ferner *Hoeren/Florian* S. 37 ff.
[155] *Ebenda* Rz. 108 ff.
[156] *Canaris* N 936; *Zahn/Eberding/Ehrlich* S. 54 f.; *Eisemann/Schütze* 84; *Gautschi* N 250 zu Art. 407 OR; *Slongo* S. 20 und BGE 93 II 337 Erw. 4; *Schütze* Rz. 106 f.
[157] Nach *Bodmer* S. 13 jedoch mit entsprechender Anpassung an die ERA 500; im Einzelnen *Schütze* Rz. 122 ff.
[158] Für die Einholung einer Auskunft über den Begünstigten bedarf es eines besonderen Auftrages.
[159] *Bodmer* S. 13.

hinausgeschobenen Zahlung, Akzeptierung von Tratten oder Negoziierung zu honorieren[160]
- Widerruflichkeit oder Unwiderruflichkeit (Art. 6 lit. b ERA 500) und Übertragbarkeit des Akkreditivs (Art. 48 ERA 500);
- Art der Kreditbenützung (Art. 10 ERA 500; Art. 11 UCP 400);
- Bezeichnung und Stellung von eingeschalteten Zweitbanken; Avisbank (Art. 7 ERA 500), benannte Bank (Art. 9 lit. a ERA 500) oder bestätigende Bank (Art. 9 lit. c ERA 500);
- Vorschriften über Art, Anzahl und Beschaffenheit der vom Begünstigten vorzulegenden Dokumente (Art. 22-38 ERA 500)[161]
- Warenart; -menge und Beschaffenheit; Lieferklauseln (beispielsweise incoterms); Transportmodalitäten (z.B. Charterpartie, Art. 25 ERA-500, multimodaler Transport, Art. 26 ERA 500; Teilverladungen, Art. 40 ERA-500) und Angaben über die Versicherung (Versicherungsart, Deckung, Art. 35 ERA-500).

Beim Abfassen des Akkreditiv-Eröffnungsauftrages ist auf weitgehende Einzelheiten zu verzichten, «um Irrtümern und Missverständnissen vorzubeugen» (Art. 5 lit. a ERA-500).

Wenn die Weisungen des Akkreditiv-Auftraggebers im Akkreditiveröffnungsauftrag derart sind, das bei deren Befolgung kein wirksames Akkreditiv eröffnet werden kann, so hat die Bank den Akkreditivauftraggeber auf die Unzweckmässigkeit seiner Weisungen hinzuweisen und dessen Stellungnahme einzuholen.[162]

2.9 Die Dokumente, die üblicherweise vorgelegt werden müssen

2.9.1 Allgemeine Regelungen

Art. 20 ERA 500 enthält diesbezüglich einige Klarstellungen, die neu sind[163]:

- Pauschalangaben zur Spezifizierung des Ausstellers sind unbeachtlich (Art. 20 lit. a. ERA 500);

---

[160] *Nielsen* N 33.
[161] Dies ist das Kernstück des Akkreditivs: *Hartmann* S. 53 ff.; *Gautschi* N 28 d zu Art. 407 OR und *Bodmer* Anm. 50 S. 13.
[162] BGE 108 II 198; *Eisemann/Schütze* S. 85 f. und *Bodmer* S. 28.
[163] Eingehend auch *Schütze* N 164 ff.

- Die Ausstellung durch den Begünstigten ist nicht mehr zulässig (Art. 20 lit. a. ERA 500 am Ende)[164].
- Dokumente, die durch repographische, automatisierte oder computerisierte Systeme oder als Dokumente erstellt sind, werden als Originale anerkannt, wenn sie als solche bezeichnet werden (Art. 20 lit. b ERA 500)[165].
- Die Originale sind zu unterzeichnen, wobei die Unterschrift durch andere Techniken ersetzt werden kann (Art. 20 lit. h Absatz 3a ERA 500). Dieser Artikel der ERA 500 entspricht zwar Art. 14 OR namentlich Art. 14 Abs. 2 OR[166]; es ist aber zu beachten, dass diese Bestimmung der ERA zwingenden Vorschriften einzelner nationaler Rechte widersprechen kann und dass diese dann vorgehen[167].
- Die Banken haben auch Kopien oder Photokopien als rechtsgenügend entgegenzunehmen, die entweder als Originale oder als Kopien bezeichnet sind, wobei Kopien keiner Unterzeichnung bedürfen. Auch genügt ein Original und die entsprechende Zahl von Kopien, wenn mehrere Exemplare vorgeschrieben sind (Art. 20 lit. c III ERA 500).
- Art. 20 Lit. d ERA 500 schliesslich umschreibt die Anforderungen, die an eine «Authentisierung» (=Beglaubigung) eines Dokumentes zu stellen sind[168].

2.9.2 Transportdokumente

Transportdokumente haben zum Zweck:

- nachzuweisen, dass ein Frachtvertrag abgeschlossen worden ist;
- nachzuweisen, dass die Ware durch den Frachtführer entgegengenommen worden ist;
- die Ware während des ganzen Transportes zu decken[169].

---

[164] *Nielsen* N 145 zu Art. 20 S. 125.
[165] *Nielsen* N 147; ZR 58 (1989) S. 100; zur Problematik der Beweiskraft eines elektronischen Dokumentes nach deutschem Recht: *Rainer Schuppenhauer,* Beleg und Urkunde – ganz ohne Papier?: Der Betrieb 47 (1994) S. 2041 ff.
[166] Hierzu *Schönenberger/Jäggi,* Komm. zu Art. 14/15 OR (Zürich 1973) N. 11 ff.; *Bruno Schmidlin,* Komm. zu Art. 14/15 OR (Bern 1986) N 12 ff.
[167] Vgl. *Nielsen* a.a.O. S. 127 und 130.
[168] Für das schweizerische Recht vgl. *Schönenberger/Jäggi* a.a.O. N 85 zu Art. 13 OR und *Christian Brückner,* Schweizerisches Beurkundungsrecht (Zürich 1993) Nr. 3222 und 3257 ff.
[169] *Lombardini* a.a.O. S. 167 ff.

Das Transportdokument oder Konnossement muss grundsätzlich in übertragbarer und negoziierbarer Form vorgelegt werden[170].

Im Gegensatz zu den früheren Richtlinien enthalten die ERA 500 detaillierte Regelungen für die Aufnahmefähigkeit von Transportdokumenten[171].

Als solche werden nun einzeln aufgeführt:
- das Seekonnossement[172] englisch Marine oder Ocean Bill of Lading[173];
- der nicht begehbare Seefrachtbrief[174], englisch Non-Negotiable Sea Waybill;
- das Charterpartie-Konnossement[175], englisch Charter Party Bill of Lading;
- das multimodale Transportdokument[176], englisch Multimodal Transport Document;
- das Lufttransportdokument[177], englisch Air Transport Document;
- die Dokumente des Strassen-, Eisenbahn- oder Binnenschiffahrtstransports[178], englisch Rail oder Inland Waterway-Transport Documents;
- die Kurierempfangsbestätigung und der Postlieferungsschein[179].

---

[170] Vgl. BGH in WM 1958, 459 BGE 122 III S. 107 und *Canaris* N 997.

[171] *Nielsen* a.a.O. S. 138 und Kritik an der «neuen Konzeption» *ebenda* S. 139 f. Diese Entwicklung wurde durch die Revision 1983 bereits eingeleitet.

[172] Art. 23; Art. 26 in der Fassung von 1983. In der Terminologie der ERA-Bestimmungen ist das «marine/ocean bill of lading» der Oberbegriff für die verschiedenen Seekonnossemente (Art. 23 ERA 500, Art. 26 UCP 400; ZR 91/92 1991/1992 S. 294). Art. 112 Seeschiffahrtsgesetz enthält folgende Legaldefinition des Konnossements: «Das Konnossement ist eine Urkunde, in welcher der Seefrachtführer anerkennt, bestimmte Güter an Bord eines Seeschiffes empfangen zu haben, und sich gleichzeitig verpflichtet, diese Güter an den vereinbarten Bestimmungsort zu befördern und daselbst dem berechtigten Inhaber der Urkunde auszuliefern.» *Meier-Hayoz/Von der Crone* a.a.O. S. 352. Nach BGE 122 III S. 107 hat ein Konnossement auf die vereinbarte Ware zu lauten, deren Verschiffung zu bestätigen, den vereinbarten Bestimmungshafen zu nennen und muss mittels Indossement übertragen werden können; zum deutschen Recht: *Hoeren/Florian* S. 34.

[173] «On board» gibt an, dass die Waren bereits auf dem Transportmittel liegen und nicht in irgendeinem Lager: *Nielsen* a.a.O. S. 135 f.

[174] Art. 24 ERA 500.

[175] Art. 25 ERA 500.

[176] Art. 26 ERA 500; Art. 25 in der Fassung 1983.

[177] Art. 27 ERA 500; Art. 25 in der Fassung 1983.

[178] Art. 29 ERA 500; Art. 25 in der Fassung 1983, BGE 122 III 109 zum «Eisenbahnfrachtbrief»

[179] Art. 29 ERA 500; Art. 30 in der Fassung 1983.

Wertpapiercharakter haben das Seekonnossement, das Flusskonnossement, und der Lagerschein[180] bzw. das Konnossement allgemein[181]
Die Unterschiede beschränken sich auf:

- die Notwendigkeit des An-Bord-Vermerks bei Seekonnossementen;
- die Ausdehnung der für den kombinierten Transport typischen Unbeachtlichkeit von irgendwelchen Umladeverboten nunmehr auch auf den reinen Seetransport und Lufttransport.

Für alle Transportdokumente[182] gemeinsam gelten folgende Anforderungen[183]:

- Übernahme der Transportverpflichtung durch einen Frachtführer;
- Unzulässigkeit von Speditionspapieren;
- Beachtung der im Dokumentenakkreditiv vorgeschriebenen Reiseroute;
- Beachtung von Umladeverboten und ihrer Ausnahmen;
- Nichtbeachtung der Bezeichnung eines Transportdokumentes[184].

Nach der Revision 1993 der ERA gelten folgende allgemeine Kriterien bei der Prüfung von Transportdokumenten:

Der Begriff des **Frachtführers** ist ausgeweitet worden und entspricht demjenigen der Incoterms 1990[185]: «Frachtführer ist wer sich durch einen Beförderungsvertrag verpflichtet, die Beförderung per Schiene, Strasse, See, Lift, Binnengewässer oder in eine Kombination dieser Transportarten durchzuführen oder durchführen zu lassen». Ähnlich aber kürzer ist die Legaldefinition in Art. 440 Abs. 1 OR: «Frachtführer ist, wer gegen Vergütung (Frachtlohn) den Transport von Sachen auszuführen übernimmt.» Der einzige Unterschied liegt im Hinweis auf den Vergütungsanspruch des Frachtführers. Da es mithin allein auf die uneingeschränkte Übernahme einer eigenen Transportverpflichtung ankommt, kann nach ERA 500, nach den Incoterms 1990 und nach Art. 440 Abs. 1 OR jedermann Frachtführer sein, der die verlangte Beförderungsleistung in eige-

---

[180] *Bodmer* S. 17.
[181] BGE 114 II S. 48
[182] Zum Begriff und Zweck von Warenpapieren ganz allgemein siehe *Meier-Hayoz/von der Crone* a.a.O. S. 336 ff. Darunter fallen neben den Transportdokumenten auch die Lagerdokumente bzw. -papiere.
[183] Neben jenen von Art. 1153 OR, die nach wie vor zwingend einzuhalten sind: *Meier-Hayoz/von der Crone* a.a.O. S. 356.
[184] Vgl. *Nielsen* a.a.O. S. 140.
[185] FCA in ICC Publication Nr. 460; *Bredow/Seiffert*. Incoterms 1990 (1994) S. 34 f.

nem Namen und auf eigene Rechnung verspricht[186]. Hier liegt aber der entscheidende Unterschied zum Spediteur, der den Frachtvertrag ebenfalls in eigenem Namen aber auf Rechnung des Versenders[187] mit dem Frachtführer abschliesst[188]. Damit hängt zusammen, dass Speditionspapiere, die allein vom Spediteur ausgestellt und unterzeichnet worden sind, grundsätzlich nicht aufnehmbar sind[189] (Art. 30 ERA 500).

In bezug auf die **Formvorschriften** gilt das **Transparenzgebot**[190]. Die Abgrenzung des sog. Seekonnossementes zum multimodalen Transportdokument gemäss Art. 26 ERA 500 ist in der Praxis schwierig. Deshalb werden in der Praxis mehr und mehr Multi-purpose-Formulare für Seetransport und kombinierten Transport verwendet[191]. Für die Aufmachung und Bezeichnung eines Frachtdokuments gibt es im Frachtrecht ohnehin keine Formstrenge. Für Beurteilung und Qualifikation eines Transportdokuments kommt es ausschliesslich auf seinen Inhalt und hier speziell auf die Leitwegspalte für die Transportstrecke an[192].

Art. 23 ERA 500 findet Anwendung, wenn in einem Akkreditiv als Transportdokument ein «Konnossement für eine Hafen-zu-Hafen-Verladung» verlangt wird. Die Bestimmungen dieses Artikels der ERA 500 legen im Einzelnen fest, welche Voraussetzungen an die Unterzeichnung oder Beglaubigung in anderer Weise gestellt werden, welche Angaben über die Verladung an Bord oder die Verschiffung auf einem namentlich genannten Schiff bzw. im Akkreditiv vorgeschriebenen Verlade- und Löschungshafen sowie in bezug auf eine andere Quelle oder ein anderes Dokument als das Konnossement unerheblich oder aber schädlich sind[193/194]. Eine ganz wesentliche Änderung gibt es im Absatz a II: Künftig werden An-Bord-Vermerke nicht mehr mit der Paraphe oder ähnlichem versehen[195].

---

[186] *Nielsen* a.a.O. S. 140 f.
[187] Damit ist er Hilfsperson des Auftraggebers und nicht ein von diesem unabhängigen Dritter, was aber notwendig ist, wenn bei der Übergabe der Ware an ihn auch die Gefahr darüber übergehen soll.
[188] Bundesgericht in SemJud 88 (1966) S. 1; BJM 1991 S. 289 ff.
[189] *Nielsen* a.a.O. N. 173 zu Art. 22.
[190] *Ebenda* N 174 ff.
[191] Zur Problematik im Einzelnen *Nielsen* a.a.O. N. 177 ff.
[192] *Ebenda* N 183 f.; vgl. für die formellen Voraussetzungen eines Seekonnossements *Meier-Hayoz/von der Crone* S. 350 ff.
[193] Der Begriff «Umladung» wird in Absatz b näher erläutert.
[194] Ferner *Meier-Hayoz/von der Crone* a.a.O. S. 357 ff.
[195] *Graffe/Weichbrodt/Xuereff* a.a.O. S. 48 f., wo auch die Gründe hierfür aufgeführt sind.

Kennzeichnend für die Lager- und Frachtdokumente ist der Inhalt der verurkundeten Schuld. Es handelt sich dabei um eine Speziesschuld. Bei fehlender Individualisierbarkeit liegt kein rechtsgültiges Konnossement vor[196]. Aber hierüber enthalten die neuen ERA 500 nichts.

Art. 24 ERA 500 ist eine Sonderregelung für den an sich seltenen, nicht begehbaren Seefrachtbrief[197], der vor allem bei Käufern und Verkäufen innerhalb eines Konzerns Verwendung findet[198].

Die ERA 500 enthalten erstmals[199] eine Sonderregelung für Charterpartien-Konnossemente, die aus Kostengründen wegen der im Vergleich zur Linie meist billigeren Charter zunehmend eine Rolle spielen. Sie sind nur dann aufnahmefähig, wenn sie im Akkreditiv ausdrücklich verlangt werden[200]. Da bei der Charterpartie ein Frachtführer regelmässig nicht eingeschaltet wird und der Ablader direkt mit dem Schiffseigner über einen Agenten einen besonderen Charter-Vertrag abschliesst[201], ist diese Art von Konnossement durch den Schiffseigner oder dessen Agenten auszustellen[202].

Das wesentliche Kennzeichen eines kombinierten oder multimodalen Transportes besteht darin, dass der auch als Combined Transport Operator (CTO) bezeichnete Frachtführer bzw. Aussteller eines Durchkonnossementes die Beförderung des Frachtgutes vom Übernahmeort (Place of receipt) zum Bestimmungsort (Place of delivery) übernimmt, sich aber die Bestimmung der zu verwendenden Transportmittel und des Beförderungsweges sowie die Auswahl der Unterfrachtführer vorbehält[203]. Für diesen Fall findet das multimodale Transportdokument nach Art. 26 ERA 500 Verwendung. Die Regelung von Art. 26 ERA 500 ist jedoch nur anwendbar, wenn das Akkreditiv ein Transportdokument verlangt, das sich «auf mindestens zwei verschiedene Transportarten erstreckt»[204], während ein multimodaler Transport und ein Transport mit zwei verschiedenen

---

[196] Vgl. zudem St.Gallen, Handelsgericht vom 6. April 1984 in GVP 1984 S. 92 ff. und SJZ 81 (1985) Nr. 2 S. 11 ff.: «Anhand des Konnossements muss die durch sie verkörperte Ware individualisiert oder zumindest individualisierbar sein.»
[197] Vgl. Incoterms 1990, ICC Publ. Nr. 460 S. 16.
[198] *Nielsen* a.a.O. S. 169; ausführlich *Graffe/Weichbrodt/Xuereff* S. 51 f.
[199] Das war bei der UCP 400 noch nicht der Fall, vgl. auch ZR 91/92 a.a.O.
[200] *Nielsen* a.a.O. S. 172 f. Damit ist die Rechtslage, die im BGE 88 II S. 346 ff. zu entscheiden war, geklärt. Die Formel lautet «Charter Party acceptable».
[201] *Graffe/Weichbrodt/Xuereff* a.a.O. S. 59.
[202] *Nielsen* a.a.O. S. 173.
[203] *Ebenda*; vgl. *Meier-Hayoz/von der Crone* a.a.O. S. 390 ff.; er nimmt eine analoge Stellung wie ein Generalunternehmer ein.
[204] *Nielsen* a.a.O. S. 180.

gleichartigen Fahrzeugen (LKW/LKW) sein kann. Das sog. CT-Dokument[205] wurde als flexibles Dokument ausgestaltet, indem es bei Einschluss einer Seestrecke keinen An-Bord-Vermerk verlangt und Intended-Vermerke bezüglich Hafen- und Transportstrecken zulässt[206].

Die FIATA (Fédération Internationale des Associations des Transporteurs et Assimilés) Combined Transport Bill of Lading wird nicht mehr ausdrücklich genannt, um diesen Verband nicht gegenüber anderen zu bevorzugen, was zu heftigen Kontroversen gegenüber der IHK geführt hat[207].

Die neue Sonderregelung für den Luftfrachtbrief in Art. 27 ERA 500 enthält mit Ausnahme der Nichtbeachtung von Umladeverboten keine Neuerungen[208]. Die Nichtbeachtung von Umladeverboten macht es jedoch nötig, dass der Auftraggeber des Akkreditivs, der eine Umladung unterbinden möchte, der eröffnenden Bank die Weisung erteilt, in der Import-Akkreditiv-Eröffnung die Littera c des Artikels 27 auszuschliessen[209]. Dasselbe gilt in bezug auf den Strassen-[210], Eisenbahn-[211] oder Binnenschiffahrtstransport[212].

Artikel 28 ERA 500 ist eine Neuerung und eine Sammelbestimmung für sehr unterschiedliche Transportpapiere[213], wie CMR-Frachtbriefe für Strassentransporte[214], den CIM[215]-Frachtbrief für Eisenbahntransporte und den Flussladeschein für Binnenschiffahrtstransporte[216].

Entsprechend den Anforderungen der Praxis wurde in Artikel 29 ERA 500 der frühere Artikel 30 der Fassung 1983 um die Kurierempfangsbestätigung erweitert. Wenn nicht in einem Akkreditiv ausdrücklich ein von

---

[205] Vgl. hierzu *Meier-Hayoz/von der Crone* a.a.O. S. 391.
[206] *Nielsen* S. 178.
[207] Vgl. *Graffe/Weichbrodt/Xuereff* a.a.O. S. 54 f.
[208] *Nielsen* a.a.O. S. 187; ferner *Meier-Hayoz/von der Crone* a.a.O. S. 384 ff.
[209] *Graffe/Weichbrodt/Xuereff* a.a.O. S. 60; *Nielsen* a.a.O. S. 190.
[210] *Meier-Hayoz/von der Crone* a.a.O. S. 376 ff.
[211] *Ebenda* S. 379 ff.
[212] *Ebenda* S. 369 ff. (= Binnenkonnossement)
[213] Kritik bei *Nielsen* N 225.
[214] Wenn der Ort der Übernahme des Transportgutes oder der für die Ablieferung vorgesehene Ort in zwei verschiedenen Staaten liegt, von dem mindestens einer Vertragsstaat der «Convention relative au contrat de transport international de marchandises par route» vom 19. Mai 1956 (AS 1970 S. 851 ff.) ist, sind die Regeln dieses Abkommens anzuwenden (vgl. Art. 1 Ziff. 1 CMR und BGE 107 II 238 ff.).
[215] Internationales Übereinkommen über den Eisenbahnfrachtverkehr vom 7. Februar 1970 (AS 1975 I S. 189 ff.).
[216] *Graffe/Weichbrodt/Xuereff* a.a.O. S. 61; zur Unterscheidung zwischen Frachtbrief und Empfangsschein: *Meier-Hayoz/von der Crone* S. 373 ff.

einem bestimmten Kurier-Dienst ausgestelltes Dokument verlangt wird, haben die Banken ein Dokument anzunehmen, das von irgendeinem Kurierdienst ausgestellt ist[217].

Die Artikel 31 bis 32 ERA 500 enthalten einige, für alle Transportdokumente anwendbare Bestimmungen: Banken haben Dokumente mit «An Deck»- und «Shipper's Load an Count»-Klauseln sowie Absenderangaben anzunehmen, soweit im Akkreditiv nichts anderes vorgeschrieben ist (Art. 31). Traditionsgemäss sind im Akkreditivgeschäft nur reine Transportdokumente aufnahmefähig[218]. Was darunter zu verstehen ist, ergibt sich aus Art. 32 ERA 500: «Reine Transportdokumente sind solche, die keine Klauseln oder Vermerke enthalten, die ausdrücklich einen mangelhaften Zustand der Ware und/oder Verpackung vermerken. Sogenannte non-segregation- oder paperbag-Klauseln sind dagegen unschädlich». Ein Dokument gilt als rein, wenn es keine Mängelvermerke enthält. Damit ist auch der sog. «Clean-on-Board-Vermerk» erfüllt[219].

Über die Voraussetzungen dafür, dass ein Konnossement «**clean**» ist, gibt es eine reichhaltige Rechtsprechung:[220]

- Ein Konnossement bleibt clean, obwohl es eine maschinengeschriebene Notiz enthält, wonach die Ware ausgeladen wurde, nachdem diese durch einen Brand beschädigt wurde, weil daraus nicht abgeleitet werden kann, dass ihr Zustand nicht befriedigend war, als sie verschifft wurde[221] oder wenn es den Kapitän ermächtigt, die Ware im nächst gelegenen Hafen zu entladen, wenn der ursprünglich vorgesehene Entladungshafen unbrauchbar ist[222].
- Dagegen ist ein Konnossement dann nicht «clean», wenn die Ware als in zerrissenen und wiedergeflickten Säcken enthalten beschrieben wird[223],
- Umstritten ist, ob ein Konnossement «clean» ist, wenn es angibt, dass die Ware nicht verpackt ist[224] oder die Rechte des Frachtführers be-

---

[217] *Graffe/Weichbrodt/Xuereff* S. 65.
[218] *Nielsen* a.a.O. N 242.
[219] *Ebenda* S. 285 f.
[220] «Unrein» ist ein Verladedokument, wenn es Klauseln enthält, die ausdrücklich einen mangelhaften Zustand der Ware und/oder der Verpackung vermerken (Art. 32 lit. a ERA 500; *Canaris* N. 960; *Nielsen* H. 240-245.
[221] M. Golodetz & Co. Inc. v. Czarnikow-Rionda Co. Inc., The Galatia (1979) 2 All E.R. 501 (1980) W.L.R. 495 (1980) Lloyd's Rep. 453, C.A.
[222] Sog. Caspiana Klausel: *Canaris* S. 669 N. 960.
[223] National Bank of Egypt v. Hannevig's Bank (1919) 1 L1. L. Rep. 69 C.A.
[224] *Gutteridge-Megrah* S. 144.

trächtlich einschränkt für mögliche Schäden, die die Ware während des Transportes erleidet[225].

2.9.3 Versicherungsdokumente

Versicherungsdokumente müssen von Versicherungsgesellschaften, Versicherer (Underwriter) oder deren Agenten ausgestellt und unterzeichnet sein (Art. 34 lit. a ERA 500).

Sind nur Originale zugelassen, so sind alle vorzulegen, wenn sich aus dem Versicherungsdokument ergibt, dass mehrere Originale bestehen (Art. 34 lit.b). von Maklern ausgestellte Deckungsbestätigungen müssen nicht angenommen werden, wenn dies nicht ausdrücklich vorgesehen ist (Art. 34 lit. c). Dagegen müssen von Versicherungsgesellschaften oder Underwriters oder deren Agenten unterzeichnete Versicherungszertifikate oder -policen angenommen werden (Art. 34 lit. d). Ist jedoch eine Police gefordert, so kann ein Versicherungs-Zertifikat nicht akzeptiert werden. Im Einklang mit den Incoterms 1990 für die Lieferklauseln CIF und CIP[226] muss die Mindestversicherung den Kaufpreis zuzüglich 10% (d.h. 110%= decken)[227]. Eine sogenannte Versicherungsdeckung für alle Risiken ist auch dann aufzunehmen, obwohl eine bestimmte Deckung ausgeschlossen worden ist[228].

2.9.4 Handelsrechnungen

Die Ausstellung der Handelsrechnung muss durch den Begünstigten erfolgen, eine Unterzeichnung ist jedoch nicht erforderlich[229]. Handelsrechnungen mit einem höheren Betrag als der Akkreditivbetrag können nach wie vor zurückgewiesen werden[230]. Die Rechnung muss in der gleichen Währung ausgestellt sein wie das Akkreditiv[231]. In Bezug auf die Übereinstimmung der Warenbeschreibung mit dem Dokumentenakkreditiv gilt die sogenannte Dokumentenstrenge[232]. Wenn an Stelle der im Akkre-

---

[225] *Ebenda.* Alle Beispiele nach Lombardini a.a.O. S. 171 f.
[226] Hierüber *Bredow/Seiffert,* Incoterms 1990 S. 77 Ziff. 9.
[227] *Graffe/Weichbrodt/Xuereff* S. 69; vgl. auch ZR 88 (1989) S. 102.
[228] Art. 36 ERA 500 und *Nielsen* N 266.
[229] Art. 37 lit. a ERA 500; *Nielsen* a.a.O. S. 220.
[230] *Ebenda* S. 270.
[231] *Lombardini* S. 174.
[232] Über sie später; *Nielsen* N 271 ff.

ditiv vorgeschriebenen «SKF-Kugellager» andere Fabrikate aufgeführt werden, so ist die Handelsrechnung nicht akkreditivgemäss[233]. Dies ist auch der Fall, wenn in einer Rechnung keine Beschreibung der Ware enthalten ist, während sie in den anderen präsentierten Rechnungen beschrieben wird[234]. Versicherungsdokumente und Handelsrechnungen sind keine Wertpapiere[235].

2.9.5 Das Qualitätszertifikat

Der Akkreditiv-Auftraggeber hat grundsätzlich kein vorheriges Prüfungsrecht hinsichtlich Ordnungsmässigkeit der Ware. Er kann sich dieses jedoch dadurch verschaffen, dass er mit dem anderen Teil vereinbart, zu den einzureichenden Dokumenten müsse auch ein Qualitätszertifikat oder eine sonstige Prüfbescheinigung gehören und als Prüfer eine Person oder Institution seines Vertrauens festlegen[236]. Bei einem blossen Inspektionszertifikat dagegen genügt es, wenn dieses bestätigt, dass die Ware visuell inspiziert worden ist[237].

In der Vereinbarung, dass eine Spediteurübernahmebescheinigung vorgelegt werden müsse, wird das Erfordernis eines Qualitätszertifikats selbst in der Regel nicht liegen, wenn in der Bescheinigung der Übernahme der Ware mit «1a Qualität» bestätigt werden soll; denn dem Spediteur fehlt in der Regel die erforderliche Fachkunde zur Beurteilung der Qualität[238].

2.9.6 Weitere Dokumente

Als Nachweis oder Bescheinigung des Gewichts haben die Banken einen Wiegestempel oder einen Gewichtsvermerk anzuerkennen[239]. Als weiteres Dokument ist der Lieferschein[240] zu nennen. Als weitere Dokumente kommen in Frage:

---

[233] BGH in WM 1970 S. 582 = NJW 1970 S. 992 = DB 1970 S. 580.
[234] BGH vom 9. Februar 1987 in WM 1987 S. 12.
[235] *Bodmer* S. 17.
[236] *Canaris* N 1049.
[237] The Commercial Banking Co. of Sidney v. Jalsard Pty. (1972) 3 W.L.R. 566 (1972) 2 Lloyd's Rep. 529 P.C.
[238] BGH und OLG Hamburg in WM 1968 S. 94 f.; *Canaris* N 1049.
[239] Art. 38 ERA 500.
[240] ZR 88 (1989) S. 61.

Seawaybills, die keinen Wertpapiercharakter haben, die im Nordatlantikverkehr gebräuchlich geworden sind. Auch einfache Empfangsbescheinigungen des Frachtführers haben vermehrt an Bedeutung gewonnen[241].

2.9.7 Der Wertpapiercharakter der Warenpapiere

Welche Angaben ein Konossement enthalten muss, ist in den einzelnen nationalen Rechtsordnungen geregelt. Dabei haben praktisch ausnahmslos alle Staaten im wesentlichen die internationalen Regeln in ihre nationalen Rechtsordnungen übernommen[242]. Nach nationalem Recht entscheidet sich aber auch, ob ein Warenpapier Wertpapier ist oder nicht. Mit diesem Wertpapiercharakter befasst sich Art. 1153 OR. Dieser Artikel lautet:
«Warenpapiere, die von einem Lagerhalter oder Frachtführer als Wertpapier ausgestellt werden, müssen enthalten:

1. den Ort und den Tag der Ausstellung und die Unterschrift des Ausstellers;

2. den Namen und den Wohnort des Ausstellers;

3. den Namen und den Wohnort des Einlagerers oder des Absenders;

4. die Bezeichnung der eingelagerten oder aufgegebenen Ware nach Beschaffenheit, Menge und Merkzeichen;

5. die Gebühren und Löhne, die zu entrichten sind oder die vorausbezahlt werden;

6. die besonderen Vereinbarungen, die von den Beteiligten über die Behandlung der Ware getroffen worden sind;

7. die Zahl der Ausfertigungen des Warenpapiers;

8. die Angabe der Verfügungsberechtigten mit Namen oder an Ordre oder als Inhaber.

Warenpapiere, die diese Formvorschriften nicht erfüllen, haben keinen Wertpapiercharakter. Dies besagt Art. 1155 Abs. 1 OR:
«Scheine, die über lagernde oder verfrachtete Waren ausgestellt werden, ohne den gesetzlichen Formvorschriften für Warenpapier zu entspre-

---

[241] *Gutzwiller* in SAG 57 (1985) S. 26.
[242] Handelsgericht St.Gallen in SJZ 81 (1985) S. 12.

chen, werden nicht als Wertpapiere anerkannt, sondern gelten nur als Empfangsscheine oder andere Beweisurkunden».

Nach Seerecht und Handelspraxis gehört zum begriffsnotwendigen Inhalt eines Konnossements, dass es die Empfangnahme von Gütern durch den Seefrachtführer, dessen Verpflichtung, die Güter über See zum vereinbarten Bestimmungshafen zu befördern und daselbst an den berechtigten Inhaber des Konnossements auszuliefern, enthält, und unterzeichnet und datiert wird. Art. 114 Seeschiffahrtsgesetz nennt die weiteren Angaben, die ein Konnossement enthalten sollte, im Unterschied zu Art. 1155 OR auch nur als Sollvorschriften und kennt keine Formstrenge mit der Folge der Aberkennung des Wertpapiercharakters. Massgeblich ist die jeweilige Verkehrsübung[243].

Es ist allerdings zu bedenken, dass der Seefrachtführer die verladenen Güter nicht anders bezeichnen wird, als wie sie der Ablader schriftlich vor Beginn des Einladens umschrieben hat (Art. 114 Abs. 2 lit. e SSG). Dazu gehören auch die allfälligen Merkzeichen. Begnügt sich der Ablader mit weniger ausführlichen Angaben, auch solchen, welche die Individualisierung mehrerer Partien erschweren oder verunmöglichen, so tut er dies auf sein Risiko. Dem Seefrachtführer bleibt nichts anderes übrig, als die Güterbezeichnung, so wie er sie erhalten hat, im Konnossement aufzunehmen. Er hat die Güter, so wie sie beschrieben sind, am Bestimmungsort abzuliefern. Erschwert oder verunmöglicht die Bezeichnung der Güter deren Individualisierung, so hat sich der Absender mit dem Empfänger auseinanderzusetzen, der durch das Konnossement einen Anspruch auf Ablieferung der Güter, so wie sie beschrieben sind, erworben hat[244]. Die Merkzeichen sind zwar ein Formerfordernis für das Konnossement, wenn dieses Wertpapier sein soll[245], sind es aber nicht, wenn das Konnossement bloss als Beweisurkunde ausgestellt wird[246]. Dennoch kann der Akkreditivauftraggeber ein eminentes Interesse daran haben, dass diese Merkpunkte auch in einem solchen Konnossement genau festgehalten werden, weil diese die Ware zweifelsfrei individualisieren und damit Verwechslungen verhindern.

---

[243] *Walter Müller* in SAG 57 (1958) S. 48.
[244] *Walter Müller* a.a.O.
[245] Art. 1153 Ziff. 4 OR.
[246] Hier liegt die von *Müller* a.a.O. kritisierte Fehlüberlegung des Handelsgerichts St.Gallen in seinem Entscheid in SJZ 81/1985 S. 12 f.

2.9.8 Die sachenrechtliche Berechtigung am Warenpapier

Werden gemäss Art. 925 Abs. 1 ZGB für die Waren, die einem Frachtführer oder einem Lagerhaus übergeben sind, Wertpapiere ausgestellt, die sie vertreten, so gilt die Übertragung einer solchen Urkunde als Übertragung der Ware selbst. Damit verweist das ZGB auf Art. 967 OR[247]. Entgegen der Paroemie «das Recht aus dem Papier folgt dem Recht am Papier»[248] ist mit Peter Jäggi und mit der heute herrschenden Doktrin anzunehmen, dass die transportierte Ware und das sie «vertretende» Wertpapier insbesondere das Konnossement nicht aneinander gekoppelt sind[249].

«Die Lager- und Frachturkunden haben mit der dinglichen Berechtigung an der Ware unmittelbar nichts zu tun. Dem Aussteller steht kein (beschränktes) dingliches Recht zu, es sei denn ein gesetzliches Pfandrecht für seine Vertragsforderung. Dem ersten Nehmer wird die Urkunde einzig als Vertragsgegner übergeben; ob er der Eigentümer der Ware ist oder nur dessen (indirekter) Vertreter z.B. als Spediteur, ist für den Aussteller grundsätzlich gleichgültig. Denn auf jeden Fall bescheinigt er in der Urkunde nicht die dingliche Berechtigung. Eine Beziehung zur dinglichen Rechtslage wird einzig über den mittelbaren Besitz hergestellt: Dieser kann nach allgemeinem Besitzrecht ohne Benachrichtigung des unmittelbaren Besitzers übertragen werden durch blosse Einigung zwischen Veräusserer und Erwerber[250]. Falls nun der Anspruch des Veräusserers gegen den unmittelbaren Besitzer (Lagerhalter, Frachtführer) auf Herausgabe der Ware verurkundet ist und zwar in einer qualifizierten Schuldurkunde[251], so muss sich in der Vorstellung der Beteiligten der Wille zur Übertragung des Besitzes an der Urkunde (sowie mit dem Willen zur Abtretung des in dieser verurkundeten Herausgabeanspruches), und zwar um so intensiver, je qualifizierter die Urkunde ist. Denn der Wille, den mittelbaren Besitz an der Ware aufzugeben oder zu erwerben, kann nur dann wirklich vorhanden sein (als aktueller, unmittelbar auf die Vollziehung gerichteter Wille), wenn er zum Ausdruck kommt in der Übertragung des (gewöhnlich unmittelbaren) Besitzes an der Schuldurkunde und

---

[247] *Emil W. Stark,* N 20 f. zu Art. 925 ZGB.
[248] Der *Bucher,* Schweiz. Obligationenrecht, Allgemeiner Teil 1979 S. 6; *Haab/Simonius/Scherrer/Zobl,* Komm. N 6–10 zu Art. 714 ZGB; *Liver,* Das Eigentum in SPR V/I (1977) S. 313 und *Meier-Hayoz,* Komm. N. 11 zu Art. 641 ZGB folgen.
[249] *Luc Thévenoz,* Propriété et gage sur la marchandise et son titre représentatif dans le crédit documentaire: SAG 57/1985 S. 1 ff.
[250] Art. 924 ZGB; *Homberger* N 5 hierzu.
[251] Hierzu *Jäggi* Komm. zu Art. 965 OR N 230.

in der gleichzeitigen Herstellung der Urkundenlegitimation zugunsten des Erwerbers (z.B. Indossierung).»[252]

Der Besitz wiederum ist ein solcher nach Art. 919 Abs. 1 ZGB und dieser ist ein reiner Sachbesitz. Sein Gegenstand ist daher nur die Urkunde und nicht das verbriefte Recht[253].

Im Fall des Dokumentenakkreditives ist die Parteimeinung am ehesten dahin zu verstehen, dass mit der Übergabe der Papiere an eine der beteiligten Banken das Wareneigentum im Gegensatz zum Papier, direkt auf den Erwerber und Akkreditivsteller übergehen soll. Dies ist sicher dann der Fall, wenn die Dokumente auf die Akkreditivbank ausgestellt sind. Diese erwirbt das fiduziarische Eigentum daran, sobald ihr der Besitz davon übertragen worden ist[254]. Der fiduziarische Eigentümer übt vollumfänglich die Rechte eines Eigentümers aus[255]. Dagegen erwerben die Banken in der Regel nicht das Eigentum an der Ware selbst[256]. Vielmehr ist es der Käufer, der das Eigentum an der Ware erwirbt[257]. Damit bleiben das Eigentum an die Ware vertretenden Titel und das Eigentum an der Ware getrennt, solange der Titel sich im fiduziarischen Eigentum der Bank befindet, was *Lombardini* S. 108 kritisiert[258].

Da die beteiligten Banken mit dem dem Akkreditivgeschäft zugrundeliegenden Geschäft nichts zu tun haben, erwerben daher die Banken – zumindest in aller Regel – nicht das Eigentum an der Ware selbst[259]. «Diese Rechtslage stimmt auch mit den Grundsätzen des Sachenrechts überein. Ein Warenpapier verschafft soweit Eigentum an der Ware, als dies im Einklang mit dem Mobiliarsachenrecht geschieht[260]. Die Voraussetzungen für den Eigentumserwerb an der Ware sind jedoch nicht erfüllt, wenn die Bank lediglich das (fiduziarische) Eigentum am Warenpapier erwirbt. Denn sowohl für die Übertragung des dinglichen Rechts an der es vertretenden Ware bedarf es eines gültigen Grundgeschäfts[261]. Beim Akkreditiv sollen die beteiligten Banken entsprechend dem Abstraktionsprinzip mit

---

[252] *Jäggi* Komm. N 63 zu Vorbem. zum 7. Abschnitt.
[253] *Homberger* N 19 zu Art. 919 ZGB; *Jäggi* N 313 zu Art. 965 OR.
[254] BGE 113 III 26 Erw. 26 mit Hinweisen; vgl. auch BGE 14 II 45 Erw. 40 mit Hinweisen.
[255] BGE 113 III 26 Erw. 3.
[256] BGE 113 III 26 Erw. 30 mit Hinweisen.
[257] Vgl. *Schönle / Thévenoz*, La lettre de garantie pour connossement [letter of indemnity] dans les opérations de crédit documentaire: ZSR 105/1986 I S. 53.
[258] BGE 122 III 78.
[259] *Dallèves* S. 21 lit. D Ziff. 1; *Thévenoz* S. 5 ff.
[260] *K. Oftinger*, Komm. N 19 zu Art. 902 ZGB.
[261] *Stark* N 21 zu Art. 925 ZGB.

dem Grundgeschäft aber gerade nichts zu tun haben. Dementsprechend fehlt es an einer causa für den Übergang des Wareneigentums auf die Banken. Es ist daher zutreffend, dass das Eigentum am Papier und an der Ware auseinanderfällt, solange sich das Warenpapier im fiduziarischen Eigentum der Bank befindet»[262].

Die eröffnende Bank erwirbt aber meist kraft ihrer Allgemeinen Geschäftsbedingungen ein Pfandrecht an der Ware, jedenfalls aber ein Retentionsrecht. Dabei ist grundsätzlich irrelevant, welcher Art das Konnossement ist und auf wen es lautet. Die Besitzanweisung zur Pfand zugunsten der eröffnenden Bank bedarf in Einschränkung der Lehre zu Art. 884 Abs. 3 ZGB auch dann keiner Notifikation an den Transporteur, wenn das Dokument, das den Anspruch auf die Ware verbrieft, kein Wertpapier ist[263].

2.10 Die Unabhängigkeit des Dokumentenakkreditivs und die Folgen für Ansprüche aus dem Valutaverhältnis

2.10.1 Die Unabhängigkeit des Deckungsverhältnisses

Das Deckungsverhältnis zwischen dem Akkreditivauftraggeber und der Akkreditivbank (eröffnende oder bestätigende Bank) ist völlig losgelöst vom Valutaverhältnis zwischen dem Akkreditivauftraggeber und dem Begünstigten. Dies ergibt sich nach schweizerischem Recht aus zwei Rechtsquellen[264].

1.1 Gemäss Art. 468 Abs. 1 OR wird der Angewiesene, der dem Anweisungsempfänger die Annahme ohne Vorbehalt erklärt, ihm zur Zahlung verpflichtet und kann ihm nur solche Einreden entgegensetzen, die sich aus ihrem persönlichen Verhältnisse oder aus dem Inhalte der Anweisung selbst ergeben, nicht aber aus seinem Verhältnisse zum Anweisenden[265]. «Damit erklärt Artikel 468 Abs. 1 OR die Verpflichtung der Bank gegenüber dem Begünstigten aus Akkreditiv und Garantie infolge

---

[262] BGE 113 III S. 31 f., der damit die Thesen von *Thévenoz* S. 5 f. übernommen hat.
[263] Zusammenfassung des Aufsatzes von *Thévenoz* in SAG a.a.O. S. 1.; vgl. auch *Tuor/Schnyder/Schmid,* Das Schweizerische Zivilgesetzbuch (1995) S. 608 f.
[264] *Beat Kleiner,* Die Zahlungspflicht der Bank bei Garantien und widerruflichen Akkreditiven: SJZ 72 (1976) S. 355 f.
[265] Hierzu *Thomas Koller,* Komm. zu Art. 468 OR N 3 ff.; *Gautschi,* Komm. zu Art. 468 OR N 3 a f.

Anweisung für unabhängig vom Valutaverhältnis zwischen Auftraggeber und Begünstigten»[266].

1.2 Artikel 3 ERA 500 (bisher Art. 3 UCP 400) hält zudem fest: «Akkreditive sind ihrer Natur nach von den Kauf- oder anderen Verträgen, auf denen sie möglicherweise beruhen, getrennte Geschäfte, und die Banken haben in keiner Hinsicht etwas mit solchen Verträgen zu tun und sind nicht durch sie gebunden, selbst wenn im Akkreditiv auf solche Verträge in irgend einer Weise Bezug genommen wird. Folglich ist die Verpflichtung einer Bank zu zahlen, Tratten zu akzeptieren und zu bezahlen oder zu negozieren und/oder irgendeine andere Verpflichtung unter dem Akkreditiv zu erfüllen, nicht abhängig von Gegenansprüchen oder Einreden des Auftraggebers, die sich aus seinen Beziehungen zur eröffnenden Bank oder zum Begünstigten ergeben (lit. a). Ein Begünstigter kann sich keinesfalls auf die vertraglichen Beziehungen berufen, die zwischen den Banken oder zwischen dem Auftraggeber und der eröffnenden Bank bestehen (lit. b)».

Das Akkreditiv ist somit in bezug auf das Grundgeschäft zwischen Akkreditivsteller und Begünstigtem abstrakt[267]. Das schliesst aber nicht aus, dass das Grundgeschäft für das Akkreditiv kausal bleibt.

Artikel 4 ERA 500 (Art. 4 UCP 400) gibt hierfür die folgende Erklärung: «Im Akkreditiv-Geschäft befassen sich alle Beteiligten mit Dokumenten und nicht mit Waren, Dienstleistungen und/oder anderen Leistungen, auf die sich die Dokumente möglicherweise beziehen[268].» Die beteiligten Banken haben mit dem dem Akkreditiv zugrunde liegenden Geschäft nichts zu tun[269] und erwerben die Dokumente nur als Beauftragte des Akkreditivstellers zu dessen Eigentum[270].

Warum das so ist, erklärt der Supreme Court der New York County in einem Entscheid von 1. Juli 1941[271]: «It is well established that a letter of credit is independent of the primary contract of sale between the buyer and the seller. The issuing bank agrees to pay upon presentation of documents, not goods. This rule is necessary to preserve the efficiency of the letter of credit as an instrument for the financing of trade. One of the

---

[266] *Schönle* in SJZ 79 (1983) S. 60.
[267] Hierzu *Koller* a.a.O. N 16; BGE 115 II 71.
[268] Wiederholt in BGE 100 II 150.
[269] BGE 108 III 99.
[270] BGE 113 III 31.
[271] Sztejn v. J. Henry Schroder Banking Corporation at al. 31, N.Y. Supp. 2 d 631.

chief purposes of the letter of credit is to furnish the seller with a ready means of obtaining prompt payment for his merchandise. It would be a most unfortunate interference with business transactions if a bank before honoring drafts drawn upon it was obliged or even allowed to go behind the documents, at the request of the buyer and enter into controversies between the buyer and the seller regarding the quality of the merchandise shipped. If the buyer and the seller intended the bank to do this they could have so provided in the letter of credit itself, and in the absence of such a provision, the court will not demand or even permit the bank to delay paying drafts which are proper in form. Of course, the application of this doctrine presupposes that the documents accompanying the draft are genuine and conform in terms to the requirements of the letter of credit.»[272]

Demgemäss hat die Akkreditivbank den Begünstigten bei Vorlage ordnungsgemässer Dokumente grundsätzlich, unabhängig davon zu honorieren, ob das Grundgeschäft korrekt abgewickelt wurde oder nicht[273].

Die Bank kann dem Akkreditivauftraggeber die Einrede, dass sie seitens der Akkreditivauftraggebers nicht gedeckt sei, nicht entgegenhalten, da das Akkreditiv auch gegenüber dem Verhältnis zwischen Bank und Akkreditivauftraggeber abstrakt ist. Hat aber der Akkreditivauftraggeber das Geld bei der Bank hinterlegt, so besteht die gesetzliche Vermutung[274], dass das Eigentum an dem Geld auf die Bank übergegangen ist. Folglich hat der Akkreditivauftraggeber das Eigentum an dem eingeschossenen Betrag verloren[275].

2.10.2 Die Dauer der Geltung der Abstraktheitsregel

Die Regel der Abstraktheit des Akkreditivs (= Unabhängigkeit vom Grundgschäft) ist aber nur während der Laufzeit des Akkreditivs gültig. Ist das Akkreditiv noch nicht eröffnet worden oder ist es verfallen, so stehen den Beteiligten alle Einreden und Einwendungen, die ihnen das gemeine Recht bietet, offen. Wenn also der Akkreditivauftraggeber der Bank den Auftrag gibt, ein Akkreditiv erst auf einen bestimmten Termin zu eröffnen oder was häufiger der Fall ist, während der Prüfung des

---

[272] Ferner *Kleiner* a.a.O. S. 353.
[273] BGE 115 II 71; 108 III 99; 104 II 280; 100 II 150.
[274] *Gautschi* Komm. zu Art. 407 OR S. 701 f.
[275] *Donate Michalek*. Pfändung in das Dokumentenakkreditiv: Bl. SchKG 1970 S. 131.

Akkreditivauftrages[276], so kann der Auftraggeber bis zur Eröffnung bzw. während der Prüfungsphase, jederzeit die Eröffnung des Akkreditivs stoppen, was sich aus Artikel 404 OR zwingend ergibt. Dies ist beim widerruflichen Akkreditiv unzweifelhaft[277], dürfte aber auch beim unwiderruflichen Akkreditiv zutreffen, denn solange die Bank dem Begünstigten nicht notifiziert hat, dass sie «unwiderruflich» gegen akkreditivkonforme Dokumente zahlen werde, ist das Akkreditiv nicht eröffnet und der dem Akkreditiv immanente Automatismus nicht ausgelöst. Dass nach Verfall des Akkreditivs die Bank nicht mehr zahlen darf[278] bzw. die Zahlung zu verweigern hat, ist unstreitig.

2.10.3 Die Nichtigkeit des Akkreditivgeschäfts

Weder darf ein Akkreditiv eröffnet noch abgewickelt werden, wenn dieses nach Artikel 20 OR unmöglich, widerrechtlich ist oder gegen die guten Sitten verstösst. Dies ist namentlich dann relevant, wenn gegen den Begünstigten oder dessen Domizilstaat ein Embargo besteht, wie dies für Irak oder für Serbien der Fall ist[279]. Auch könnte kein Akkreditiv für ein unsittliches Geschäft, beispielsweise den Mädchenhandel eröffnet werden, denn ein solches Akkreditiv wäre von vornherein nichtig.

Ist der Akkreditivauftraggeber handlungsunfähig, urteilsunfähig oder unmündig, so muss die Bank diese Einrede gegen sich gelten lassen und die Folgen daraus tragen, denn die entsprechenden Normen des ZGB (Art. 18 und 19) sind zum Schutze dieser Personen erlassen worden und gelten daher absolut[280].

2.10.4 Die Ausnahme zur Unabhängigkeitsregel

2.10.4.1 Eine entgegenstehende Vereinbarung

Von der absoluten Unabhängigkeit des Akkreditivs kann durch entsprechende Vereinbarung im Deckungsverhältnis abgewichen werden.[281]

---

[276] Hierüber *Hartmann* S. 31 f.
[277] *Wessely* S. 10 Ziff. 21.
[278] ICC Publication Nr. 51 S. 110; *Nielsen,* Grundlagen des Akkreditivgeschäfts S. 90; *von Westphalen* S. 269.
[279] Weitere Fälle bei *Zahn/Eberding/Ehrlich* N 2/337 S. 218.
[280] Vgl. dazu *Tuor/Schnyder/Schmid* S. 79.
[281] Beispiele in BGE 100 II 150: Aufnahme der Klausel «zahlbar nach Kontrolle oder Abnahme durch den Käufer»; BGE 49 II 200; Sztejn v. J. Henry Schroder Banking Corporation a.a.O. bei *Kleiner* S. 355.

2.10.4.2 Die Nichtigkeit des Valutaverhältnisses

Bei der Nichtigkeit des Valutaverhältnisses sind zwei Fälle zu unterscheiden:

1. Die Bank erhält Kenntnis von der Nichtigkeit des Valutaverhältnisses vor der Auszahlung des Akkreditivbetrages, wobei es sich bei der Kenntnisnahme nur um eine solche durch Gerichtsbeschluss, öffentlich verurkundete Zeugenerklärung, Affidavit oder um eine solche auf Grund eigener Wahrnehmung handeln kann. Dann würde die Bank gegen Treu und Glauben handeln, wenn sie den Akkreditivbetrag auszahlen würde. Ihren Entschluss, nicht auszuzahlen, muss sie aber unverzüglich dem Begünstigten mitteilen.

2. Die Bank weiss nichts oder nichts zuverlässiges von der Nichtigkeit des Valutaverhältnisses und zahlt am Verfalltag gegen akkreditivkonforme Dokumente, so ist sie remboursberechtigt gegenüber dem Akkreditivauftraggeber und es liegt allein in dessen Zuständigkeit die Nichtigkeit geltend zu machen und den Akkreditivbetrag vom Empfänger zurückzufordern. Hat die Bank aber vor dem Verfalltag bezahlt, so hat sie eine Nichtschuld bezahlt und kann gegen den Empfänger die Bereicherungsklage anstreben. Gegenüber dem Akkreditivauftraggeber dagegen hat sie keinen Rückzahlungsanspruch.

2.10.4.3 Der Vorbehalt des Rechtsmissbrauchs

Wie das Bundesgericht zuletzt in BGE 115 II 71 f. erklärt, ergibt sich weder aus den Grundsätzen der Dokumentenstrenge, noch aus der Unabhängigkeit der Akkreditiv-Verpflichtung, dass das Verbot des Rechtsmissbrauchs auf das Verhältnis zwischen der Akkreditivbank und dem Begünstigten von vornherein nicht angewendet werden darf. «In der Lehre wird zwar auf die grosse Bedeutung der beiden Grundsätze für das Dokumenten-Akkreditiv hingewiesen und ein Abweichen gestützt auf das Verbot des Rechtsmissbrauchs nur mit Zurückhaltung befürwortet. Die Meinung, dass eine Einschränkung wegen rechtsmissbräuchlichen Verhaltens der Bank oder des Begünstigten ganz allgemein ausgeschlossen wäre, wird dagegen kaum vertreten.» Auch *Schärrer*[282] und *Zahn/Eberding/Ehrlich*[283] halten in Ausnahmefällen, wo das Beharren auf der strikten Einhaltung

---

[282] S. 96
[283] 2/337 ff.

der Akkreditivbedingungen oder die Nichtberücksichtigung des Grundgeschäftes als wider Treu und Glauben beurteilt werden muss, ein Abweichen von den erwähnten Grundsätzen für gerechtfertigt. Gleicher Ansicht ist *Canaris*[284] und auch das Bundesgericht hat in BGE 100 II 151 hinsichtlich des Verhältnisses zwischen der Bank und dem Begünstigten die Berufung auf rechtsmissbräuchliches Verhalten nicht ausgeschlossen. Die beiden Grundsätze des Akkreditivrechtes stehen somit einer Anwendung von Art. 2 ZGB nicht entgegen.

2.10.4.4 Die Rechtsbehelfe der Beteiligten nach Eröffnung des Dokumentenakkreditivs

Das Dokumentenakkreditiv ist auf eine gewisse Verkettung und auf einen Automatismus ausgelegt, die nicht ohne Not unterbrochen werden dürfen. Dabei sind die Interessen der Beteiligten an der Unterbrechung dieser Verkettung bzw. dieses Automatismus sehr unterschiedlich:

Kein Interesse an einer solchen Unterbrechung oder an einem Eingriff in die Akkreditivabwicklung hat sicherlich der Begünstigte, da das Akkreditiv in dessen Interesse eröffnet wird.

Anders liegt diesbezüglich die Interessenlage bei der Bank: Diese hat dabei sowohl ihre eigenen Interessen als jene ihres Kunden, des Auftraggebers zu wahren.

Ist die Akkreditivsumme nicht gedeckt, so kann sie sich nur an den Auftraggeber halten, denn dies betrifft ausschliesslich das sogenannte «Deckungsverhältnis» zwischen ihr und dem Auftraggeber. Nicht gedeckt zu sein, ermächtigt die Bank jedenfalls nicht, bei Vorlage akkreditivkonformer Dokumente durch den Begünstigten die Zahlung zu verweigern.

Hingegen ist die Bank nicht nur berechtigt, sondern auch verpflichtet[285], die Zahlung unter Berufung auf das Grundgeschäft (und damit auch im Interesse ihres Kunden) zu verweigern,

– wenn sich das Zahlungsbegehren des Verkäufers als arglistig erweist;
– wenn der Verkäufer ganz offensichtlich ungeeignete Ware geliefert hat; oder

---

[284] Rdn. 945 und 1015 f.
[285] So ausdrücklich *Zahn/Eberding/Ehrlich* mit Berufung der dort in Anm. 252 S. 217 zitierten.

- wenn das Warengeschäft gesetzwidrig (Embargo, unerlaubter Waffenhandel, Mädchenhandel usw.) oder wenn es nur zum Schein abgeschlossen worden ist, wobei hier die Bank selbst in die Gefahr strafrechtlicher Verfolgung gerät[286].

Die Bank kann sich anderseits auf Irrtum gemäss Art. 24 OR oder auf Täuschung (Art. 28 OR) berufen, insbesondere dann, wenn Akkreditivauftraggeber und Begünstigter in gegenseitigem Einvernehmen sie durch betrügerische Manipulation zur Eröffnung des Akkreditivs bewogen haben[287]. Die Bank ist schliesslich berechtigt, vom Begünstigten oder von einem Dritten gefälschte oder betrügerisch ausgestellte Dokumente zurückzuweisen, soweit sie dies feststellen kann[288]. Sie kann aber hierfür nach Artikel 15 ERA 500 nicht haftbar gemacht werden. Dies wird namentlich dann erheblich, wenn beispielsweise die bestätigende Bank hierüber eine andere Meinung hat als die eröffnende Bank und deshalb auszahlt. Dann ist ihr die eröffnende Bank zum Rembours verpflichtet. In allen Fällen, wo die Bank gegenüber dem Begünstigten einrede- und einwendungsberechtigt ist, wird sie die Auszahlung verweigern. Macht sie allerdings solche Feststellungen erst nach Auszahlung des Akkreditivbetrages, so ist sie gegenüber dem Begünstigten oder je nachdem auch gegenüber dem Auftraggeber rückforderungsberechtigt in der Regel wegen ungerechtfertigter Bereicherung und muss unter Umständen gegen diesen klagen[289].

Zahn/Eberding/Ehrlich[290] werfen im Anschluss an *Nielsen*[291] die Frage auf, ob die Bank die vorhandenen Mängel von Dokumenten trotz Prüfung nicht erkennt und folglich diese aufnimmt und honoriert, diese nachträglich anfechten kann. Unbestreitbar befindet sich die Bank in einem Irrtum, den sie gemäss Art. 23 ff. OR, der zur Unverbindlichkeit ihres Schuldbekenntnisses gegenüber dem Begünstigten führt, geltend machen kann. Unter diesen Voraussetzungen sollte sie berechtigt sein, ihre Zahlung gegen Aushändigung der eingereichten Dokumente rückgängig zu machen[292].

---

[286] *Zahn/Eberding/Ehrlich* N 2/337 S. 218.
[287] *Zahn/Eberding/Ehrlich* N 2/339 und BGH in DB 1967 S. 242.
[288] *Zahn/Eberding/Ehrlich* 2/340.
[289] *Ebenda* 2/342 ff.
[290] 2/345 ff.
[291] Dokumentärer und wechselrechtlicher Regress im Akkreditivgeschäft und unter Berücksichtigung der verschiedenen Abwicklungsformen: Festschrift für Werner (1984) S. 573 ff.
[292] Analog nach deutschem Recht *Zahn/Eberding/Ehrlich* a.a.O.

Die häufigsten Fälle sind aber jene, bei welchen der Auftraggeber versucht, die Zahlung durch die Bank zu verhindern. In der Tat ist er derjenige, der im Akkreditivgeschäft das grösste Risiko trägt. Er muss nämlich dem Begünstigten vertrauen, dass dieser seine vertraglichen Leistungen vertragsgemäss erbringt und hat grundsätzlich keine Möglichkeit vor Auszahlung des Akkreditivbetrages die Leistungen des Begünstigten zu prüfen. Wegen der kurzen Laufzeit des Akkreditives ist es ihm auch verwehrt, rechtzeitig ein rechtskräftiges Urteil zu erlangen. Vielmehr wird er die Auszahlung geschehen lassen müssen und einen Rückforderungsprozess gegen den Begünstigten bzw. gegen seinen Partner im Valuta-Verhältnis anstreben nach dem Motto «zuerst zahlen, dann prozessieren». Dies ist nicht unproblematisch, wenn er damit rechnen muss, am Sitz des Begünstigten einen langwierigen Prozess unter Anwendung einer ungewohnten Rechtsordnung führen zu müssen.

Dagegen kann sich der Auftraggeber nur dadurch schützen, «dass er im Eröffnungsauftrag als Akkreditivbedingung die Vorlage eines Gutachtens eines Sachverständigen des Versand- oder Aufenthaltsortes oder entsprechend feststehender Usanz die Aufnahme der Klausel «zahlbar nach der Kontrolle oder Abnahme durch den Käufer» verlangt[293]. Wenn er diesen Empfehlungen folgt, ist er mittels der Dokumentenstrenge gegen eine nicht vertragsgemässe oder mangelhafte Lieferung bzw. Leistung durch den Begünstigten geschützt.

Die Praxis zeigt aber immer wieder, dass ein Käufer, der feststellt, dass die Ware, die er vom Begünstigten gekauft hat, entweder nicht die vertragliche ist oder mit Mängeln behaftet ist, versucht, die Auszahlung durch die eröffnende oder bestätigende Bank durch Arrest oder einstweilige Verfügung zu verhindern.

Dies wird von einer Mehrheit der Lehre abgelehnt mit folgenden Begründungen:

- eine Arrestlegung durch den Käufer selbst sei nichts anderes als ein Widerruf eines unwiderruflichen Akkreditives[294];
- durch die Eröffnung des Akkreditivs habe der Akkreditiv-Auftraggeber mit der Bank ein pactum de non petendo abgeschlossen[295], sodass

---

[293] BGE 100 II S. 150.
[294] *Gautschi* N 20 a zu Art. 407 OR.
[295] *Dallèves* in SAG 57/1985 S. 22; *Dohm,* Bankgarantien im internationalen Handel; *Hartmann,* Der Akkreditiv-Eröffnungsauftrag S. 124; *Rossi,* La garantie bancaire à première demande (Diss. Fribourg 1989); *Schönle* S. 77; *Egger,* Probleme des Einstweiligen Rechtsschutzes bei auf erstes Verlangen zahlbaren Bankgarantien in Zeitschrift für Versicherungsrecht 1990 S. 19 Ziff. 2.1.

ein Arrestbegehren durch den Begünstigten einem venire contra factum proprium gleichkomme, was rechtsmissbräuchlich und daher nicht schützenswert sei[296];
– das Dokumentenakkreditiv ist von Natur aus abstrakt und daher vom Valutaverhältnis losgelöst. Einreden aus dem Valutaverhältnis gehen daher das Deckungsverhältnis nichts an[297].

Zur Frage der Zulässigkeit eines Arrestbegehrens seitens des Auftraggebers hat das Bundesgericht erstmals in BGE 117 III S. 79 ff. Stellung genommen[298] und hat sowohl die These, es handle sich um ein pactum de non petendo als auch diejenige, dass ein Verhalten des Auftraggebers rechtsmissbräuchlich sei, abgelehnt. «En vertu du principe fraus omnia corrumpit, le donneur d'ordre n'est plus lié par une éventuelle renonciation préalable à requérir de telles mesures, lorsque le bénéficiaire abuse manifestement de la position juridique que lui confère la garantie.»[299] In anderen Worten wirken sich die Ausnahmencharakter des Arglisteinwandes und die Notwendigkeit, dem Akkreditivbegünstigten seine Einwendungen und Einreden gegen seinen Partner im Valutaverhältnis grundsätzlich zu erhalten, dahingehend aus, dass ein Einwendungsdurchgriff einen besonders schwerwiegenden Fall des Rechtsmissbrauchs voraussetzt[300]. Die Frage stellt sich nun, wann dies der Fall ist.

Zunächst ist festzuhalten, dass die Regel, die den Rechtsmissbrauch verbietet Art. 2 Abs. 2 ZGB von Amtes wegen anzuwenden ist[301]. Der Rechtsmissbrauch muss offensichtlich sein, d.h. er muss «in die Augen stechen»[302]. Dann muss es sowohl für den Auftraggeber als auch für die Bank offensichtlich sein[303]. In einem Entscheid bezüglich Akkreditiv mit aufgeschobener Zahlung erklärte das Bundesgericht, dass auch dann und gegebenenfalls gegen die ausdrückliche Weisung des Auftraggebers, die Bank ihrer Zahlungspflicht spätestens nach Ablauf der Frist nachkommen müsse, weil sie sich unwiderruflich dazu verpflichtet habe[304]. «Eine

---

[296] So *Dallèves* a.a.O.
[297] *Kleiner*, Bankgarantie S. 223 ff. und 238 ff.
[298] S. 80.
[299] Der Fall in BGE 117 III 80 betrifft eine Bankgarantie. Die Begründung ist auch für das Akkreditiv anwendbar. Vgl. auch Genfer Cour de justice in SemJud 1984 S. 463.
[300] *Canaris* N 1016.
[301] SemJud 1984 S. 463.
[302] «Il faut bien plus que la fraude crève les yeux»: Genfer Cour de justice in SAG 1982 S. 61 f. und SAG 56/1984 S. 176.
[303] *Ebenda*.
[304] BGE 78 II 52.

Ausnahme gilt nur bei betrügerischen Machenschaften. Da die Akkreditivbank mit solchen aussergewöhnlichen Verhältnissen jedoch nicht zu rechnen braucht, weil es Sache des Käufers ist, sich vertrauenswürdige Vertragspartner auszusuchen, kann sie sich nur dann auf rechtsmissbräuchliches Verhalten des Begünstigten berufen, wenn es bei Fälligkeit ihrer Verpflichtung bewiesen ist. Dazu bedürfte es wohl einer rechtskräftigen einstweiligen Verfügung des zuständigen Gerichts auf Untersagung der Zahlung oder sogar eines rechtskräftigen Urteils in der Sache selber, wozu jedoch in der Regel die Zeit bei aufgeschobener Zahlungsfrist nicht ausreicht»[305]. Diese sehr strengen Anforderungen[306] an die Voraussetzungen, unter welchen ein Rechtsmissbrauch beim Akkreditiv angenommen werden darf, sind nicht spezifisch dem schweizerischen Recht, sondern scheinen sich weltweit durchzusetzen[307]. Damit ist zugleich der Rahmen abgesteckt, innert dem der Auftraggeber handeln kann, wenn er der Auffassung ist, der Begünstigte verletze seine Vertragspflicht bzw. begehe betrügerische Machenschaften:

– Vor Eröffnung des Akkreditivs sind seine Möglichkeiten im Rahmen der jeweiligen Rechtsordnung gegeben und es bestehen keine Beschränkungen aus der Abstraktheit des Akkreditivs, da diese noch gar nicht besteht;
– Ist das Akkreditiv einmal eröffnet, so kann er nach wie vor gegen den Begünstigten aus dem Valutaverhältnis vorgehen. Die Auszahlung des Akkreditivsbetrages kann er nur verhindern, wenn die Bank einen Fehler macht bei der Dokumentenprüfung oder bei offensichtlichem Rechtsmissbrauch seitens des Begünstigten.

2.10.4.5 Arrest oder einstweilige Verfügung

2.10.4.5.1 Arrest

Das Bundesgericht definiert den Arrest folgendermassen: Er bedeutet «nicht eigentliche Zwangsvollstreckung, sondern ist nur eine im Hinblick darauf ergriffene vorsorgliche Massnahme, die dem Gläubiger erlaubt, unter gewissen Voraussetzungen die Beschlagnahme von Vermögensstücken zu erreichen, die er nicht pfänden oder inventarisieren lassen kann,

---

[305] BGE 100 II 151; es handelt sich bloss um ein obiter dictum; hierzu *Dohm* in SAG 1984 S. 177.
[306] *Dallèves* S. 22.
[307] *Dohm* a.a.O. S. 178.

weil er die Formalitäten der Betreibung noch nicht erfüllt hat. Der Schuldner soll mit dem Arrest daran gehindert werden, über sein Vermögen zu verfügen, es beiseite zu schaffen oder auf andere Weise das Ergebnis einer hängigen oder künftigen Betreibung zu beeinträchtigen»[308].

Der Arrest führt somit zu einer amtlichen Beschlagnahme. Diese ist nicht Selbstzweck, sondern bloss Vorbereitung. «Sie darf nur unter ganz besonderen gesetzlichen Voraussetzungen eintreten, mit denen es streng zu nehmen ist, weil in der Regel der plötzliche Angriff eine ernstliche Beeinträchtigung des Arrestschuldners herbeiführt. Neben der Ordnung, der Bewilligung und des Vollzugs des Arrestes mussten daher besondere Schutzvorkehren ausgebaut werden, die auch die Rechte des Schuldners wahren und den ihm durch einen ungerechtfertigten zugefügten Schaden nach Möglichkeit wieder gutmachen»[309].

Artikel 271 SchKG Abs. 1 ist die einschlägige Gesetzesbestimmung, welche die Voraussetzungen für die Arrestbewilligung festlegt: «Der Gläubiger kann für eine verfallene Forderung, soweit dieselbe nicht durch ein Pfand gedeckt ist, Vermögensstücke des Schuldners mit Arrest belegen lassen, wenn eine der nachfolgenden Voraussetzungen (Arrestgründe) vorliegt:

1. wenn der Schuldner keinen festen Wohnsitz hat;

2. wenn der Schuldner in der Absicht, sich der Erfüllung seiner Verbindlichkeiten zu entziehen, Vermögensgegenstände beiseite schafft, sich flüchtig macht oder Anstalten zur Flucht trifft;

3. wenn der Schuldner auf der Durchreise begriffen ist oder zu den Personen gehört, welche Messen und Märkte besuchen, für Forderungen, die ihrer Natur nach, sofort zu erfüllen sind;

4. wenn der Schuldner nicht in der Schweiz wohnt;

5. wenn dem Gläubiger ein provisorischer oder endgültiger Verlustschein zugestellt ist.»

---

[308] BGE 115 III S. 35; ferner BGE 107 III 35 Erw. 2 = Pra 70/1981 Nr. 194 Erw. 2 und *Fritzsche/Walder* II S. 430.
[309] *Fritzsche/Walder* a.a.O.; Zur rechtsstaatlichen Problematik des Arrests: *D. Gasser,* Das Abwehrdispositiv des Arrestbetroffenen nach revidiertem SchKG: ZBJV 130/1994 S. 553 ff.

Bei Dokumentenakkreditiven kommt lediglich Ziffer 4 zur Anwendung. Nach dem revidierten SchKG[310] ist diese Voraussetzung weiter eingeschränkt worden und lautet nun: «...wenn der Schuldner nicht in der Schweiz wohnt, kein anderer Arrestgrund gegeben ist, die Forderung aber einen genügenden Bezug zur Schweiz aufweist oder auf einem vollstreckbaren gerichtlichen Urteil oder auf einer Schuldanerkennung im Sinne von Art. 82 Abs. 1 (SchKG) beruht»[311].

Nachdem die Forderung verfallen sein muss[312], kann eine Verarrestierung des Akkreditivbetrages nur dann bewilligt werden, wenn sich dieser auf dem Wege von der Akkreditivbank zum Begünstigten befindet, bzw. dieser dem Begünstigten gutgeschrieben wird, vorausgesetzt, dass der Begünstigte gemäss Art. 271 Abs. 1 Ziff. 4 SchKG «im Ausland wohnt»[313].

Nicht verarrestierbar ist gegenüber dem ausländischen Verkäufer als Arrestschuldner die Forderung der das Dokumentenakkreditiv bestätigenden oder avisierenden Bank gegenüber der eröffnenden Bank, handelt es sich doch um eine Forderung auf Verwendungsersatz gemäss Artikel 402 Abs. 1 OR, die mit dem Anspruch des Verkäufers, der sich gegen die bestätigte Bank richtet, nichts zu tun hat. Dagegen wäre eine solche Forderung verarrestierbar, wenn sich der Arrest gegen die *Auslandbank* selber richten sollte, und zwar sowohl bei bestätigtem wie bei avisiertem Akkreditiv[314].

Ansprüche auf Warenpapiere sind an sich ebenfalls verarrestierbar, sofern sie als suspensiv bedingte Forderungen angesehen werden können[315]. Damit setzt Walder-Bohner die Prämisse voraus, die Frau Lüdi[316] vertritt, dass auch die suspensiv bedingte Forderung des Begünstigten gegenüber der in der Schweiz domizilierten eröffnenden oder bestätigenden Bank, weil pfändbar, verarrestiert werden könne. Der Arrest kann allerdings nur gegenüber der Auslandbank, bzw. gegenüber dem im Ausland wohnenden Begünstigten vollzogen werden[317].

---

[310] BG über Schuldbetreibung und Konkurs vom 11. April 1889 unter Berücksichtigung der Änderung vom 16. Dezember 1994.
[311] Zur Vorgeschichte dieser Änderung: *R. Ottomann,* Der Arrest: Aktuelle Fragen des Schuldbetreibungs- und Konkursrechtes nach rev. Recht (1996) S. 57 ff.
[312] E contrario aus Art. 271 SchKG, *Fritzsche/Walder* a.a.O Anm. 2.
[313] *Lüdi* a.a.O. S. 314.
[314] *Hans Ulrich Walder-Bohner,* Fragen der Arrestbewilligungs-Praxis (1982) S. 8 f.
[315] Im einzelnen *Walder-Bohner* S. 9.
[316] A.a.O. S. 314.
[317] *Walder-Bohner* S. 9 ff.

Dem Standpunkt von Frau *Lüdi* und *Walder-Bohner* widersprechen sowohl *Dallèves*[318] als auch *Schönle*[319]. *Dallèves* und *Schönle* machen geltend, dass der Auftraggeber mit der Beauftragung der eröffneten Bank ein unwiderrufliches Dokumenten-Akkreditiv zugunsten des Begünstigten zu erstellen, einen »pactum de non petendo« abgeschlossen habe und somit ein widersprüchliches Verhalten einnehme, das nicht geschützt werden könne[320]. Bekanntlich lässt das Bundesgericht diese Argumentation nicht gelten, wenn ein Fall von Rechtsmissbrauch vorliegt. Dann ist nach *Schönle* die Forderung nichtig und kann nicht verarrestiert werden. Die Voraussetzungen, ob ein Arrest bewilligt werden kann, sind nunmehr von Amtes wegen nach Art. 272 SchKG bzw. im Einspracheverfahren gemäss Art. 278 SchKG vom Arrestrichter zu prüfen[321], was zur Folge haben wird, dass eine Verarrestierung im Zusammenhang mit Akkreditiven kaum mehr bewilligt werden wird.

2.10.4.5.2 Einstweilige Verfügung

Bezüglich der einstweiligen Verfügung sind die Ausführungen von Schönle[322] so überzeugend, dass sie hier bloss wiederholt werden: »Nach wohl allen kantonalen Prozessordnungen kann der Auftraggeber eine einstweilige gerichtliche Verfügung gegen die Bank auf Unterlassung der Vorauszahlung der Akkreditivsumme nur erwirken, wenn er einen diesbezüglichen Anspruch oder doch die Gefahr eines ohne Eilmassnahmen schwer zu behebenden Schadens glaubhaft macht. Kann der Auftraggeber wegen Mängeln im Valutaverhältnis vom Begünstigten verlangen, dass er die Inanspruchnahme der Akkreditiv- oder Garantiezusage der Bank unterlässt, so hat er damit auch die Möglichkeit, den Beweis für rechtsmissbräuliche Inanspruchnahme des Zahlungsversprechens zu erbringen. Der offene Rechtsmissbrauch des Begünstigten begründet eine rechtshindernde Einwendung der Bank. Er hat zur Folge, dass der Auszahlungsanspruch des Begünstigten gegen die Bank nur dem Anschein nach, nicht aber in Wirklichkeit, nicht materiell besteht. Besteht aber der Auszahlungsanspruch des Begünstigten gegen die Bank nicht, so kann der Auftraggeber auf Grund des Deckungsverhältnisses von der Bank verlangen, dass sie die Auszahlung der Akkreditiv- oder Garantiesumme an den Begünstig-

---

[318] A.a.O. S. 22 f.
[319] In SJZ 79/1983 S. 96 ff.
[320] *Schönle* S. 77; *Dallèves* S. 22.
[321] Vgl. *W. A. Stoffel* in AJP 11/96 S. 1401 ff.
[322] In SJZ 79/1983 S. 76.

ten unterlässt. Wegen Solidargläubigerschaft nach Art. 399 Abs. 3 OR oder Surrogation nach Art. 401 Abs. 1 OR steht dem Auftraggeber der Anspruch auf Nichtauszahlung, falls schweizerisches Recht Anwendung findet, auch gegen die zweite Bank zu, wenn eine solche als Avis- und Zahlstelle, als mit- oder alleinhaftende Bank auf Weisung des Auftraggebers in das Akkreditiv- oder Garantiegeschäft eingeschaltet worden ist.

Das Bundesgericht sagt im Stickereiurteil: für die Zahlungsverweigerung durch die Bank «bedürfte es wohl einer rechtskräftigen einstweiligen Verfügung des zuständigen Gerichts auf Untersagung der Zahlung oder sogar eines rechtskräftigen Urteils in der Sache selber ...»[323]. In der Tat würde eine einstweilige Verfügung gegen den Begünstigten auf Unterlassen der Inanspruchnahme des Akkreditivs offenen Rechtsmissbrauch seitens des Begünstigten beweisen und damit die Nichtexistenz seines Auszahlungsanspruchs begründen. Die Gründe, die eine solche einstweilige Verfügung gegen den Begünstigten motivieren, rechtfertigen daher auch eine solche gegen die Bank. Führt je die einstweilige Verfügung anschliessend nicht zum definitiven Rechtsschutz, so hat doch die Bank bei Nichtauszahlung der fälligen Akkreditiv- oder Garantiesumme unverschuldet gehandelt. Sie zahlt dann an den Begünstigten Verzugszinsen, mit Auslagenerstattungsanspruch gegenüber ihrem Auftraggeber. Der Begünstigte ist im übrigen auf Schadenersatzansprüche gegen den Auftraggeber angewiesen.»

Zwischen der einstweiligen Verfügung und dem Arrest gibt es erhebliche Unterschiede: Der gerichtlich ausgestellte Arrestbefehl wird vom Betreibungsamt vollzogen (Art. 274 SchKG). Der Arrestvollzug richtet sich nach den Bestimmungen der Pfändung (Art. 275 SchKG). Verfügt die Bank trotz Arrestsperre über die Vermögenswerte, setzt sie, bzw. setzen sich ihre Mitarbeiter der strafrechtlichen Verfolgung wegen Verstrickungsbruches (Art. 169 StGB) aus. Die Bank wird zudem gegenüber dem Betreibungsamt über den Umfang der vom Arrest erfassten Vermögenswerte auskunftspflichtig (Art. 91 Abs 4 SchKG)[324]. Gerade dies wird mit einer einstweiligen Verfügung nicht erreicht, es sei denn, dass es besonders beantragt wird. Anderseits ist die Sanktion bei einer Nichteinhaltung des Verbotes (Art. 292 StGB: Ungehorsam gegen amtliche Verfügung) nicht besonders schwer.

---

[323] BGE 100 II 151.
[324] *Daniel Stoll* in SJZ 92 1996 S. 108, *Ottomann* S. 80 ff.

2.11 Die Form der Mitteilungen

2.11.1 Nach der ERA

Insbesondere im Verkehr zwischen Banken ist es wichtig, dass Mitteilungen ohne Zeitverzug erfolgen können. Dies erfordert namentlich die Kürze der Fristen. Daher müssen die Banken berechtigt sein, die modernsten Mittel der Kommunikation einzusetzen. Hierüber enthalten die ERA nunmehr Regelungen in bezug auf die beiden wichtigsten Erklärungen zwischen Banken im Dokumentenakkreditivverkehr, der Eröffnung des Dokumentenakkreditivs und der Änderung der Akkreditivbedingungen. Die Form von Erklärungen der anderen Beteiligten des Akkreditivverhältnisses bleibt dem nationalen und allgemeinem Recht vorbehalten.

Art. 11 lit. a Abs. 1 ERA stellt den **Grundsatz der sofortigen Wirksamkeit der Telekommunikation**[325] auf: «Wenn eine eröffnende Bank eine avisierende Bank durch eine authentisierte Telekommunikation beauftragt, ein Akkreditiv oder eine Akkrediv-Änderung zu avisieren, gilt die Telekommunikation als das Instrument für die Inspruchnahme des Akkreditivs oder als die massgebliche Änderungsmitteilung...». Mit authentisierter Telekommunikation wird auf die gängige Praxis Bezug genommen, nur ordnungsgemäss geschlüsselte bzw. mit einem Code versehene Telekommunikation als wirksame Akkreditiveröffnungs- bzw. -änderungsmitteilung zu verwenden[326].

Dies hat zur Folge, dass **schriftliche Bestätigungen überflüssig sind**[327], was Art. 11 lit. a Abs. 1 ERA ebenfalls festhält: »Eine briefliche Bestätigung sollte dann nicht erfolgen.« Eine solche wird vielmehr als störend empfunden: «Sollte eine briefliche Bestätigung dennoch erfolgen, ist sie ohne Wirkung und die avisierende Bank ist nicht verpflichtet, diese briefliche Bestätigung mit dem durch Telekommunikation erhaltenen Instrument für die Inspruchnahme des Akkreditivs oder der durch Telekommunikation erhaltenen massgeblichen Änderungsmitteilung zu vergleichen.»

Will aber die Bank die sofortige Wirksamkeit der Telekommunikation vermeiden, so muss sie ausdrücklich auf **die gewünschte Unverbindlichkeit der Telekommunikation hinweisen** (Art. 11 lit. a Abs. 2 ERA),

---

[325] Nach *Nielsen* a.a.O., N 79
[326] *Ebenda*
[327] *Ebenda*

was beispielsweise durch die Worte «vollständige Einzelheiten folgen» geschehen kann[328].

Dieser Hinweis ist auch notwendig für ein sogenanntes **Voravis,** ansonsten dieses verbindlich ist. In anderen Worten, wenn ein sog. Voravis bloss als eine vorläufige, unverbindliche Unterrichtung des Begünstigten gedacht ist, muss die voravisierende Bank dies ausdrücklich erklären[329]. Dies wird in Art. 11 lit. c ERA festgehalten.

Art. 12 ERA gibt den Banken die Möglichkeit, den Begünstigten nur vorläufig zu unterrichten, wenn die Weisungen, die diese selbst erhalten, unklar oder unvollständig sind, wobei die weisungsgebende Bank zur unverzüglichen Nachlieferung von klaren und vollständigen Weisungen verpflichtet wird (Art. 12 Abs. 2 ERA).

2.11.2 Nach dem schweizerischen Obligationenrecht

Mit der Schriftform befasst sich Art. 13 OR. Nach Art. 13 Abs. 2 OR genügt ein unterzeichnetes Telegramm oder eine unterzeichnete Aufgabedepesche der schriftlichen Form. Umstritten ist dies für das Telex und den Telefax. Beim letzten dürfte jedoch die Voraussetzung von Art. 13 Abs. 2 OR, nämlich eine sichtbare Unterschrift, in der Regel erfüllt sein, soweit es sich herbei nicht um eine Fotokopie handelt[330]. Dagegen ist die Frage nicht gelöst bei den modernen Telekommunikationsmitteln wie Teletext oder Videotex[331].

2.12 Die sogenannte «Dokumentenstrenge»

2.12.1 Der Begriff

Der deutsche Bundesgerichtshof[332] hat die Berechtigung der sogenannten Dokumentenstrenge folgendermassen begründet:

Da die Banken die näheren Vereinbarungen der am Grundgeschäft Beteiligten nicht übersehen und infolgedessen nicht ausschliessen können, dass selbst geringfügige Weisungen des Auftraggebers diesem beträchtlichen

---

[328] *Ebenda* N 80
[329] *Schütze* Rz. 257
[330] *Gauch/Schluep* Bd. 1 Nr. 517 f.
[331] *Ebenda* Nr. 519
[332] Entscheid vom 2.7.1984 in RIW 1984 S. 914

Schaden zufügen können, müssen sie sich im Akkreditivverkehr streng innerhalb der Grenzen des erteilten formalen und präzisen Auftrages halten[333]. Den Begriff der Dokumentenstrenge hat am prägnantesten das OLG Frankfurt a.M. umschrieben: «Die Dokumentenstrenge ist ein Prinzip, das bei der Prüfung anzuwenden ist, ob die vorgelegten, zur Einlösung des Akkreditivanspruchs bestimmte Dokumente den Anforderungen des Akkreditivs entsprechen. Auslegungen sind in diesem Bereich nicht zulässig[334]». Das schweizerische Bundesgericht ist diesbezüglich etwas ausführlicher[335]: «Der Grundsatz der Dokumenten- oder Akkreditivstrenge betrifft die Prüfung der Dokumente und kommt in erster Linie im Verhältnis zwischen der zur Aufnahme der Dokumente befugten Bank und dem Akkreditiv-Auftraggeber zur Anwendung; er gilt aber entsprechend auch für das Verhältnis zwischen der Bank und dem Begünstigten[336]. Der Grundsatz bedeutet, dass die eingereichten Dokumente von der Bank nur auf ihre formelle Ordnungsmässigkeit, d.h. auf die «buchstäbliche» Übereinstimmung mit den Akkreditivbedingungen nicht aber auf ihre materielle, inhaltliche Richtigkeit zu prüfen sind. Die Bank darf nur gegen solche Dokumente Zahlungen leisten, die sich nach dieser Prüfung mit den im Akkreditiv vorgeschriebenen Dokumenten übereinstimmend erweisen[337]. Zudem haben Dokumenten- und Warengeschäft, von der Bank her gesehen nichts miteinander zu tun. Selbst beim Nachweis vollständiger und ordnungsgemässer Erfüllung des Warengeschäfts dürfen nichtakkreditivgerechte Dokumente grundsätzlich nicht aufgenommen werden.

---

[333] Vgl. ferner BGH Urteil vom 9.1.1958 II ZR 146/56 in WM BGB § 780 Nr. 1; vom 24.3.1958 II. ZR 51/57 in WM BGB § 780 Nr. 2; vom 19.11.1959 VII ZR 209/58 in LM BGB § 665 Nr. 3; vom 10.12.1970 II. ZR 132/68 in WM BGB § 665 Nr. 7; *Canaris* N. 942 und die dort in Anm. 41 zitierte deutsche Rechtsprechung und Literatur [vgl. *Schütze* a.a.O., N. 380 ff.]

[334] OLG Frankfurt a.M. vom 22.9.1987 in WM 1988 S. 256

[335] BGE 115 II 70 f.; 104 II 275 ff.; BGH vom 9.2.1970 in WM 1970 S. 552 ff. und NJW 1970 S. 992 ff.; BGH vom 10.12.1970 in WM 1971 S. 158 ff. und NJW 1971 S. 558 ff.; OLG Hamburg vom 24.5.1983 in RIW 1984 S. 392; *Nielsen*, Dokumentenstrenge im Akkreditivgeschäft bei Abweichungen in den vorgelegten Dokumenten in WM 1962 S. 778 ff.; *Petersen*, Die Verpflichtungen der Akkreditivbanken zur Aufnahme und Honorierung bei Abweichung in den vorgelegten Dokumenten in WM 1962 S. 662 ff.; *H. Schönle*, Principes régissant le crédit documentaire selon la jurisprudence suisse récente: Banca, Borsa.. 1987 S. 322.; *Ulrich* S. 116 f.; *Lombardini* S. 131 ff; *Schütze* S. 163 ff.

[336] *Canaris* a.a.O., N 956

[337] *Lord Summer* in Equitable Trust Co. of New York v. Dawson Partners Ltd. (1926): 25 L1 L. Rep. 90 (1927), 27 L1 L. Rep. 49, H.L. «There is no room for documents which are almost the same or which will do just as well».

Umgekehrt ist es für die Bank in der Regel auch nicht statthaft, die Aufnahme akkreditivgerechter Dokumente abzulehnen, wenn sie vermutet, dass in den Dokumenten enthaltene Angaben objektiv nicht zutreffen[338]. Vielmehr sind Gesichtspunkte von Treu und Glauben aber trotz Dokumentenstrenge zu beachten[339] und es gilt als rechtsmissbräuchlich, wenn die Bank auf die Aufnahme von «receipts», in dem die Ablieferung der Ware verurkundet und die im Akkreditiv vorgesehen ist, beharrt, obwohl sie genau weiss, dass diese Ware längst abgeliefert ist[340].

2.12.2 Zweck: Sicherung, dass nur gegen akkreditivkonforme Dokumente bezahlt wird

Das Dokumentenakkreditiv hat zum Zweck das Versprechen, Zug um Zug gegen Übergabe der Dokumente, welche das Verfügungsrecht über die Ware verschaffen, zu zahlen[341]. «Zahlungen gegen Dokumente» ist der Grundsatz auf dem das ganze Dokumentenakkreditiv beruht[342]. Damit erfüllt das Dokumentenakkreditiv eine Sicherungsfunktion dafür, dass gegen Aufnahme «akkreditivgerechter» Dokumente bezahlt wird, denn dem Zahlenden sind sämtliche Einreden aus dem Valuta- und aus dem Deckungsverhältnis verschlossen[343]. Er kann sich nur auf die Nichtübereinstimmung der Dokument mit den Bedingungen des Dokumentenakkreditives berufen. Das setzt aber eine formalistische und wörtliche Prüfung voraus, weil für den Zahlenden keine andere Rechtsbehelfe bestehen[344]. Diese Prüfung geht in zwei Richtungen:

1. Sind die im Akkreditiv vorgeschriebenen Dokumente in der erforderlichen Zahl vorgelegt worden?

---

[338] *Zahn/Eberding/Ehrlich* a.a.O., Nr. 215 f.; *Schärrer* S. 89 f.; *Eisemann/Eberth,* Das Dokumentenakkreditiv im Internationalen Handelsverkehr: Schr. RIW 4/1979 S. 148 sowie 150 ff.: *Urban Slogo,* Die Zahlung unter Vorbehalt im Akkreditiv-Geschäft: Schr. zum Bankwesen 22/1980 S. 36 ff.; *Jürg Hartmann,* Der Akkreditiv-Eröffnungsauftrag nach den Einheitlichen Richtlinien und Gebräuchen für Dokumenten-Akkreditive (Revision 1962) und nach dem schweizerischen Recht (Diss. Zürich 1974) S. 98 f. sowie *Nielsen* S. 83 ff.
[339] BGE 88 II 89
[340] Urteil des Handelsgerichts Zürich vom 29.3.1988 bestätigt durch das Bundesgericht am 1.1.1989: ZR 88 (1989) S. 102 ff
[341] BGE 78 II 53; ferner BGE 100 II 150; 90 II 307; 93 II 342 sowie Pra. 77 (1988) Nr. 202 E.4c.
[342] BGE 78 II 52

2. Sind diese Dokumente inhaltlich akkreditivkonform?[345]

Genau dies hat das Bundesgericht in BGE 104 (1978) II S. 276 f. als Pflichten der Bank zur Dokumentenstrenge festgehalten: Nach den Akkreditivbestimmungen ist zu prüfen, ob die der Bank vorgelegten Dokumente vollständig sind und dem Akkreditiv entsprechen. Die Prüfung darf nicht durch eine solche der Ware ersetzt werden[346].

2.12.3 Die Regeln über die Dokumentenprüfung

2.12.3.1 Regeln, welche die ERA setzen

Art. 13 ERA 500 legt den Standard der Dokumentenprüfung folgendermassen fest:

«Die Banken müssen alle in Akkreditiv vorgeschriebenen Dokumente mit angemessener Sorgfalt prüfen, um festzustellen, ob sie ihrer äusseren Aufmachung nach den Akkreditivbedingungen zu entsprechen scheinen. Die Feststellung, ob vorgeschriebene Dokumente der äusseren Aufmachung nach den Akkreditivbedingungen entsprechen, richtet sich nach dem Standard internationaler Bankpraxis, wie er sich in diesen Richtlinien widerspiegelt. Dokumente, die sich ihrer äusseren Aufmachung nach untereinander widersprechen, werden als ihrer äusseren Aufmachung nach nicht den Akkreditivbedingungen entsprechend angesehen (1). Im Akkreditiv nicht vorgeschriebene Dokumente werden von den Banken nicht geprüft. Wenn sie solche Dokumente erhalten, geben sie diese dem Einreicher zurück oder leiten diese unverbindlich weiter (lit. a). Der eröffnenden Bank steht jeweils eine angemessene, **sieben Bankarbeitstage nach dem Tag des Dokumentenerhalts nicht überschreitende Zeit zu**[347], die Do-

---

[343] Ulrich, a.a.O., S. 14, wobei allerdings gewisse Ausnahmen möglich sind, darüber später S. 76.
[344] Ulrich S. 20
[345] Was nicht identisch ist mit der materiellen Richtigkeit. Diese kann die eröffnende Bank nicht überprüfen: Ulrich S. 19
[346] Hierzu Tevini Du Pasquier S. 142 ff. und dort zit. Lit. Die Dokumentenstrenge ist ein Gewohnheitsrecht: Tevini Du Pasquier Anm. 67 S. 112
[347] Die Sieben-Tage-Grenze ist nicht kumulativ für jedes Glied in der Prüfungskette also Bank/Begünstigter 7 Tage, Bestätigungsbank/benannte Bank 7 Tage, Bestätigungsbank/Eröffnungsbank 7 Tage, sondern dem Begünstigten gegenüber insgesamt gemeint: Nielsen N 97 zu Art.13; Zur Lage vor der ERA 500: Klaus Vorpeil, Prüfungszeitraum beim Dokumentenakkreditiv («reasonable time»): RIW 1993 S. 12 ff.

kumente zu prüfen und zu entscheiden, ob sie die Dokumente aufnehmen oder zurückweisen will, und denjenigen entsprechend zu unterrichten, von dem sie die Dokumente erhielt (lit. b). Wenn ein Akkreditiv Bedingungen erhält, ohne das (die) zum Erfüllungsnachweis vorzulegende(n) Dokument(e) anzugeben, betrachten die Banken solche Bedingungen als nicht vorhanden und schenken ihnen keine Beachtung.» (lit. c).

Art. 13 lit. a befasst sich somit mit der Dokumentenprüfung im eigentlichen Sinn, Art. 13 lit. b mit der für diese Prüfung zur Verfügung stehenden Zeit und Art. 13 lit. c mit dem Sonderfall, wo das Akkreditiv Bedingungen enthält, die keinen dokumentären Erfüllungsnachweis erfordern.

Mit der in Art. 13 lit. a erwähnten «angemessenen Sorgfalt» ist wohl jene Sorgfalt gemeint, die von einer Bank generell erwartet werden darf[348].

Zur Feststellung, ob die vorgeschriebenen Dokument »ihrer äusseren Aufmachung nach» den Akkreditivbedingungen zu entsprechen scheinen, hat das Bundesgericht allerdings noch aufgrund von Art. 9 der Richtlinien von 1953, dessen Wortlaut im übrigen mit dem Anfang von Art. 13 ERA 500 übereinstimmt, folgendes erklärt[349]: «Mit dem Erfordernis, dass die Dokumente ‹äusserlich› den Bedingungen des Akkreditivs entsprechen müssten, ist jedoch nichts darüber gesagt, wie die Bedingungen des Akkreditivs auszulegen seien. Namentlich heisst das nicht, sie müssten wörtlich, formalistisch ausgelegt werden und zwar jede für sich allein, unbekümmert um die anderen».

Art. 13 lit. c ERA 500 gibt einen weiteren Hinweis: Die Prüfung hat sich nach dem Standard internationaler Bankpraxis zu richten, wie er sich in diesen Richtlinien widerspiegelt. *Nielsen*[350] kritisiert den Begriff «Standard internationaler Bankpraxis»[351] als zu unbestimmt. Diese Kritik ist nur zum Teil berechtigt, denn der Nachsatz «wie er sich in den Richtlinien widerspiegelt» gibt Aufschluss darüber, was damit gemeint ist oder in anderen Worten, die Prüfung hat nach den Regeln der ERA 500 zu erfolgen, wobei insbesondere die Art. 13 lit. a Abs. 1 letzter Satz, lit. b und c, Art. 14 und 15 sowie die Art. 20–39, 40 lit. b, 42–47 zu beachten sind.

Insbesondere Art. 15 ERA 500 enthält eine Leistungsbeschreibung im Sinne einer negativen Abgrenzung zu den Gegenständen, die nicht unter

---

[348] *Ulrich* S. 118 ff.; *Tevini Du Pasquier* S. 137 f. sowie *Christian Thalmann*, Die Sorgfaltspflicht der Bank im Privatrecht insbesondere im Anlagengeschäft: ZSR NF 113 (1994) II S. 115 ff. ausführlicher hinten S. 141.
[349] BGE 88 II 344 f.
[350] S. 90.
[351] In der englischen Originalsprache mit «International standard banking practice» ausgedrückt.

den Prüfungsauftrag fallen[352]. Art. 15 lautet: «Die Banken übernehmen keine Haftung oder Verantwortung für Form, Vollständigkeit, Genauigkeit, Echtheit, Verfälschung[353] oder Rechtswirksamkeit von Dokumenten oder für die allgemeinen und/oder besonderen Bedingungen von Dokumenten angegeben oder denselben hinzugefügt sind. Sie übernehmen auch keine Haftung oder Verantwortung für Bezeichnungen, Menge, Gewicht, Qualität, Beschaffenheit, Verpackung, Lieferung, Wert oder Vorhandensein der durch Dokumente vertretenen Waren oder für Treu und Glauben oder Handlungen und/oder Unterlassungen sowie für Zahlungsfähigkeit, Leistungsvermögen oder Ruf der Absender, Frachtführer, Spediteuren, Empfänger oder Versicherer der Waren oder irgendwelchen anderen Personen»[354].

Nach Art. 13 lit. c ERA 500 haben Banken Akkreditivbedingungen nicht zu beachten, für die das Akkreditiv keinen dokumentären Erfüllungsnachweis vorschreibt. Diese Regel bezieht sich vor allem gegen die entsprechende Praxis in den USA[355]. Um diese Regel zu verstehen, ist von der anglo-amerikanischen Begriffsbestimmung von Bedingungen als «conditions» auszugehen, wonach diese künftige Ereignisse sind, deren Eintritt unsicher ist[356].

Zu den Pauschalbezeichnungen nimmt Art. 20 ERA 500 (Art. 22 UCP 400) folgendermassen Stellung: «Ausdrücke wie ‹erstklassig›, ‹gut bekannt›, ‹qualifiziert›, ‹unabhängig›, ‹offiziell›, ‹kompetent›, ‹örtlich› u.ä. sollen zur Klassifizierung der Aussteller irgendwelcher Dokumente, die unter einem Akkreditiv vorzulegen sind, nicht verwendet werden. Wenn solche Ausdrücke im Akkreditiv enthalten sind, nehmen die Banken die betreffenden Dokumente so an, wie sie vorgelegt werden, vorausgesetzt, dass sie ihrer äusseren Aufmachung nach den anderen Akkreditivbedingungen zu entsprechen und nicht durch den Begünstigten ausgestellt zu sein scheinen». Eine solche für die Akkreditivbank unbeachtliche Pauschalbezeichnung ist somit auch, wenn in einem Warenkontroll-

---

[352] Nach *Nielsen* a.a.O., N 119 S. 107.
[353] Hierzu BGH in WM 1989 S. 1719: «Für die Echtheitsprüfung von Dokumenten kann die Haftung der Bank für leichte Fahrlässigkeit durch Allgemeine Geschäftsbedingungen ausgeschlossen werden.»
[354] Vgl. hierzu *Ulrich* S. 119 f. und *Zahn/Eberding/Ehrlich* N. 220 f.
[355] *Nielsen* a.a.O., S. 92.
[356] Generally a condition in a letter of credit is a future and uncertain event, which must occur before the issuer or confirmer is required to pay, where as a term of a letter of credit is certain to occur. «*Burton v. Mc Culaugh,* Letters of Credit (1992) § 4.05 (6) ICC Publ. Nr. 511 S. 42 und *Nielsen* S. 93.

zertifikat steht, dass diese von einer «öffentlich anerkannten Kontrollfirma» stammt[357].

Bei der Handelsfaktura ist jegliche Auslegungsmöglichkeit gemäss Art. 37 lit. c ERA 500 (Art. 41 lit. c UCP 400) untersagt: »Die Beschreibung der Ware in der Handelsrechnung muss mit der Beschreibung im Akkreditiv übereinstimmen. In allen anderen Dokumenten kann die Ware in allgemein gehaltenen Ausdrücken, die nicht im Widerspruch zur Warenbeschreibung im Akkreditiv stehen, beschrieben werden». Somit müssen bis hin zur gleichen Gross- und Kleinschreibung die Angaben in der Handelsfaktura mit denen des Akkreditivs übereinstimmen. Ausgenommen sind lediglich offensichtliche Irrtümer[358].

2.12.3.2 Regeln, die sich aus der Rechtsprechung und der Literatur ergeben

Dokumentenmängel, «die ins Auge springen» sind zu beanstanden[359].

Ob eine Auslegung bei der Benennung von Ortsangaben im Akkreditiv, bei unterschiedlicher geographischer und politischer Bezeichnung, in Betracht kommt, lässt sich generell nicht sagen[360]. Es dürfte vielmehr der Auffassung von *Nielsen* zuzustimmen sein: Bei Orts- oder Länderangaben genügt für die Absendung der Ware die geographische Bedeutung der Ortsangabe; im Zusammenhang mit der Aufstellung von Ursprungszeugnissen ist hingegen die praktische Bedeutung der Ortsangabe massgebend[361].

2.12.4 Der Gegenstand der Dokumentenprüfung

Die eingereichten Dokumenten müssen:

- vollständig sein;
- mit jenen, die verlangt werden, übereinstimmen und sie dürfen
- keine Widersprüche unter sich aufweisen und
- keine Fälschungen sein[362]

---

[357] Beispiel nach *Friedrich Graf von Westphalen,* Rechtsprobleme der Exportfinanzierung (1987) S. 242.
[358] *Nielsen* in WM 1962 S. 778 ff.; ders. in Kommentar N 271 ff.; *von Westphalen* S. 242.
[359] *Eisemann/Eberth* S. 154; *von Westphalen* S. 244.
[360] *Schinnerer/Avancini* S. 109.
[361] *Nielsen:* Grundlage des Akkreditivgeschäfts S. 99.
[362] Vgl. *Lombardini* S. 132 und *Schütze* N 380 ff.

2.12.4.1 Die eingereichten Dokumente müssen vollständig sein

Unvollständigkeit muss bejaht werden, wenn statt den vorgeschriebenen beiden Dokumenten, Gesundheitsbestätigung und Inspektionszertifikat nur eines davon präsentiert wird[363], wenn auf das Doppel eines Eisenbahnfrachtbriefes verzichtet wird, obwohl ein solches durch die Akkreditivbestimmungen vorgeschrieben worden war[364], wenn das von der bestätigenden Bank auszustellende «receipt from our rep. (who will be appointed later) signed and proving delivery of goods» fehlt[365] oder wenn das vorgeschriebene Dokument fehlt, das das Herstellungsverfahren eindeutig beschreibt[366]. Dazu erklärte der Bundesgerichtshof: «Treten begründete Zweifel hervor, ob die Urkunde die verlangte Warenqualität mit genügender Sicherheit als Ergebnis der Untersuchung wiedergibt, so kann es die Sorgfalt eines ordentlichen Kaufmanns verlangen, dass diese Zweifel vor der Auszahlung beseitigt werden[367]». Der Bank musste klar sein, dass die Herstellungsart («Spray-process») für den Auftraggeber von entscheidender Bedeutung ist, sonst hätte er nicht deren Bestätigung durch den Gutachter verlangt. Umgekehrt ist sie aber nicht in der Lage, selbständig zu entscheiden, ob auf ein Dokument, das fehlt, verzichtet werden kann.

Andererseits kann die in einem Dokumentenakkreditiv enthaltene Bestimmung, dass es gegen das Warenkontrollzertifikat («Good-Control-Certificate») einer «öffentlich anerkannten Kontrollfirma» eingelöst werden soll, dahin ausgelegt werden, dass ein «Certificate of Inspection» einer gesetzlich anerkannten Kontrollfirma genügt, wenn es in dem Land des Lieferanten keine durch einen hoheitlichen Akt zur Warenprüfung bestellten oder ermächtigten Firma gibt[368].

---

[363] So aber die Cour d'Appel de Paris vom 15. Juli 19942 bei Lombardini S. 135 jedoch mit Kritik von *Eisemann/Bontoux/Rowe*.
[364] So aber BGH vom 19. Nov. 1959 in WM 1960 S. 38 mit Kritik von *Canaris* N 945: «Es ist daher bedenklich, wenn der BGH es als unschädlich angesehen hat, dass eine Bank auf die in den Akkreditivbedingungen vorgeschriebene Vorlage einer zweiten Ausfertigung einer Aufgabenbescheinigung verzichtet hat, obwohl durch die zweite Ausfertigung, wie der BGH selbst ausdrücklich festgestellt hat, vielleicht die Abwicklung des Einfuhrgeschäfts erleichtert worden wäre».
[365] BGE 115 II 68. Hierzu Kritik von *Marco Lanzi* und *Hans Wille* in SZW 62/1990 S. 56 ff.
[366] BGH vom 24. März 1958 in WM 1958 S. 587 f.
[367] *Ebenda*.
[368] BGH in WM 1958 S. 1542 f. nach *Canaris* N 963.

2.12.4.2 Die eingereichten Dokumente müssen mit jenen, die verlangt werden, übereinstimmen

Die Bank muss die Aufnahme einer Faktura ablehnen, welche die Ware mit IRA 420 C bezeichnet statt wie vorgeschrieben mit IRA 402[369], wenn statt «fas Bilbao» wie vorgeschrieben «ex warehouse Bilbao» vermerkt ist[370], wenn statt Deckung «gegen alle Risiken inkl. Rost, Verbeulen, Verbiegen und Verlust», Haftung für «all risks» zugesagt wird[371]. Wenn die Zahlung gegen ein Qualitätszertifikat «by Experts» unterzeichnet vorgeschrieben ist, so darf die Bank nicht auszahlen, wenn das Zertifikat nur die Unterschrift eines Experten trägt[372]. Der Massstab an Genauigkeit, die im Akkreditivrecht an die Übereinstimmung der eingereichten Dokumente mit den Akkreditivbestimmungen gestellt werden, ist aus einem Entscheid des Handelsgerichts Zürich[373] ersichtlich. Dort rügte das Handelsgericht Zürich folgende Diskrepanzen: Die Bescheinigung über das Alter der Frachtschiffe, waren von der Schiffahrtsgesellschaft statt vom Agenten der Schiffahrtsgesellschaft ausgestellt worden; statt «docs presented as per credit terms...kindly credit our c/a» war vermerkt worden: «docs presented as per credit terms for...», statt Konnossemente mit folgendem Inhalt «bb. Full set (2/3) original clean shipped on board bill of lading plus 3 non negotiable copies issued ‹to order› and ‹blank indorsed›... »und in den «other conditions»: «Charter party bills of lading acceptable» wurden Konnossemente eingereicht, die folgendermassen überschrieben waren «Marine bill of lading, to be used with charter parties»[374].

Da Zahlen grundsätzlich nicht auslegungsfähig sind und ausserdem die Bank mangels entsprechender Sach- und Fachkunde in der Regel nicht beurteilen kann, ob die Abweichung gravierend oder zumindest für die besonderen, ihr meist unbekannten oder nicht voll überschaubaren Zwecke des Akkreditiv-Auftraggebers relevant ist, sollten Zahlenangaben streng geprüft und Dokumente, in welchen solche Abweichungen festgestellt werden, nicht aufgenommen bzw. die Zahlung der Akkreditivsumme ver-

---

[369] Beyene v. Irving Trust Company 762 F 2d. 4 (2nd. Cit. 1985) IFL Sept. 1985 S. 39.
[370] OLG Hamburg vom 24.5.1983 in RIW 1984 S. 393; zurückhaltend *Canaris* N 945.
[371] BGE 104 II 276.
[372] Equitable Trust of New York v. Dawson Partners Ltd. (1926) 25 L1L Rep. 90 (1927) 27 L1 Rep. 49 H.L.
[373] In ZR 91/92 (1992/93) S. 292 ff.
[374] *Ebenda* S. 293 f.

weigert werden³⁷⁵. Ein Beispiel soll dies aufzeigen: Wird in den Akkreditivbedingungen das spezifische Gewicht von Dieselkraftstoff bei 20° C vorgeschrieben und weisen die vorgelegten Dokumente dasselbe bei lediglich 15° C aus, muss die Bank die Dokumente zurückweisen, denn sie kann nicht beurteilen, ob das spezifische Gewicht von Dieselkraftstoff bei 20° C für den Akkreditivauftraggeber besondere Bedeutung hat. Im Zweifelsfall ist eine solche Bedeutung den Akkreditivbedingungen beizumessen. Daran ändert sich nichts, wenn ein ebenfalls eingereichtes Gutachten eines Fachmannes die Abweichung des spezifischen Gewichtes von Dieselkraftstoff bei 15° C als unbedeutend qualifiziert³⁷⁶.

2.12.4.3 Die Dokumente dürfen keine Widersprüche unter sich aufweisen

Nicht selten bereitet es der Bank Mühe festzustellen, ob die verschiedenen ihr vorgelegten Dokumente das gleiche Geschäft betreffen, was jedoch die Bank festzustellen, verpflichtet ist³⁷⁷. Die meisten Widersprüche betreffen die Beschreibung der Ware, indem beispielsweise die Angaben in der Faktura nicht mit denjenigen im Akkreditiv übereinstimmen³⁷⁸. Nun schreibt Art. 37 lit. c ERA 500 ausdrücklich vor, dass die Beschreibung der Waren in der Handelsrechnung mit der Beschreibung im Akkreditiv übereinstimmen muss, während in allen anderen Dokumenten die Waren «in allgemein gehaltenen Ausdrücken» umschrieben werden können, «die nicht im Widerspruch zum Akkreditiv stehen»³⁷⁹. Aber es kann auch vorkommen, dass das Akkreditiv eine Auszahlungsbedingung stellt, ohne hierfür ein besonderes Dokument vorzuschreiben, wie folgender Fall aufzeigt: Wenn für die Auszahlung der Akkreditivsumme die Bedingung gestellt wird, dass die Ware von einer bestimmten Schiffahrtsgesellschaft transportiert werden soll aber kein spezifisches Dokument dafür gefordert wird, so ist die Bank berechtigt und verpflichtet, auf dem Nachweis, dass die Ware durch die betreffende Schiffahrtsgesellschaft transportiert

---

[375] *Canaris* N 963.
[376] Das Beispiel stammt von *Schinnerer/Avancini* 108 FN 342 und S. 118 nach *Bodmer* Anm. 141 S. 30; vgl. auch BGH in WM 1958 S. 587 ff.
[377] *Gutzwiller* in SAG 57 (1985) S. 26.
[378] *Lombardini* S. 136.
[379] Hierzu *Gutzwiller* a.a.O.

wurde, zu bestehen[380]. Ein Widerspruch ist auch darin zu sehen, wenn ein Versicherungszertifikat die gleiche Ware zweimal deckt[381].

2.12.4.4 Die Dokumente dürfen keine Fälschung sein

Eine Fälschung liegt vor, wenn an dem angegebenen Datum entgegen den Angaben auf dem Konnossement weder auf dem einen noch dem anderen vorgeschriebenen Schiff die betreffende Ware verladen wurde[382], wobei die Bank um die Fälschung gewusst haben muss (Art. 15 ERA 500 und Art. 100 OR)[383].

2.12.4.5 Die Einschränkung durch Treu und Glauben

Der Grundsatz der Dokumentenstrenge steht zwar wie jedes Rechtsprinzip unter der Einschränkung von Treu und Glauben. Hierbei ist aber Zurückhaltung geboten, da die Akkreditivbedingungen andernfalls ihren Zweck verfehlen: Die Bank darf den Weisungen ihres Auftraggebers allenfalls abweichen, wenn sie einwandfrei beurteilen kann, dass die Abweichung unerheblich und für den Auftraggeber unschädlich ist[384]. Dies wurde im folgenden Fall bejaht: Ist der Begünstigte in dem Dokumentenakkreditiv nicht eindeutig bezeichnet, so genügt es, wenn sich der Begünstigte bei verständiger Auslegung mit Sicherheit ermitteln lässt. Der Grundsatz der Dokumentenstrenge steht dieser Auslegung nicht entgegen. Hat der ungenau bezeichnete Begünstigte das nicht übertragbare Akkreditiv benutzt und die Dokumente eingereicht, die eröffnende Bank sie aufgenommen und an den Akkreditivsteller weitergereicht, wird der Einreicher dadurch als Begünstigter anerkannt[385].

---

[380] Banque de l'Indochine et de Suez SA v. J.H.-Rayner (Mincing lane Ltd.) 1 All E.R.468 (1982) 2 Lloyd's Rep. 476 bestätigt 1983 Q.B.711 (1983) 1 All E.R. 1137 (1983) 2 W.L.R. 841 (1983) 1 Lloyd's Rep. 228, C.A. nach *Lombardini* S. 62 f.
[381] BGE 115 II 68.
[382] Handelsgericht Zürich in ZR 91/92 S. 296; United City Merchants (Investments) v. Royal Bank of Canada (1979) 1 Lloyd's Rep. 498 (1979) 1 Llyod's Rep. 261 (1981) 1 Llyod's Rep. 604 C.A. bestätigt 1982, 2 Lloyd's Rep. 1 H.L. und *Lombardini* S. 137.
[383] Was im erwähnten Fall vor Handelsgericht Zürich der Fall war (a.a.O. S. 296).
[384] BGH vom 2.7.1984 in RIW 1984 S.914; BGH vom 9.1.1958 und 19.11.1959; *Liesecke* in WM 1976 S. 258, 263 f.; *Canaris* N 945; Handelsgericht Zürich in ZR 91/92 1992/93, S. 298.
[385] OLG Frankfurt a.M. vom 22. Sept. 1987 in WM 1988 S. 256.

2.12.5 Das Vorgehen bei »unstimmigen» Dokumenten und insbesondere die Zahlung unter Vorbehalt

Entgegen der Annahme durch die Lehre und die Rechtsprechung, dass die Bank einzig zahlt, wenn akkreditivkonforme Dokumente vorgelegt werden, zeigt die Praxis, dass nach Absprache mit dem Begünstigten die Bank in 40% der Fälle bereit ist, auch fehlerhafte Dokumente aufzunehmen und die Akkreditivsumme zu bezahlen bzw. auch bei noch fehlenden Dokumenten zu bezahlen unter dem Vorbehalt, dass die Dokumente auch von der eröffnenden Bank bzw. dem Auftraggeber in dieser Form akzeptiert werden, ansonsten die bezahlte Summe zurückzuzahlen ist[386]. Die häufigsten Fehler werden von *Slongo*[387] auf S. 79 ff. aufgeführt, worauf hier bloss verwiesen wird.

Werden fehlerhafte Dokumente eingereicht, ist die Bank berechtigt, diese zurückzuweisen, womit sie nicht nur jede Zahlung verweigert, sondern auch zu verstehen gibt, dass sie sich mit diesem Geschäft nicht mehr befassen möchte. Da die bestätigende Bank vielfach die Hausbank des Begünstigten ist, scheut sie sich, diesen Weg einzuschlagen[388]. Daher wird sie die Dokumente zum Inkasso entgegennehmen und erst zahlen, wenn der Bezogene die Dokumente angenommen und bezahlt hat[389] oder sie wird die Dokument unter Vorbehalt aufnehmen.

Die Annahme von fehlerhaften Dokumenten «unter Vorbehalt» widerspricht dem im Akkreditivrecht gebotenen Grundsatz der Dokumentenstrenge. Die ältere Literatur[390] hat es daher abgelehnt, die Regelung der Zahlung unter Vorbehalt in die ERGDA aufzunehmen. Nun wird erstmals in der 1974 revidierten Fassung der ERA (die UCP 400)[391] ein neuer Art. 8 lit. g aufgenommen[392], der sich mit der Zahlung unter Vorbehalt befasst.

Die neueste Fassung der ERA befasst sich in Art. 14 generell mit der Unstimmigkeit von eingereichten Dokumenten und der Benachrichtigung der Beteiligten. Art. 14 lit. a verpflichtet generell die eröffnende Bank die bestätigende Bank zu remboursieren und die Dokumente aufzunehmen, wenn sie dieser die Ermächtigung gegeben hat, den Begünstigten zu be-

---

[386] *Nielsen* S. 92; vgl. auch ZR 91/92 (1992/93) S. 298 f.
[387] *Urban Slongo,* Die Zahlung unter Vorbehalt im Akkreditiv-Geschäft: Schriften zum Bankwesen Bd. 22 (1980) S. 8 ff. und 78 ff.
[388] *Ebenda* S. 83.
[389] *Ebenda* S. 84.
[390] Vgl. *Slongo* S. 106 f.
[391] Welche am 1. Oktober 1975 in Kraft trat.
[392] Wortlaut bei *Slongo* S. 111.

zahlen. Wenn die Dokumente ihrer äusseren Aufmachung nach »Akkreditivbedingungen nicht zu entsprechen scheinen», so sind die beteiligten Banken gemäss Art. 14 lit. b berechtigt, die Aufnahme der Dokumente zu verweigern oder sich an den Auftraggeber zu wenden, um von diesem neue Weisungen zu erhalten (Art. 14 lit. c)[393]. Entschliesst sich die eröffnende Bank oder die bestätigende Bank zur Zurückweisung der Dokumente, so hat sie dies unverzüglich, spätestens aber am Ende des siebten Bankarbeitstages[394] und unter Nennung der Unstimmigkeiten der Bank oder dem Begünstigten (Art. 14 lit. d) mitzuteilen[395]. Damit legen die ERA 500 das korrekte Vorgehen bei Unstimmigkeiten fest, eine Regelung, die in dieser Vollständigkeit bisher fehlte[396].

Wenn nun die eröffnende Bank oder die bestätigende Bank sich nicht an dieses Vorgehen halten oder «wenn sie die Dokumente weder zur Verfügung des Einreichers hält noch diesem zurücksendet, kann die betreffende Bank nicht mehr geltend machen, dass die Dokumente nicht den Akkreditivbedingungen entsprechen»[397] und verliert sie damit ihr Dokumentenaufnahmeverweigerungsrecht, wie das Bundesgericht mehrfach entschieden hat[398]. Eine Zahlung unter Vorbehalt betrifft allein das Verhältnis zwischen der Bank und dem Begünstigten (bzw. der Zweitbank), demgegenüber der Vorbehalt ausgesprochen worden ist (Art. 14 lit. f), also gerade nicht das eigentliche Deckungs- und Akkreditivverhältnis und befreit die eröffnende oder bestätigende Bank nicht von ihren Pflichten

---

[393] Vgl. hierzu die Verhandlung der IHK bei der Ausarbeitung der UCP 400 bei *Slongo* Anm. 23 f. S. 117.
[394] Eine früher umstrittene Klarstellung: *Slongo* S. 118.
[395] Vgl. auch Entscheid des Kantonsgerichts St. Gallen vom 10. April 1984 in GVP 1984 S. 98 f. und SJZ 82 (1985) Nr. 54 S. 338 f. sowie Handelsgerichts Zürich vom 29. März 1988 in ZR 88 (1989) S. 103.
[396] *Graffe/Weichbrodt/Xueref* S. 38 f.
[397] «Die Bank hat Dokumente, die sie für ungenügend hält, dem Begünstigten zur Verfügung zu halten oder ihm zurückzugeben. Händigt sie die Dokument einem Dritten aus, so kann sie sich ihrer Zahlungspflicht nicht mit den Einwänden entziehen, die Dokumente hätten nicht dem Akkreditiv entsprochen oder seien nach Ablauf der Frist vorgelegt worden»: BGE 104 II 276 f. «Es bedeutet einen Widerspruch in sich selbst, wenn die Akkreditivbank zwar die Dokumente als ungenügend zurückweist, aber gleichzeitig über sie und damit über die Ware in irgendeiner Weise verfügt. Eine solche Verfügung nimmt der Zurückweisung ihre rechtliche Wirksamkeit, sie bedeutet die Genehmigung der Dokumente unter Verzicht auf die zunächst ausgesprochene Beanstandung. Die gegenteilige Lösung würde das Akkreditiv für den Handel unbrauchbar machen, da bei ihr der Verkäufer Gefahr liefe, die Verfügungsmacht über die Ware zu verlieren, ohne den Kaufpreis für sie zu erhalten»: BGE 90 II 308
[398] BGE 90 II 302 ff.; 100 II 149; 104 II 278; 111 II 79.

gemäss Art. 14 ERA. Der Auftraggeber wird in seinem Rechtsverhältnis gegenüber der eröffnenden Bank nicht berührt[399].

Jede Auszahlung unter Vorbehalt stellt in der Sache eine Bevorschussung des Begünstigten unter der resolutiven Bedingung (Art. 154 OR), dass die Akkreditivbank die Dokumente – wegen der Geringfügigkeit der Abweichungen – akzeptieren werde, wobei eine Abrede zwischen der auszahlenden Bank und dem Begünstigten vorausgesetzt werden muss[400]. Folgerichtigerweise ist deshalb der Begünstigte zur Rückzahlung dieses Vorschusses verpflichtet, wenn die Akkreditivbank – wider Erwarten – die Dokumente doch nicht billigt. In der Vorbehaltsabrede müssen die Mängel der Dokumente im einzelnen spezifiziert werden. Dies löst die weitere Frage aus, ob die Akkreditivbank dann daran gehindert ist, andere, von der Zweitbank nicht festgelegte Mängel im Auszahlungsanspruch des Begünstigten entgegenzusetzen[401]. Da die Vorbehaltsabrede lediglich zwischen dem Begünstigten und der auszahlenden Bank abgeschlossen worden ist, ist die Akkreditivbank, schon weil sie nicht Partei dieser Abrede ist, nicht gehindert, aus eigenem Recht Mängel der Dokumente festzustellen und die Verweigerung der Auszahlung darauf zu stützen[402].

Die Bank kann allerdings die Risiken gegenüber dem Auftraggeber aus der Annahme unter Vorbehalt praktisch ausschliessen, wenn sie den Auftraggeber unverzüglich orientiert und von ihm die Ermächtigung erhält, entweder die fehlerhaften Dokumente anzunehmen oder auf das fehlende Dokument zu verzichten[403]. Andererseits kann sie mit dem Begünstigten vereinbaren, dass dieser ihr den ausbezahlten Betrag zurückzahlt, sollte der Auftraggeber die Aufnahme der nicht akkreditivkonformen Dokumente verweigern. Es handelt sich aber hierbei um eine ausdrückliche oder stillschweigende Vereinbarung mit dem Begünstigten[404] und nicht um einen Fall der ungerechtfertigten Bereicherung[405].

Die Bank kann auch fordern, dass ihr von dritter Seite eine Garantie gestellt werde, wenn die Mängel in den Dokumenten erheblich sind. Al-

---

[399] Zur Entstehungsgeschichte von Art. 8 ERA 1974 des Vorgängers von Art. 14 ERA 500 vgl. *Slongo* S. 116 ff.
[400] *Nielsen* S. 148.
[401] Hierzu *Eberth* WM 1983 S. 1983 und 1303; *Nielsen* S. 148.
[402] *Friedrich Graf von Westphalen,* Rechtsprobleme der Exportfinanzierung (1987) S. 248.
[403] *Tevini Du Pasquier* S. 148.
[404] *Ebenda* S. 170 im Anschluss an *Schönle.*
[405] Entgegen Cour de Justice, Genf vom 8. November 1985: Sem/Jud 1986, S. 536 und *Slongo* S. 170 ff.

lerdings ist eine solche Garantie nie und nimmer ein Ersatz für formelle oder materielle Mängel der Dokumente[406]. Die Garantie ist vielmehr nur ein Ersatzbeleg für Dokumente, von denen ein Satz auf dem Transportweg verloren gegangen ist[407]. Andererseits kann sie die auszahlende Bank dafür sicherstellen, dass diese den Akkreditivbetrag vom Begünstigten zurückerhält, falls die Akkreditivbank die Dokumente nicht akzeptiert.

Jede Abweichung von den Akkreditivbedingungen ist vorbehaltswürdig. Es kann keine Differenzierung zugelassen werden, weil sonst die Bank eine Beurteilungskompetenz erhielte, die sie mangels Kenntnis des Deckungsverhältnisses nicht ausüben könnte[408]. Es besteht auch keine Rechtspflicht, Dokumente unter Vorbehalt anzunehmen[409].

2.12.6 Die Haftung der Banken[410] aus der Dokumentenstrenge

Nach Art. 15 ERA 500[411] übernehmen, wie bereits erwähnt, die Banken keine Haftung oder Verantwortung für Form, Vollständigkeit, Genauigkeit, Echtheit, Verfälschung oder Rechtswirksamkeit von Dokumenten oder für die allgemeinen und/oder besonderen Bedingungen, die in den Dokumenten angegeben oder denselben hinzugefügt sind. Sie übernehmen keine Haftung oder Verantwortung für Bezeichnung, Menge, Gewicht, Qualität, Beschaffenheit, Verpackung, Lieferung, Wert oder Vorhandensein der durch Dokumente vertretenen Waren oder für Treu und Glauben oder Handlungen und/oder Unterlassungen sowie für Zahlungsfähigkeit, Leistungsvermögen oder Ruf der Absender, Frachtführer, Spediteure, Empfänger oder Versicherer der Waren oder irgendwelcher anderer Personen.

Entgegen einem ersten und oberflächlichen Eindruck handelt es sich hierbei nicht um eine umfassende Haftungsfreizeichnung der Banken: Da sich die Aufgabe der Bank im Rahmen des Dokumentenakkreditivs naturgemäss nur darauf beschränken kann, die vom Begünstigten eingereichten Dokumente auf ihre Konformität mit den Akkreditivbedingungen zu prüfen, sind die Form, Gestalt, Echtheit und Rechtsbeständigkeit aus-

---

[406] Hierzu *Eisemann/Eberth* S. 164; *Zahn/Eberding/Ehrich* Nr. 319 f.
[407] *Nielsen* S. 149; *von Westphalen* S. 249.
[408] *Slongo* S. 128 ff.
[409] *Ebenda* S. 133 ff.
[410] Damit sind sowohl die eröffnende als auch die bestätigende Bank zu verstehen.
[411] So schon Art. 17 UCP 400.

serhalb ihres Zuständigkeitsbereichs[412]. Umstritten ist lediglich, ob die Banken nicht die Verpflichtung tragen sollten, die Echtheit der eingereichten Dokument zu prüfen. Auch hierzu sind aber die Möglichkeiten der Banken beschränkt, indem sie lediglich aus dem formellen Äusseren eines Dokumentes auf dessen Echtheit Rückschlüsse ziehen können. Dies ergibt sich in der Tat aus dem Wortlaut von Art. 7 lit. b, wonach die «avisierende» Bank verpflichtet wird, wenn sie eine augenscheinliche Echtheit des Akkreditivs nicht feststellen kann, dies unverzüglich der auftraggebenden Bank zu melden hat. Eine weitergehende Prüfung würde sie dazu zwingen, auch das Deckungsverhältnis zu untersuchen, was aber den Grundsatz der Abstraktheit des Dokumentenkredites widersprechen würde[413]. Der deutsche Bundesgerichtshof hat zu dieser Frage materiell nicht Stellung genommen, sondern lediglich festgestellt, es handle sich um eine sogenannte Schutz- oder Nebenpflicht, die es den Banken erlaube, unter der Annahme, die ERA seien AGB leichte Fahrlässigkeit auszuschliessen[414], während ein Verschulden für Vorsatz und grobe Fahrlässigkeit nicht ausgeschlossen werden könne[415].

Nach schweizerischem Recht ist der Haftungsausschluss nach Art. 15, 16 und 18 ERA 500 zum Teil unwirksam.

Fällt die Prüfung der Echtheit, Verfälschung oder Rechtswirksamkeit unter die Dokumentenprüfung gemäss Art. 13 ERA 500, was sich nur am konkreten Fall beurteilen lässt, so kann die Bank ihre «Haftung» hierfür nicht ausschliessen auf Grund von Art. 398 Abs. 1 und 2 OR, wenn ihr eine Sorgfaltsverletzung nachgewiesen werden kann[416]. Aus dem gleichen Grund haftet sie für getreue Ausführung nach Art. 498 Abs. 2 OR[417]. Ein Ausschluss dieser Haftungen kann vom Richter gemäss Art. 100 Abs. 2 OR als nichtig erklärt werden, weil der Betrieb einer Bank der Ausübung eines obrigkeitlich konzessionierten Gewerbes im Sinne von Art. 101 Abs. 3 OR gleichzusetzen ist[418].

---

[412] Vgl. auch *Ulrich* S. 117 f.; *Tevini Du Pasquier* S. 152 und die in Anm. 109 ebendort zitierten. Die Banken bieten eine reduzierte Dienstleistung an, indem sie die Dokumente nur summarisch prüfen. Hierzu *Thalmann* S. 144. In einem solchen Fall können sie nur in einem reduzierten Umfang haftbar gemacht werden.
[413] *Ulrich* S. 118.
[414] BGH in WM 1989 S. 1713.
[415] *Nielsen* N. 120 zu Art. 15.
[416] *Tevini Du Pasquier* S. 157.
[417] *Ebenda;* Gautschi, N 71–75 zu Art. 395 OR und N. 25a zu Art. 398 OR; *Gutzwiller* in SAG 57 (1985) S. 27.
[418] BGE 112 II 455 f.; hierzu *Thalmann* S. 156 und 160 f.

Die Haftung für Nachrichtenübermittlung gemäss Art. 16 ERA 500 kann grundsätzlich nur dann als ausgeschlossen gelten, wenn die Fehler in der Übermittlung von Dritten wie beispielsweise PTT-Betriebe oder sonstige Medienunternehmen verursacht worden sind. Liegt hingegen die Ursache bei der Bank, so ist diese grundsätzlich haftbar und die Haftungsausschlussklausel von Art. 16 ERA 500 ist nur im Rahmen von Art. 100 OR zulässig.

Die Haftungsausschlussklausel von Art. 18 ERA 500 schliesslich ist nach Art. 101 Abs. 3 OR nur für leichtes Verschulden wirksam, weil die Bank als obrigkeitlich konzessionierte Gewerbe betrachtet wird[419]. Dasselbe gilt nach deutschem Recht[420].

2.13 Rechte und Pflichten der Zweitbanken

Um dem Begünstigten, der meist in einem anderen Staat als der Auftraggeber domiziliert ist, entgegenzukommen, wird eine Zweitbank am Sitz des Begünstigten eingeschaltet. Dabei stehen zwei Vorteile im Vordergrund, ein praktischer, indem der Begünstigte die Frist besser wahren kann, wenn er die Dokumente der Zweitbank präsentiert[421] und ein rechtlicher, indem das Akkreditivverhältnis dem Recht am Sitz der Zahlstelle[422] sowohl in bezug auf die Dokumentenprüfung als auch ihrer Honorierung untersteht[423], wobei die eröffnende Bank durch Rechtswahl das Verhältnis ihrem eigenen Recht unterstellen kann[424].

---

[419] *Ebenda* und *Tevini Du Pasquier* S. 156 und 160 f.
[420] BGHZ 20, 164; BGHZ in WM 1969 S. 561 und *Nielsen* N 128 zu Art. 18.
[421] *Lombardini* a.a.O. S. 78 f.; *Nielsen* N 71 zu Art. 10 sowie BGE 78 II S. 50ff.
[422] OLG Frankfurt vom 6. Oktober 1987: WM 1988 S. 214 = RIW 1988 S. 905 ff. und vom 22. Sept. 1987: RIW 1988 S. 133 ff. = WM 1988 S. 254 ff. sowie *Steindorff*, Das Akkreditiv im internationalen Privatrecht der Schuldverträge: Festschrift für von Caemmerer (1978) S. 761 ff. contra *Nielsen*, Grundlagen S. 36.
[423] *Zahn/Eberding/Ehrlich* S. 79; BGE 119 II 178 ff.; Semjud. 1994 S. 41 ff. und *Lombardini* S. 79 f.; mangels abweichender Rechtswahl ist das Recht am Sitz der Zahlstelle anzuwenden, denn diese wird «im Interesse eines anderen tätig» und es wird an ihre Leistung als die des «Tätigwerdens» angeknüpft: *Rolf A. Schütze*, Rechtsfragen zur Zahlstelle bei Akkreditivgeschäften: RIW 34 (1988) S. 344.
[424] *Schärrer* S. 51; *Zahn/Eberding/Ehrlich* S. 121.

Die Funktion der Zweitbank hängt von den Weisungen der Akkreditivbank ab, die ihrerseits auf den Abmachungen zwischen Akkreditivsteller und Akkreditivbank beruhen[425]. Je nach Funktion kommen drei verschiedene Gestaltungsformen in Betracht:

Bei der ersten besteht die Aufgabe der zweiten Bank primär in der **Bestätigung** des Akkreditivs, wodurch sie gemäss Art. 9 lit. b ERA 500 eine eigenständige Zahlungsverpflichtung gegenüber dem Begünstigten übernimmt. Bei der zweiten beschränkt sie sich dagegen nach Art. 7 ERA 500 grundsätzlich auf die **Avisierung** des Akkreditivs, d.h. auf dessen Ankündigung ohne Eingehung einer eigenen Zahlungspflicht. In der Mitte steht die nunmehr in Art. 10 lit. c ERA 500 geregelte und weit verbreitete Einschaltung der zweiten Bank als **«benannte Bank»** oder **Zahlstelle**, bei der diese zwar nicht selbst dem Begünstigten gegenüber zur Zahlung verpflichtet ist, aber doch die Auszahlung des Akkreditivbetrages und die Dokumentenprüfung grundsätzlich in eigener Verantwortung übernimmt und dadurch über die Funktion einer blossen Avisbank hinausgeht[426/427].

2.13.1 Die sogenannte Avisbank

Wie der Name sagt, ist die Kardinalaufgabe der sogenannten «Avisbank» der Eröffnung des Akkreditives durch die eröffnende Bank dem Begünstigten mitzuteilen bzw. zu «notifizieren»[428]. In dieser Aufgabe handelt sie als Hilfsperson der eröffnenden Bank, diese haftet gegenüber dem Auftraggeber gemäss Art. 101 Abs. 1 OR[428a].

Aus Art. 7 ERA 500 ergeben sich daraus folgende Pflichten der Avisbank:

1. Sie hat die «Echtheit» des Akkreditivauftrages zu prüfen. Nach Art. 7 lit. a ERA 500 hat sie »mit angemessener Sorgfalt die augenscheinliche Echtheit des zu avisierenden Akkreditives zu überprüfen». Diese Prüfung kann aber nur eine formelle sein (Art. 7 lit. b: «augenscheinliche Echtheit») und bezieht sich auf folgendes: Gesamterscheinungsbild der Mit-

---

[425] *Gutzwiller* in SJZ 80/1984 S. 157.
[426] *Nielsen* N. 72 zu Art. 10 ERA 500.
[427] Vgl. zur Abrenzung OLG Frankfurt in RIW 1986 S. 906 und *Canaris* N 971. An dieser Aufgabenteilung haben die ERA 500 grundsätzlich nichts geändert: *Nielsen* a.a.O., ferner *Hoeren/Florian* S. 41 f.
[428] *Lombardini* S. 71.
[428a] Näheres bei *Fellmann* N 636 ff. zu Art. 398 OR und *Hoeren/Florian* S. 39 für das deutsche Recht.

teilung der eröffnenden Bank, Ordnungsmässigkeit der Unterschriften, Einhaltung der Schlüsselzahlen, der Code-Vereinbarung usw.

2. Sodann hat sie die Übernahme des Akkreditivauftrages dem Begünstigten mitzuteilen und zwar im Wortlaut des erhaltenden Auftrages, wenn sie nicht die Haftung für allfällige Diskrepanzen übernehmen will.

3. Will die Avisbank den Akkreditivauftrag nicht übernehmen, so hat sie dies unverzüglich der auftraggebenden Bank mitzuteilen (Art. 7 lit. a am Ende).

4. Wenn die Avisbank die «augenscheinliche Echtheit» nicht feststellen kann, muss sie die Bank, von der sie den Auftrag erhalten zu haben scheint, unverzüglich davon unterrichten, dass sie die Echtheit des Akkreditivs nicht hat feststellen können (Art. 7 lit. b Abs. 1).

5. Wenn sie sich trotzdem dazu entschliesst, das Akkreditiv zu avisieren, muss sie den Begünstigten davon unterrichten, dass sie die Echtheit des Akkreditivs nicht hat feststellen können (Art. 7 lit. b Abs. 2).

Gegenüber dem Begünstigten übernimmt die Avisbank keinerlei vertragliche Haftung, da zwischen ihr und dem Begünstigten kein Vertragsverhältnis besteht. Sie haftet nicht, wenn sie ihm die Eröffnung des Akkreditives verspätet anzeigt[429]. Sie haftet ihm auch nicht, wenn der Akkreditivbetrag verspätet ausbezahlt oder gar nicht bezahlt wird[430].

2.13.2 Die «benannte» Bank oder Zahlstelle

Wird eine andere Bank ermächtigt, «zu zahlen, eine Verpflichtung zur hinausgeschobenen Zahlung zu übernehmen, Tratten zu akzeptieren oder zu negoziieren», müssen alle Akkreditive diese Bank benennen (Art. 10 lit. b ERA 500). Durch eine solche Benennung ermächtigt die eröffnende Bank zur Zahlung. Annahme der Tratten bzw. Negoziierung gegen Dokumente (Art. 10 lit. d ERA 500). Auch die «benannte» Bank ist Hilfsperson der Akkreditivbank.

---

[429] Sound of Market Street v. Continental Bank International, 819 F 2d 384 (CA 3nd. Civ. 1987) IFL 1987 S. 40.
[430] Entscheidung des Appellationshofes Mailand vom 12. Dezember 1989 in S. Dresdner Bank AG v. Breda Fucine, Banca Borsa..1992 S. 68 f. ebenso US District Court ED Wisconsin Antex Srl. v. Bank one Milwaukee National Association Bank of Sturgeon Bay John Smith Associates Inc. (1993) 2 Bank LR S. 385 ff. contra Entscheid der Cour d'Appel de Bourges vom 1. März 1988 i.S. Banque populaire de la Nièvre c. Société d'Exploitation des Etablissements Morin (S 2989, Som. Com. S. 195 ff., mit Bemerkung *Vasseur*).

Negoziierung heisst Zahlung von Geld gegen Tratten und/oder Dokumente durch die zur Negoziierung ermächtigte Bank (Art. 10 lit. b ii ERA 500)[431].

Im Gegensatz zu UCP 400 Art. 11 lit. c ist als benannte Bank nicht mehr die eröffnende Bank sondern nur noch die Zweitbank oder wenn mehrere Banken eingeschaltet sind, diese gemeint[432].

Wird eine zweite Bank als Zahlstelle bestimmt, wird das Akkreditiv also bei dieser Bank «benutzbar» gemacht, so muss dies unzweideutig im Akkreditivauftrag wie auch im Akkreditiveröffnungsschreiben vermerkt werden (z.B. durch die Formel «Benutzbar bis ... bei der «Xbank» = zweite Bank). In der Bankpraxis wird es die zweite Bank zu Recht als Zahlungsermächtigung auffassen, wenn sich die erste Bank, wie es häufig vorkommt, im entsprechenden Formular **ausdrücklich zur Deckung verpflichtet**[433]. Bei der Avisierung ist auch der Begünstigte ausdrücklich darauf hinzuweisen, dass das Akkreditiv bei der betreffenden Bank benutzbar ist («benutzbar bei uns»). Beim Begünstigten dürfen nämlich keine Zweifel entstehen, ob er die Dokumente am letzten Tag vor Ablauf der Frist bei der Zahlstelle einreichen darf, womit er die Laufzeit des Akkreditivs länger ausnützen kann, als wenn er die Dokumente so rechtzeitig versenden muss, dass sie mit Sicherheit vor Verfall bei der Akkreditivbank eintreffen[434]. Beim bestätigten Akkreditiv ergibt sich die Art der Benutzbarkeit aus der Bestätigung, sodass sich ein entsprechender Zusatz auf den Formularen erübrigt[435].

Umstritten ist, ob der Begünstigte die Dokumente auch bei der eröffnenden Bank zur Zahlung präsentieren darf[436]. Für die herrschende Meinung, dass der Begünstigte die Dokumente nur bei der benannten und nicht auch bei der eröffnenden Bank einreichen darf, spricht die Vermutung, dass eine solche benannte Bank auf Wunsch des Begünstigten eingeschaltet wird. Der Begünstigte sollte daher nicht auch noch berechtigt

---

[431] Zum gegenüber der UCP erweiterten Begriff der Negoziierung vgl. *Nielsen* N. 72.
[432] ICC Publication Nr. 511 S. 29; *Nielsen* N 70 zu Art. 10.
[433] Beispielsweise durch die Formel: «Please reimburse yourselves for your payment under this credit by drawing on our account with yourselves». Nach *Gutzwiller* in SJZ a.a.O. Anm. 29a S. 160.
[434] Ein weiterer Vorteil liegt für den Begünstigten darin, dass er nicht zu warten braucht, bis der Betrag nach Prüfung der Dokumente durch die Akkreditivbank bei der zweiten Bank angeschafft ist.
[435] Alles nach *Gutzwiller*, a.a.O. S. 160.
[436] Ablehnend *Zahn/Eberding/Ehrlich* S. 80; *Nielsen* N 77; bejahend Opinions 1984–86 ref. 95; *Schärrer* S. 88; zur Kontroverse *Lombardini* S. 74.

sein, die Dokumente bei der eröffnenden Bank einzureichen. Als Ausnahme sind lediglich das frei negoziierbare Akkreditiv zuzulassen und die Unmöglichkeit, bei der vorgesehenen Zahlstelle zu leisten[436a].

Als benannte Bank unterscheidet Art. 10 ERA 500 zwei Arten mit unterschiedlichen Rechten und Pflichten:

1. Jede Bank bei einem frei negoziierbaren Akkreditiv[437] oder jede benannte Bank ist ermächtigt aber nicht verpflichtet, gegen Dokumente, die ihrer äusseren Aufmachung nach den Akkreditivbedingungen zu entsprechen scheinen, zu zahlen, Tratten zu akzeptieren oder zu negoziieren und hat, wenn sie von der Ermächtigung Gebrauch macht, einen Remboursanspruch gegenüber der eröffnenden Bank[438].

2. Nur eine bestätigende Bank ist auch verpflichtet, gegen akkreditivkonforme Dokumente zu zahlen, Tratten zu akzeptieren oder zu negoziieren[439].

Die benannte Bank kann nicht mehr gewechselt werden ohne Zustimmung aller Beteiligten, nämlich des Auftraggebers, der eröffnenden Bank und des Begünstigten, weil dies ein Bestandteil des Valutaverhältnisses ist[440]. Es ist aber zu empfehlen, einen solchen Wechsel auch der benannten Bank mitzuteilen, weil sonst die Gefahr besteht, dass diese gegen die präsentierten Dokumente zahlt und damit die eröffnende Bank zum Rembours verpflichtet, womit sich unter Umständen eine Doppelzahlung ergibt[441].

Die benannte Bank erfüllt durch die Zahlung gegen akkreditivkonforme Dokumente die entsprechende Verpflichtung der eröffnenden Bank[442]. Sie handelt somit als direkte Stellvertreterin der eröffnenden Bank[443], d.h. als Erfüllungsgehilfin der eröffnenden Bank[444]. Nach deutschem Recht wird die Zahlstelle aufgrund eines Werkvertrages, der eine Geschäftsbesorgung zum Gegenstand hat, tätig[445].

[436a] Hoeren/Florian S. 43.
[437] Hierzu *Nielsen* N 71 zu Art. 10; der Begünstigte kann sich die Bank aussuchen, bei welcher er die Dokumente einreichen will.
[438] Art. 10 lit. c und d ERA 500; *Nielsen* N 74 zu Art. 10.
[439] Art. 10 lit. ERA 500.
[440] *Lombardini* S. 74.
[441] Fall European Asian Bank AG v. Punjab & Sid. Bank (N. 2) 1983): 2 All.E.R. 508 (1983): W.L.R. 642 (1983) 1 Lloyds Rep. 611 C.A.
[442] *Schütze* in RIW 1988 S. 343 ff.
[443] *Zahn/Eberding/Ehrlich* S. 120, *Lombardini* S. 76.
[444] *Rolf A. Schütze*, Rechtsfragen zur Zahlstelle bei Akkreditivgeschäften: RIW 34 (1988) S. 344; *ders.:* Das Dokumentenakkreditiv Art. 31 f.: *Graf von Westphalen* Rechtsprobleme S. 255 und *Gablens* S. 288 f. betrachten sie dagegen als Substitution.
[445] *Ebenda* Nr. 314?

Dies bedeutet:

- dass sie die Weisungen der eröffnenden Bank strikte zu befolgen, nach diesen Weisungen gegebenenfalls die Zahlung an den Begünstigten abzulehnen hat, das gegenüber dem Begünstigten nur die eröffnende Bank haftbar ist[446];
- dass sie die präsentierten Dokumente mit aller Sorgfalt zu prüfen und der eröffnenden Bank alle Unstimmigkeiten, die sie bei dieser Prüfung findet, zu melden hat[447];
- dass sie keinen Rembours erhält, wenn sie gegen nicht akkreditivkonforme Dokument bezahlt hat[448].

Bei der Ausstellung von Tratten zum Zwecke der Inanspruchnahme eines Negoziierungskredites läuft der Begünstigte zumindest theoretisch das Risiko der wechselrechtlichen Ausstellerhaftung, wenn die beteiligten Banken die von ihm ausgestellten Tratten unzulässigerweise in Umlauf setzen[449]. Diese Frage ist von den ERA 500 in zutreffender Weise nicht geregelt, weil sie eine solche des nationalen Wechselrechts ist: So ist es eine Frage des nationalen Rechts, ob eine Klausel »without recourse» oder ähnliches zulässig ist. Nach schweizerischem Wechselrecht stehen nun zwei Wege gegen ein solches Risiko offen, entweder auf dem Wechsel eine sogenannte Angstklausel («sine obligo», «ohne Gewähr»)[450] anzubringen, was aber unter Umständen zur Nichtaufnahme durch die eröffnende Bank führt oder ein Blankoindossament auf dem Wechsel an der Zahlstelle im Zeitpunkt der Zahlung anzubringen[451].

2.13.3 Die bestätigende Bank

Art. 10 lit. d ERA 500 befasst sich mit der «Bestätigung»: «Durch die Benennung einer anderen Bank oder die Zulassung der Negoziierung durch jede Bank oder die Ermächtigung oder Beauftragung einer anderen Bank,

---

[446] *Eisemann/Schütze* S. 150.
[447] Zürcher Handelsgericht in ZR 1993 S. 290; *Lombardini* S. 76 f.
[448] Cour d'appel de Bruxelles in der Sache Société Générale de Banque v. Banque Bulgare de Commerce exterieur vom 6. November 1985: Cour. Com. S. 215 ff. und *Nielsen,* dokumentärer und wechselrechtlicher Regress im Akkreditivgeschäft: Festschrift für Winfried Werne (Berlin 1984) S. 583 ff.
[449] *Nielsen* N 73 zu Art. 10.
[450] *Jäggi/Druey/von Greyerz,* Wertpapierrecht: Das Recht in Theorie und Praxis (Basel 1988) S. 164.
[451] *Lombardini* S. 78.

ihre Bestätigung hinzuzufügen, ermächtigt die eröffnende Bank diese Bank zur Zahlung, Akzeptierung von Tratten bzw. Negoziierung gegen Dokumente, die ihrer äusseren Aufmachung nach den Akkreditivbedingungen zu entsprechen scheinen, und verpflichtet sich diese Bank gemäss den Bestimmungen dieser Richtlinie (gemeint sind die ERA 500) zu remboursieren».

Damit ergeben sich zwei Fälle:

- Die «bestätigende» Bank tritt an die Stelle der eröffnenden Bank, d.h. die Bank A beauftragt die Bank B, an ihrer Stelle dem Anweisungsempfänger C die Annahme zu erklären, d.h. das Akkreditiv zu bestätigen und/oder im eignen Namen der Bank B die Zahlung zu leisten; dann liegt eine Anweisungssubstitution i.S. von Art. 398 Abs. 3/399 OR i.V. mit Art. 466 OR vor[452], wobei auch in einem solchen Fall das Bundesgericht eine doppelte Anweisung annimmt. Dies wird in der Regel der Fall sein, wenn bei einem Distanzkauf die Bank am Sitz des Verkäufers mit der Bestätigung des Akkreditivs beauftragt ist. In einem solchen Fall wird die bestätigende Bank üblicherweise als Zahlstelle benannt[453]. Eine solche Bestätigung wird in der Regel auf die Initiative des Auftraggebers zurückgehen[454].
- Die «bestätigende» Bank tritt neben der eröffnenden Bank bzw. dem Begünstigten steht die Auswahl zwischen den beiden zu. Dies ist sicher der Fall, wenn das Akkreditiv von zwei Banken bestätigt wird[455]. In einem solchen Fall nimmt das Bundesgericht an, dass zwei Anweisungen vorliegen, wobei der Anweisungsempfänger den Erstangewiesenen und den Zweitangewiesenen wie Solidarschuldner belangen kann[456]. Dem widerspricht *Soder*[457], der nur ein einziges Anweisungsverhältnis anerkennen will. *Kleiner* betrachtet dagegen die

---

[452] *Gautschi* N 11a zu Art. 466 OR.
[453] *Bodmer* S. 18.
[454] Dass die eröffnende Bank von sich aus eine Bestätigung verlangt, ist aussergewöhnlich: *Lombardini* Anm. 216.
[455] *Petersen*, Die Haftung der bestätigenden Bank aus einem unwiderruflichen Akkreditiv: WM 1961 S. 1182 ff.
[456] BGE 78 II 50 ff.; *Gautschi* a.a.O. und *Bodmer* S. 11.
[457] Besitzt der Akkreditierte bei einem bestätigten unwiderruflichen Dokumentenakkreditiv zwei konkurrierende Ansprüche gegen die das Akkreditiv eröffnende Bank und gegen die zur Auszahlung an den Begünstigten verpflichtete (bestätigende) zweite Bank? In SJZ 49 (1953) S. 7 ff. vgl. auch *Verena Lüdi*, Die Pfändung resp. Verarrestierung von Akkreditivguthaben unter Berücksichtigung der neuen Bundesgerichtspraxis: SJZ 48 (1952) S. 314.

Bestätigung als einen Schuldbeitritt zur ersten Anweisungsannahme[458], was das Problem der doppelten Anweisung in eleganter Weise löst.

Die bestätigende Bank übernimmt eine persönliche Zahlungsverpflichtung. Als bestätigende Bank kommt auch eine Filiale der eröffnenden Bank in Frage[459]. Die bestätigende Bank handelt als Substitutin der Akkreditivbank. Diese haftet gemäss Art. 339 Abs. 2 OR gegenüber dem Auftraggeber. Die Bestätigung des Akkreditivs wird nicht vermutet. Es ist nicht erforderlich aber empfehlenswert, wenn die Bank ausdrücklich das Wort «Bestätigung» verwendet, um Zweideutigkeiten zu vermeiden[460].

Gemäss Art. 9 lit. c ERA 500 muss die in Aussicht genommene Bestätigungsbank unverzüglich der eröffnenden Bank mitteilen, dass sie hierzu nicht bereit ist. Es stellt sich nun die Frage, ob sie dies auch dem Begünstigten mitteilen muss. Zwischen ihr und dem Begünstigten besteht bekanntlich kein Rechtsverhältnis, sodass daraus keinerlei vertragliche Verpflichtung abgeleitet werden kann. Doch kann es um Zeit zu gewinnen, opportun sein, das sie dies tut. Wenn dies der Fall ist, handelt sie aus Geschäftsführung ohne Auftrag, ansonsten sie nach der Weisung der eröffnenden Bank zu handeln hat. Die von *Lombardini* (S. 88) empfohlene Lösung einer automatischen Benachrichtigungspflicht der nicht bestätigungswilligen Bank gegenüber dem Begünstigten ist dagegen abzulehnen, wenn die bestätigende Bank die diesbezüglichen Kosten nicht tragen will.

2.13.4 Die Remboursbank

Die Einschaltung einer Remboursbank ist insbesondere bei Währungsakkreditiven üblich. Sie findet sich auch dann, wenn die Akkreditivbank keine Konten bei der zum Rembours berechtigten Bank, wohl aber bei der Remboursbank besitzt[461]. Mit ihr befasst sich Art. 19 ERA. Wenn gemäss Art. 19 lit. a die eröffnende Bank bestimmt, dass eine zahlende, akzeptierende oder negoziierende Bank (als «Rembours-beanspruchende-Bank» bezeichnet) den ihr zustehenden Rembours von einer anderen Stelle («Remboursbank») erhalten soll, hat die eröffnende Bank dieser Remboursbank rechtzeitig die ordnungsgemässe Weisung oder Ermächtigung zur Honorierung solcher Remboursansprüche zu erfüllen. Dadurch

---

[458] SJZ 721 1976 S. 334.
[459] Art. 2 ERA 500 am Ende.
[460] *Zahn/Eberding/Ehrlich* S. 123; *Lombardini* S. 87.
[461] *Schütze* Rz. 326.

entsteht aber kein Rechtsverhältnis zwischen der »Rembours-beanspruchenden Bank» und der «Remboursbank» (Art. 19 lit. c). Auch hat die Remboursbank nichts mit dem Akkreditivverhältnis im eigentlichen Sinne zu tun (Art. 19 lit. b)[462]. Vielmehr bleibt die eröffnende Bank gegenüber der «Rembours-beanspruchenden-Bank» voll haftbar und hat dieser den Zinsverlust zu bezahlen, falls die Remboursbank «nicht auf erstes Anfordern bzw. nicht in anderer Weise gemäss den Bestimmungen des Akkreditivs oder gegenseitiger Vereinbarung leistet» (Art. 19 lit. d vgl. auch Art. 19 lit. e). Daraus ergibt sich, dass die Remboursbank gegenüber der Rembours beanspruchenden Bank als Hilfsperson der eröffnenden Bank handelt, wofür diese nach Art. 101 OR haftet, während zwischen der eröffnenden Bank und der Remboursbank ein Auftragsverhältnis (nach deutschem Recht ein Werkvertragsverhältnis[463]) besteht.

2.13.5 Das anwendbare Recht

Hat der Begünstigte seinen Wohnsitz oder seinen Sitz im Ausland und steht sein Verhältnis zur Akkreditivbank zur Diskussion, so findet das Recht am Sitz der Akkreditivbank Anwendung, soweit eine Rechtswahl fehlt. Dies ist umso mehr der Fall, wenn Akkreditivauftraggeber und Akkreditivbank ihren Sitz im gleichen Staat haben[464]. Bezüglich Verhältnis zwischen Akkreditivbank-Zahlstelle ist mangels abweichender Rechtswahl das Recht am Sitz der Zahlstelle anzuwenden, denn diese wird «im Interesse eines anderen tätig» und es ist an ihre Leistung als dies des «Tätigwerden» anzuknüpfen[465].

2.14 Die Fristen

2.14.1 Die für das Akkreditiv massgebenden Fristen

In eine Akkreditiv sind folgende Fristen von Bedeutung:

1. Die **Frist zur Eröffnung des Akkreditivs** ist jene Frist, an welcher die eröffnende oder bestätigende Bank dem Begünstigten mitzuteilen hat,

---

[462] *Nielsen* N 141 zu Art. 19 ERA.
[463] *Schütze* Rz. 329.
[464] *Rolf A. Schütze,* Rechtsfragen zur Zahlstelle bei Akkreditivgeschäften: RIW 34 (1988) S. 344.
[465] *Ebenda* S. 344.

dass das Akkreditiv zu seinen Gunsten »eröffnet» ist, d.h. dass, wenn er innert der Akkreditivfrist akkreditivkonforme Dokumente vorlege, sie diese honorieren würde. Der Akkreditivauftraggeber ist dabei insofern in Vorleistung getreten[466], als er den Akkreditivvertrag mit der eröffnenden Bank und gegebenenfalls diese mit der bestätigenden Bank abgeschlossen bzw. diese die nötige Deckung hierfür beschafft hat. Diese Frist ist im Investitionsgütervertrag in der Regel massgebend für den Fabrikationsbeginn bzw. die Fabrikationsaufgabe. Diese Frist ist im Investitionsgüterbereich kaum je ein Fixtermin sondern höchstens ein Verfalltagtermin. Die Eröffnungsfrist ist zunächst im Vertrag zwischen Akkreditivauftraggeber und Begünstigten geregelt. Die ERA kommen hierfür nicht in Frage, weil diese nur das Deckungsverhältnis und nicht das Valutaverhältnis betreffen (Art. 3 ERA 500). Für die Folgen ist das OR massgebend: Handelt es sich um einen Fixtermin[467], ist bei dessen Überschreiten kein gültiges Akkreditiv eröffnet worden und die Ansetzung einer Nachfrist erübrigt sich. Liegt ein Verfalltagtermin vor, gerät der Akkreditivsteller bei nicht rechtzeitiger oder nicht akkreditivkonformer «Eröffnung» ohne Mahnung in Verzug (Art. 102 Abs. 2 OR). Der Begünstigte kann nach den Regeln von Art. 102 ff. OR vorgehen und entweder eine Nachfrist gemäss Art. 107 Abs. 1 OR ansetzen oder das Wahlrecht gemäss Art. 107 Abs. 2 OR ausüben[468]. Für diese Frist gelten die Regeln des Allgemeinen Teils des OR und nicht jene, die den Kaufvertrag regeln[469].

2. Das **Verfalldatum** (= «expiry date») ist die Frist, bis zu welcher die Dokumente zwecks Zahlung, Akzeptleistung oder Negoziierung vorgelegt werden müssen. Ein Akkreditiv ohne ein solches Verfalldatum ist nichtig (Art. 42 ERA 500). Ein für die Vornahme der Zahlung, Akzeptleistung oder Negoziierung festgesetztes Datum wird neu von Art. 42 ERA 500 diesem Verfalldatum gleichgesetzt. Dies bedeutet, dass zwar der Begünstigte berechtigt ist, die Dokumente der eröffnenden oder bestätigenden Bank vorzeitig, also vor dem Verfalldatum, zu präsentieren, dass aber diese dadurch nicht gezwungen wird, gleichzeitig auszuzahlen, sondern

---

[466] *Nielsen,* Grundlagen des Akkreditivgeschäfts 1989 S. 43; *Schönle:* SJZ 1983 S. 54; *Ulrich* S. 79; *Weber* N 218 zur Einleitung und Vorbemerkungen zu Art. 63–66 OR; ZR 48 Nr. 1119; ZBJV 1955 S. 489.
[467] Vgl. *Canaris* N 1051.
[468] *Bodmer* Anm.96 S. 22; *Ulrich* S. 75ff.; *Weber* a.a.O. N 219; *Canaris* N 1051.
[469] *Bodmer* a.a.O.

bis zum eigentlichen Verfalldatum mit der Zahlung zuzuwarten[470]. Dies mag auf den ersten Blick als eine unangemessene Begünstigung der Akkreditivbank erscheinen, ist aber zweckmässig, weil die Zwischenzeit den Parteien insbesondere dem Begünstigten erlaubt, allfällige Diskrepanzen in den Dokumenten zu klären oder zu beheben.

3. Das **Verladedatum** fällt in den wenigsten Fällen mit dem Verfalldatum zusammen. Dennoch sollte der Auftraggeber in die Lage versetzt werden, bei Ankunft des Schiffes bzw. des sonst in Frage kommenden Transportmittels die Ware abzuholen, ohne dass eine Einlagerung durch den Frachtführer wegen Nichtabholung erfolgt[471]. Deshalb muss es ihm gestattet sein, die Dokumente schon vor der Verfallfrist vorzulegen. Aus diesem Grunde schreibt Art. 43 lit. b ERA 500 vor, dass auch diese Frist im Akkreditiv festgehalten wird, ansonsten die Vermutung gilt, dass die Dokumente innert einer Frist von 21 Tagen nach der Verladefrist vorzulegen sind (Art. 43 lit. a ERA 600, Art. 47 UCP 400). Die Verladetermine sind als Fixtermine zu beachten, weil deren Nichteinhaltung gegen die Akkreditivbedingungen verstösst.

4. Nach Art. 40 ERA 500 sind Teilinanspruchnahmen und Teilverladungen zulässig, sofern das Akkreditiv nicht etwas anderes vorschreibt. Die Problematik bei der Zulassung von Teilinanspruchnahmen und von Teilverladungen besteht darin, dass sie den Begünstigten bis zum letzten Gültigkeitstag des Akkreditivs dessen Teilausnutzung gestattet und zwar auch dann, wenn zu diesem Zeitpunkt offensichtlich ist, dass eine vollständige Lieferung oder Leistung nicht mehr erfolgen kann[472].

5. Sind im Akkreditiv Inanspruchnahmen oder Verladungen in Raten innerhalb bestimmter Zeiträumen vorgeschrieben und ist irgendeine Rate nicht innerhalb des für sie vorgeschriebenen Zeitraums in Anspruch genommen oder verladen worden, kann das Akkreditiv für diese betreffende und jeweils weitere Rate nicht mehr benutzt werden, sofern im Akkreditiv nichts anderes vorgeschrieben ist (Art. 41 ERA 500 und 45 UCP 400)[473].

---

[470] *Nielsen* N 284.
[471] *Nielsen* N 288.
[472] *Nielsen* N 279; ders., Bankrecht und Bankpraxis Rn. 5/395; *Schinnerer/Avancini,* Bankverträge III (1976) S. 131, *Zahn/Eberding/Ehrlich* N. 275.
[473] *Nielsen* N 282; ders., Bankrecht und Bankpraxis Rn. 5/597; *Eisemann/Schütze,* Das Dokumenten-Akkreditiv im internationalen Handelsverkehr 1989 S. 101.

2.14.2 Das Verfalldatum

Weil sonst Akkreditive nichtig sind, schreibt Art. 42 ERA 500 (wie schon nach Art. 36 UCP 400) vor, dass alle Akkreditive ein Verfalldatum für die Vorlage der Dokumente zwecks Zahlung, Akzeptierung oder Negoziierung enthalten müssen. Als Vorlegungszeiten gelten nur Öffnungszeiten (Art. 45 ERA 500). Das Verfalldatum ist zugleich ein Spätestdatum für die Akkreditiverfüllung[474]. Wird das Verfalldatum überschritten, so verfällt das Akkreditiv ungenutzt. Ausnahmen zu dieser Verfalldatumsvorschrift stellen das Zusammenfallen dieser Frist mit einem Feiertag oder einem sonstigen Tag, an dem die Bank geschlossen ist[475] und ein Hindernis aus höherer Gewalt[476]. In einem Fall vor dem Zürcher Handelsgericht hätte gemäss Akkreditiv die Begünstigte folgendes Dokument einreichen müssen: «Copy of cable or telex sent by beneficiaries to Y within two working days after date of the bill of lading, specifying...». Die Konnossemente datieren unbestrittenermassen vom 30. Juli 1989. Die Begünstigte versandte die in der zitierten Akkreditivbestimmung erwähnten Verschiffungsanzeigen, welche jedoch falsche Angaben enthielten am 1. August 1989. Die korrigierten und korrekten Verschiffungsanzeigen wurden aber erst am 2. August 1989 an Y übermittelt. Da aber der 1. August damals am Sitz der Begünstigten noch kein Feiertag gewesen war, erachtete das Gericht die Vorlage am 2. August 1989 als verspätet[477].

Das Verfalldatum ist ein Fixtermin im Sinne von Art. 102 Abs. 2, 108 Ziff. 3 OR und Art. 190 Abs. 1 OR aufgrund der Akkreditivklausel, weil diese bestimmt, wie lang das Akkreditiv gültig sein soll und innerhalb welcher Frist somit der Verkäufer bzw. Unternehmer der Bank die Akkreditivdokumente vorzulegen hat[478].

Art. 46 f. ERA 500 enthalten terminologische Klarstellungen. Insbesondere stellt Art. 47. lit. c klar, dass die Ausdrücke «erste Hälfte» und «zweite Hälfte» eines Monats »1. bis 15. einschliesslich» bzw. «16. bis letzter Tag des Monats einschliesslich »und Art. 47 lit. d, dass die Ausdrücke «Anfang», «Mitte» oder «Ende» eines Monats «1. bis 10. einschliesslich, «11. bis 20. einschliesslich» bzw. «21. bis letzter Tag des

---

[474] *Nielsen* N 283 f. zu Art. 42.
[475] Art. 48 ERA 500.
[476] Art. 17 und *Nielsen* N 291 zu Art. 44.
[477] ZR 1991/1992 S. 194 ff.
[478] *Schönle* in SJZ 79 (193) S. 54 und Semjud. 86 (1964) S. 124.

Monats einschliesslich» bedeuten[479]. Diese Klarstellungen sind möglicherweise eine Folge eines Bundesgerichtsentscheides[480], in welchem das Bundesgericht die Wendung «ungefähr Mitte September» auszulegen hatte. Es legte sie nach schweizerischem Recht aus und zwar zu Lasten jener Partei, welche die Erklärung verfasst hatte[481]. Danach wurde die Verschiffung am 22. September noch als fristgemäss betrachtet[482], was nach den ERA 500 nicht mehr möglich ist.

Eine durch Akkreditivänderung mit Zustimmung des Begünstigten herbeigeführte Verlängerung der Laufzeit des Akkreditivs führt nicht automatisch auch zu einer Verlängerung der Präsentationsfrist und umgekehrt[483].

Durch Neufassung von Art. 42 lit. a wird die Angabe des Verfallortes zwingend vorgeschrieben, womit bloss eine gängige Praxis kodifiziert wird[484]. Der letztere Hinweis ist massgebend für den Gefahrübergang an den Dokumenten. Bis zur Einreichung an der zuständigen Stelle trägt nämlich der Begünstigte das Risiko für deren Verlust, danach die Bank[485] vorausgesetzt die Dokumente werden vor Ablauf der Verfallfrist vorgelegt.

2.14.3 Die Bearbeitungsfrist

Das Verfalldatum ist nicht zu verwechseln mit der Bearbeitungsfrist, womit jene Frist zu verstehen ist, die den Banken zur Verfügung steht, um die Dokumente zu prüfen (Art. 13 lit. b: sieben Arbeitstage) oder um mitzuteilen, dass sie die eingereichten Dokumente zurückweisen (Art. 14 lit. d: unverzüglich, spätestens Ende des siebten Arbeitstages). Diese Frist ist unabhängig vom Verfalldatum.

Die Nichteinhaltung der Bearbeitungsfrist fällt nicht unter die Freizeichnung von Art. 16 ERA 500. Diese bezieht sich lediglich auf Übermittlungsfehler und Irrtümer, die sich aus Übersetzung und/oder Ausle-

---

[479] Vgl. BGE 87 II 238 ff., wonach das Wort «ungefähr» vor «Mitte September» auch als Ausdehung über den 20. September hinaus entstanden werden kann; jetzt aber Art. 46 lit. c.
[480] BGE 87 II 234 ff.
[481] Mit Verweis auf BGE 48 II 246; 50 II 543; 81 II 159.
[482] S. 243.
[483] *Nielsen* N 291 zu Art. 44.
[484] *Ebenda* N 283.
[485] *Ebenda* N 239.

gung von technischen Ausdrücken ergeben und nicht auf die Einhaltung von Fristen.

2.14.4 Die höhere Gewalt

Die Banken können sich entlasten, wenn sie sich auf höhere Gewalt berufen können: Diese wird in Art. 17 ERA 500 folgendermassen umschrieben: «Die Banken übernehmen keine Haftung oder Verantwortung für die Folgen der Unterbrechung ihrer Geschäftätigkeit durch Fälle höherer Gewalt, Unruhen, Aufruhr, Aufstand, Kriege oder irgendwelche anderen Ursachen, die ausserhalb ihrer Kontrolle liegen, sowie durch irgendwelche Streiks oder Aussperrungen. Sofern sie hierzu nicht ausdrücklich ermächtigt sind, werden die Banken bei Wiederaufnahme ihrer Geschäftstätigkeit unter Akkreditiven, die während einer solchen Unterbrechung ihrer Geschäftstätigkeit verfallen sind, nicht zahlen, keine Verpflichtung zur hinausgeschobenen Zahlung übernehmen, keine Tratten akzeptieren bzw. nicht negoziieren». Nach einem Urteil des BGH[486] wird jedoch eine Akkreditivbank nicht von ihrer Akkreditivverpflichtung befreit, «wenn dieser noch vor dem Eintritt der Betriebsunterbrechung ordnungsgemässe Dokumente vorgelegt wurden, die Bank aber infolge höherer Gewalt innerhalb der Akkreditivfrist nicht hat leisten können[487]».

2.15 Die Honorierungspflicht

Hat die Bank die Prüfung der Dokumente vorgenommen und dabei festgestellt, dass diese akkreditivkonform sind, ist sie verpflichtet, dem Begünstigten die versprochene Leistung zu erbringen, wenn sich diese Pflicht aus dem Anweisungsverhältnis zwischen ihr und dem Auftraggeber ergibt[488]. Aus diesem Verhältnis ergibt sich auch die Pflicht der Bank zur Leistungsverweigerung, wenn die eingereichten Dokumente nicht den Akkreditivbedingungen entsprechen[489].

---

[486] In WM 1960 S. 38.
[487] Nach *Nielsen* Komm. N 124, siehe aber S. 100 hinten.
[488] *Zahn/Eberding/Ehrlich* N 95 ff.; *Ulrich* S. 30 ff.: dieser Anspruch wird dadurch fällig und unbedingt: BGE 78 II 54 f.
[489] *Ulrich* S. 120 f.

Dies ist die gebräuchlichste Form der Honorierungspflicht. Diese richtet sich jedoch nach den Weisungen die ihr der Auftraggeber erteilt hat[490]. Je nach der vorgesehenen Honorierungsart werden die **einzelnen Akkreditivarten** unterschieden:

- Lautet die Weisung des Auftraggebers auf Barauszahlung bzw. Gutschrift auf einem Konto des Begünstigten, so handelt es sich um ein **Sichtakkreditiv** (Art. 9 lit. a I und lit. b I ERA 500).
- Wenn das Akkreditiv eine hinausgeschobene Zahlung vorsieht, an dem nach den Bestimmungen des Akkreditivs bestimmbaren Datums zu zahlen, so handelt es sich um ein **Akkreditiv mit hinausgeschobener Zahlung** (Art. 9 lit. a II und lit. b II ERA 500). Das Dokumentenakkreditiv mit hinausgeschobener Zahlung hat die besondere Eigenschaft, den Zeitpunkt der Kreditbeanspruchung, d.h. den Zeitpunkt der Präsentation der Dokumente von jenem der Zahlung zu trennen[491]. Diese Art der Abwicklung hat zum Zweck, dem Akkreditivauftraggeber Kredit zu verschaffen und ihn von der Pflicht zu befreien, Zug-um-Zug leisten zu müssen[492]. Auf diese Weise erfolgt die Zahlung an den Begünstigten nicht im Zeitpunkt, an dem die Dokumente präsentiert und von der Akkreditivbank entgegengenommen werden, sondern zu einem späteren Zeitpunkt, der im Akkreditiv festgelegt ist; der Akkreditivauftraggeber kann somit in den Besitz der Ware gelangen, bevor er den Preis dafür bezahlt[493]. Dank dieser Zahlungsmodalität kann der Akkreditivauftraggeber die Ware vor der Fälligkeit weiterverkaufen, so dass er dann in der Lage ist, den Betrag des Dokumentenakkreditivs am Fälligkeitstermin zu bezahlen[494].
- Wenn das Akkreditiv Akzeptleistungen durch die eröffnende Bank vorsieht, vom begünstigten auf die eröffnende Bank gezogene Tratten (Wechsel oder Checks) zu akzeptieren und sie bei Fälligkeit zu bezahlen, so spricht man von einem **Akzeptierungs-Akkreditiv** (Art. 9 lit. a III a und lit. b III b).
- Wenn das Akkreditiv Akzeptleistungen durch eine andere bezogene Bank vorsieht, vom Begünstigten auf die eröffnende Bank gezogene Tratten zu akzeptieren und bei Fälligkeit zu bezahlen, falls die im

---

[490] Vgl. *Gautschi* Komm. N 60 zu Art. 466 OR.
[491] *Tevini du Pasquier* S. 61.
[492] BGE 100 II 145 Erw. 4b.
[493] *Dohm,* Crédit documentaire I in SJK 314 S. 8; vgl. *Lombardini* S. 117.
[494] *Caprioli,* Le Crédit documentaire, évaluation et perspectives S. 217 N. 299; BGE 122 III S. 73.

Akkreditiv vorgeschriebene bezogene Bank auf sie gezogene Tratten nicht akzeptiert, oder diese bei Fälligkeit nicht bezahlt wurden, hat die eröffnende Bank die auf sie bezogenen Tratten zu akzeptieren, was man mit **Nachsicht-Akkreditiv** bezeichnet (Art. 9) lit. a II b und b IV b).

– Wenn das Akkreditiv Negoziierung vorsieht, hat die eröffnende Bank vom Begünstigten gezogene Tratten und/oder unter dem Akkreditiv vorgelegte Dokumente ohne Rückgriff auf Aussteller und/oder gutgläubige Inhaber zu bezahlen, was man **Negoziierungs-Akkreditiv** nennt (Art. 9 lit. a IV und lit. b IV)[495].

Das Akkreditiv mit hinausgeschobener Zahlung oder »Deferred Payment«-Akkreditiv[496] gibt dem Auftraggeber die Möglichkeit, gegebenenfalls die Zahlung durch vorsorgliche gerichtliche Verfügung zu stoppen[497]. Zahlt aber die Bank vorzeitig aus[498], so nimmt sie dem Auftraggeber diese Möglichkeit und geht damit ein entsprechendes Risiko ein[499].

Die Zug-um-Zug-Wirkung geht verloren bei der Entgegennahme von Tratten, weil damit noch keine Zahlung sondern lediglich die Wechselstrenge[500] bewirkt wird. Um diese mit der Abstraktheit vom Deckungsverhältnis noch zu verstärken, wurde die etwas umständliche Formulierung der Art. 9 lit. a IV und 9 lit. b IV gewählt, indem ausdrücklich davon abgeraten wird, unter dem Akkreditiv zu ziehende Tratten auf den Akkreditiv-Auftraggeber ziehen zu lassen. Damit soll nämlich vermieden werden, dass der Auftraggeber durch Verweigerung der Akzeptleistung Einfluss auf die Akkreditivabwicklung nehmen kann und auf diese Weise die Abstraktheit des Akkreditivs betont[501].

Die ERA 500 gehen nach wie vor nicht auf die Frage ein, ob die eröffnende oder die bestätigende Bank je nach Verhältnis zum Begünstigten das Recht hat, Einreden aus ihrem Verhältnis zum Begünstigten diesem entgegenzuhalten und die Zahlung ganz oder teilweise zu verweigern.

---

[495] Vgl. *Ulrich* S. 121; *Tevini Du Pasquier* S. 56 ff.
[496] Nach *Ulrich* S. 121.
[497] Zur Problematik: *Tevini Du Pasquier* S. 62 f; BGE 100 II 151.
[498] Was nach einem Bundesgerichtsurteil (in Pra. 1974 Nr. 273) zulässig ist.
[499] Hierüber *Nielsen* N 37; zur ganzen Kontroverse in Lit. und Rechtsprechung *Tevini Du Pasquier* S. 63 ff.
[500] D.h. formell die Wechselbetreibung (vgl. *Meier-Hayoz/von der Crone* S. 198 f.) und materiell die Einredebeschränkung (vgl. *Meier-Hayoz/von der Crone* S. 183 ff.).
[501] *Graffe/Weichbrodt/Xueref* S. 28 mit etwas missverständlicher Darstellung; *Nielsen* N 38 zu Art. 9, der die Neuerung begrüsst.

Insbesondere kann die Bank ihre Forderung gegenüber dem Begünstigten mit dem ihm aus dem Akkreditiv geschuldeten Betrag verrechnen?

Das Genfer erstinstanzliche Gericht hat diese Frage verneint mit der Begründung, dass die ERA und die Willenserklärungen der Parteien, nach den Grundsätzen und der Funktion des Akkreditivs ausgelegt, auf einen konkludenten Willen der Parteien bei der Eröffnung des Akkreditivs schliessen lassen, die Verrechnung auszuschliessen[502] *Schönle*[503] und seine Schülerin *Tevini Du Pasquier*[504] sind hier anderer Meinung: Ein konkludenter Ausschluss sei nur beim back-to-back-Kredit sowie beim übertragbaren Akkreditiv[505], weil hier eine Verrechnung das Geschäft weitgehend zwecklos machen würde. Entgegen der Meinung dieser beiden Autoren verstösst die Bank gegen Treu und Glauben des Auftraggebers, wenn, sie wohl wissend, dass sie die Verrechnungseinrede gegenüber dem Begünstigten geltend machen kann, den Akkreditivauftrag gegenüber dem Auftraggeber annimmt, weil sie damit ihren Auftraggeber der Gefahr eines Regresses durch den Begünstigten im Deckungsverhältnis aussetzt. «Einreden aus dem persönlichen Verhältnis zwischen Angewiesenen und Empfänger» im Sinne von Art. 468 Abs. 1 OR können daher nur solche sein, die keine Reflexwirkungen auf den Anweisenden haben können bzw. rechtlich ohnehin nichtig wären, wie Handlungsfähigkeit des Angewiesenen, durch Täuschung oder Furchterregung bewirkte Annahmeerklärung des angewiesenen, Tilgung, Stundung oder Verjährung[506].

Die zur Auszahlung des Akkreditivbetrages verpflichtete Bank darf ihre Zahlungspflicht trotz Vorlegung akkreditivkonformer Dokumente durch den Begünstigten verweigern, wenn ein Fall von Rechtsmissbrauch oder unzulässiger Rechtsausübung durch den Begünstigten vorliegt. «Ein solcher Fall ist zweifelsohne immer dann gegeben, wenn die Auslösung der Zahlungspflicht einer Bank unter einem Dokumentenakkreditiv durch betrügerische oder andere deliktische Machenschaften herbeigeführt wird[507].» Die Frage stellt sich nur, inwieweit diese Machenschaften be-

---

[502] Tribunal de première instance Genève vom 3. Dezember 1987 nach *Tevini Du Pasquier* S. 101 und BGH in Bank Beitr. 1973 S. 313; ebenso *Wessely* S. 70.
[503] Rechtsprobleme des Dokumentenakkreditivs mit hinausgeschobener Zahlung Österreichisches Bank-Archiv: Zeitschrift für das gesamte Bank- und Börsenwesen 36 (1988) S. 311 ff.
[504] S. 101.
[505] *Tevini Du Pasquier* S. 101 f.
[506] Vgl. hierzu *Gautschi,* Komm. N 4a ff. zu Art. 468 OR; *Tevini Du Pasquier* a.a.O.
[507] *Beat Kleiner,* Die Zahlungspflicht der Bank bei Garantien und unwiderruflichen Akkreditiven: SJZ 76 (1976) S. 352 ff.; BGE 100 II 151; Ulrich S. 122.

legt sein müssen. Das Bundesgericht scheint eine rechtskräftige einstweilige Verfügung des zuständigen Gerichts auf Untersagung der Zahlung oder sogar ein rechtskräftiges Urteil in der Sache selber zu verlangen[508]. *Kleiner* und *Ulrich* kritisieren diese Ansicht als zu weitgehend[509]. Der deutsche Bundesgerichtshof in Übereinstimmung mit einem Teil der deutschen Lehre verlangt zwar einen strengen Massstab, begnügt sich aber mit der sogenannten «liquiden Beweisbarkeit»: Es genügt, dass offensichtlich ist, dass die Ware zur Vertragserfüllung ganz und gar ungeeignet ist[510]. Daher dürfte es dennoch angebracht sein, auf einer einstweiligen Verfügung zu bestehen.

2.16 Die Haftung der Bank für die Honorierung des Akkreditivs

2.16.1 Die Haftung der eröffnenden Bank

Für die Haftung der eröffnenden Bank sind die Weisungen des Auftraggebers an die Bank massgebend[511]. Diese sind genauestens zu befolgen[512]. Der Bank obliegt eine Mitwirkungspflicht, wenn die Weisungen unklar sind oder daraus Unstimmigkeiten entstehen können oder in anderen Worten die Bank hat notfalls eine Klärung herbeizuführen[513]. Der Grund hierfür liegt in ihrer Fachkompetenz.

Aus dem Auftragsverhältnis haftet die Bank für Sorgfalt bei der Prüfung der Dokumente auf ihre Übereinstimmung mit den Akkreditivbedingungen[514]. Lehnt sie beispielsweise die Annahme der eingereichten Dokumente ab, obwohl diese akkreditivkonform sind, so wird sie haftbar.

---

[508] BGE 100 II 151.
[509] Vgl. *Ulrich* S. 123.
[510] BGH-Urteil vom 16. März 1987: WM 1987 S. 878 und DB 1987 S.1984; ferner BGH vom 27. Juni 1988: WM 1988 S. 1298 ff.
[511] Art. 397 Abs. 1 OR; *von Büren,* OR besonderer Teil S. 128; *Gautschi,* Komm. N 2 zu Art. 397 OR; *Hofstetter.* Der einfache Auftrag: SPR. VII, 2 (1979) S. 33 ff.; *Jürg Hartmann,* Der Akkreditiv-Eröffnungsauftrag nach den einheitlichen Richtlinien und Gebräuchen für Dokumenten-Akkreditive (Revision 962) und dem schweizerischen Recht (Diss. Zürich 1974) S. 10 und 25).
[512] *Tevini Du Pasquier* S. 133; BGE 10 II 183 ff.
[513] *Hartmann* S. 25; Bundesgericht in Semjud. 1987 S. 255.
[514] Art. 13 lit. a ERA 500; siehe oben S. 69 ff. und *Tevini Du Pasquier* S. 184.

Beim unwiderruflichen Akkreditiv und auch dann, wenn die Zahlung aufgeschoben ist, ist die Bank bei Vorlage von akkreditivkonformer Dokumente innert der Verfallfrist zur Zahlung verpflichtet, ungeachtet von entgegenstehenden Weisungen des Auftraggebers[515]. Eine Ausnahme gilt nur bei betrügerischen Machenschaften. Da die Akkreditivbank mit solchen aussergewöhnlichen Verhältnissen jedoch nicht zu rechnen braucht, weil es Sache des Käufers ist, sich vertrauenswürdige Vertragspartner auszusuchen, kann sie sich nur dann auf rechtsmissbräuchliches Verhalten des Begünstigten berufen, wenn es bei Fälligkeit ihrer Verpflichtungen bewiesen ist. Dazu dürfte es wohl einer rechtskräftigen einstweiligen Verfügung des zuständigen Gerichtshofes auf Untersagung der Zahlung oder sogar eines rechtskräftigen Urteils in der Sache selbst, wozu jedoch in der Regel die Zeit auch bei aufgeschobener Zahlungsfrist nicht ausreicht[516].

Für den Fall, dass sie eine Zweitbank einschaltet, hat die eröffnende Bank eine cura in eligendo et in instruendo[517].

Die eröffnende Bank ist kraft Auftragsrecht vertraglich gegenüber dem Auftraggeber haftbar und aufgrund von Art. 41 ff. OR gegenüber dem Begünstigten. Dieser kann zudem den Auftraggeber aufgrund des Deckungsverhältnisses in Anspruch nehmen, was u.U. den Auftraggeber veranlassen kann, auf die eröffnende Bank Regress zu nehmen.

2.16.2 Die Haftung der bezogenen Bank

Bei Akzeptleistung durch eine andere Bank hat die eröffnende Bank Tratten, die auf sie gezogen sind, zu akzeptieren und bei Fälligkeit zu bezahlen, wenn die im Akkreditiv vorgeschriebene bezogene Bank auf sie gezogene Tratten nicht akzeptiert oder Tratten zu bezahlen, falls diese von der bezogenen Bank zwar akzeptiert aber bei Fälligkeit nicht bezahlt worden sind (Art. 9 lit. a III b und lit. b III b). Durch Einsetzung einer anderen Bank als Zahlstelle besteht die Primärverpflichtung der Akkreditivbank darin, durch die benannte Zweitbank zu leisten. Fällt diese Leistung aus irgend einem Grund aus, so hat die eröffnende Bank an deren Stelle zu treten. In diesem Sinne hat die Neuredaktion keine Änderung gegenüber dem Art. 10 UCP 400 gebracht. Auch dann, wenn der Begünstigte, um die Frist wahren zu können, die Wahl hat, die Dokumente ent-

---

[515] BGE 100 II 151; 78 II 52.
[516] BGE 100 II 15; ferner *Ulrich* S. 122 f.; *Tevini Du Pasquier* S. 93 ff.
[517] Statt aller *Tevini Du Pasquier* S. 148.

weder bei der eröffnenden Bank oder bei der Zweitbank einzureichen, bleibt die Zweitbank Zahlstelle, denn Gültigkeit des Akkreditivs und dessen Benutzbarkeit sind nicht identisch. Diese Auslegung von *Nielsen*[518], die dem bisherigen Art. 10 UCP 400 entspricht, ist die einzige vertretbare, weil sonst die Gefahr der Doppelzahlung entsteht. Zudem ergibt sich dies zwingend aus der Tatsache, dass der Begünstigte durch Annahme eines «bestätigten Akkreditivs» im Valutaverhältnis nur noch Zahlung von der angewiesenen Bank fordern kann[519].

2.17 Die Übertragung des Akkreditivs

2.17.1 Bedürfnis

Die Übertragbarkeit des Dokumentenakkreditivs ist vor allem im Interesse des Begünstigten: Die Vorteile der Übertragbarkeit des Dokumentenakkreditivs hat *Wassermann*[520] kurz und prägnant zusammengefasst: «Sie ermöglicht es ihm, seine Unterlieferanten unmittelbar an dem Zahlungsanspruch aus dem Dokumentenakkreditiv zu beteiligen, wodurch Überlegungen der letzteren hinsichtlich seiner Bonität unnötig werden. Er braucht ferner nicht für die Zwischenfinanzierung zu sorgen, die erforderlich werden könnte für den Zeitraum zwischen dem Fälligkeitstag der Kaufpreisforderung aus einem Einkauf und dem Zeitpunkt, an dem ihm die Bank die Akkreditivsumme auskehrt. Das übertragbare Akkreditiv bietet somit dem Begünstigten auch eine gute Finanzierungsmöglichkeit. Damit spart er zugleich auch die mit einem Kredit verbundenen Aufwendungen. Ausser der Provision für die Übertragung des Akkreditivs entstehen ihm keine Kosten[521].»

2.17.2 Begriff

Mit dem «übertragbaren Akkreditiv» befassen sich die Art. 48 und 49 ERA, wobei deren Regelungen nicht abschliessend sind. Die ERA unterscheiden seit der Revision 1973 zwischen der **Übertragung des Doku-**

---

[518] A.a.O. N 31.
[519] *Tevini Du Pasquier* S. 75.
[520] In die Verwertung von Ansprüchen aus Dokumentenakkreditiven: Studien zum Bank- und Börsenrecht 8 (1981) S. 45.
[521] Vgl. ferner *Zahn/Eberding/Ehrlich* S. 128 und *Schärrer* S. 120.

mentenakkreditivs im ganzen und der **Abtretung von Akkreditiverlösen**[522].

Mit der ersten Abtretungsart befasst sich Art. 48 ERA. Gemäss lit. a ist ein übertragbares Akkreditiv «ein Akkreditiv, bei dem der Begünstigte (Erstbegünstigte) die zur Zahlung, Übernahme einer Verpflichtung zur hinausgeschobenen Zahlung, Akzeptleistung oder Negoziierung ermächtigte Bank (‹übertragene Bank›) oder bei einem frei negoziierbaren Akkreditiv die im Akkreditiv ausdrücklich als übertragene Bank ermächtigte Bank beauftragen kann, das Akkreditiv im Ganzen oder zum Teil einem oder mehreren anderen Begünstigten (Zweitbegünstigten) verfügbar zu machen». Die Übertragung des Akkreditivs soll die Voraussetzungen dafür schaffen, dass der Zweitbegünstigte gegen Vorlage seiner eigenen Dokumenten von der aus dem Akkreditiv verpflichteten Bank Leistung verlangen kann[523].

2.17.3 Die Übertragbarkeitsklausel

Art. 48 lit. b ERA schafft Klarheit in der Verwendung der Übertragbarkeitsklausel: «Ein Akkreditiv kann nur übertragen werden, wenn es von der eröffnenden Bank ausdrücklich als ‹übertragbar› (Englisch ‹transferable›) bezeichnet worden ist. Ausdrücke wie ‹divisible›, ‹fractionable›, ‹assignable› und ‹transmissible› machen das Akkreditiv nicht übertragbar. Werden solche Ausdrücke verwendet, sind sie nicht zu beachten[524]».

2.17.4 Die sogenannte «doppelte Zustimmung»

Neben der in dieser sogenannten Übertragbarkeitsklausel gegebenen allgemeinen Zustimmung der Bank zur Übertragung des Akkreditivs ist (nochmals) eine für den konkreten Fall spezifische Zustimmung der Bank einzuholen[525]. Dies ist die Folge der Bestimmung von Art. 48 lit. c ERA, wonach die übertragende Bank nicht verpflichtet ist, eine Übertragung vorzunehmen, ausser in dem Umfang und in der Art, wie sie ausdrücklich zugestimmt hat[526]. In diesem Sinne wird die Notwendigkeit der doppel-

---

[522] *Nielsen* N 301 zu Art. 48 ERA.
[523] *Schütze* Rz. 342.
[524] Vgl. *Schütze* Rz. 336; *Lombardini* S. 190; *Schinnerer/Avancini,* Bankverträge III. Teil (1976) S. 92.
[525] Hierzu eingehend *Wassermann* S. 74 ff.
[526] Hierzu *Schütze* a.a.O. Rz. 343.

ten Zustimmung von der Mehrheit der Lehre bejaht[527]. Der Grund der doppelten Zustimmung ist darin zu sehen, dass die Bank im konkreten Fall die Möglichkeit haben muss, einen unliebsamen Zweitbegünstigten abzulehnen.

Nicht geregelt ist dagegen, ob die berechtigte Zweitbank nach Durchführung der Übertragung die Eröffnungs- bzw. Bestätigungsbank unterrichten muss. Die Praxis ist uneinheitlich. Dennoch ist eine umgehende Unterrichtung der Akkreditivbank ohne Nennung des Zweitbegünstigten zu empfehlen[528], damit der Erstbegünstigte nicht mehr die Dokumente seinerseits präsentieren kann.

2.17.5 Weiterleitung von Änderungsmitteilungen

Nach Art. 48 lit. d ERA (der neu ist) muss der Erstbegünstigte der übertragenden Bank unwiderruflich mitteilen, ob diese das Recht haben soll, dem Zweitbegünstigten spätere Änderungen des Akkreditivs mitzuteilen. Die übertragende Bank muss den Zweitbegünstigten unterrichten, ob der Erstbegünstigte von einem solchen Vorbehalt Gebrauch gemacht hat oder nicht. Nach Auffassung der IHK gibt der Vorbehalt der Nichtweiterleitung von Änderungen dem Erstbegünstigten das Recht, seinerseits diese abzulehnen bzw. anzunehmen und damit möglicherweise dem Zweitbegünstigten die Erfüllung des Dokumentenakkreditivs unmöglich zu machen. Nur wenn der Erstbegünstigte bei Übertragung des Dokumentenakkreditivs sich mit einer Weiterleitung von Änderungen an den Zweitbegünstigten einverstanden erklärt, wird der letztgenannte in die Lage versetzt, für seinen Teil die Übertragung den diesbezüglichen Änderungen zuzustimmen[529].

---

[527] *Avancini/Iro/Koziol* Rdn. 4/101; *Baumhöfener*, Die doppelte Zustimmung der Akkreditivbank zur Übertragung von Dokumentenakkreditiven: WM 1969, 1462 ff; *Liesecke*, Neuere Theorie und Praxis des Dokumentenakkreditivs: WM 1976 S. 258 ff.; *Lombardini* S. 181 f.; *Peters*, Rechtsprobleme des Akkreditivgeschäfts: WM 1978 S. 1030 ff.; *Schinnerer/Avancini*, Bankverträge III. Teil, 1976 S. 92; *Schlegelberger/Hefermehl* HGB § 365 Anm. 231; *Stauder*, Die Übertragung des Dokumentenakkreditivs: AWD 1968 S. 46; Zahn/Eberging/Ehrlich S. 131.
[528] So *Wassermann* S. 137 f.; *Zahn/Eberding/Ehrlich* Rz. 2/187 und *Nielsen* N 307.
[529] *Nielsen* N 308 f. zu Art. ERA.

2.17.6 Übertragung an mehrere Zweitbegünstigte

Das Dokumentenakkreditiv kann nur **einmal** übertragen werden (Grundsatz der Einmalübertragung). Eine Rückübertragung vom Zweitbegünstigten an den Erstbegünstigten wird nicht als unzulässige Doppelübertragung betrachtet[530]. Hingegen kann ein Dokumentenakkreditiv anteilmässig an verschiedene Zweitbegünstigte übertragen werden. Ist dies der Fall, können sich die Zweitbegünstigten unabhängig voneinander entscheiden, d.h. die Zustimmung eines Zweitbegünstigten bindet den anderen nicht. In anderen Worten der eine kann das Akkreditiv zu den geänderten, der andere zu den Ursprungsbedingungen in Anspruch nehmen[531].

2.17.7 Übertragung zu Originalbedingungen

Das Akkreditiv kann nur zu dem im Originalakkreditiv angegebenen Bedingungen übertragen werden mit Ausnahme, dass

- der Akkreditivbetrag,
- der Akkreditiv etwa angegebene Preis pro Einheit,
- das Verfalldatum,
- das letzte Datum für die Vorlage der Dokumente,
- die Verladefrist,

insgesamt oder einzeln ermässigt oder verkürzt werden können (Art. 48 lit. h Abs. 1).

Der Versicherungsschutz kann in der Weise erhöht werden, dass er den im Originalakkreditiv oder in den Richtlinien festgesetzten Deckungsbetrag erreicht (Art. 48 lit. h Abs. 2).

2.17.8 Fakturen- und Trattenaustausch

Das Recht zum Fakturen- und Trattenaustausch soll es dem Erstbegünstigten ermöglichen, die Differenz als seine Gewinnmarge in Anspruch zu nehmen (Art. 49 lit. h Abs. 2)[532].

---

[530] *Ebenda* N 312.
[531] *Ebenda* N 310.
[532] *Nielsen* N 314.

2.17.9 Recht auf Verlegung der Zahlstelle

Problematisch ist Art. 48 lit. j ERA: «Der Erstbegünstigte kann verlangen, dass die Zahlung oder Negoziierung an den Zweitbegünstigten an dem Ort vorgenommen wird, an dem das Akkreditiv übertragen worden ist und zwar bis zum Verfalldatum des Akkreditivs, sofern das Originalakkreditiv nicht ausdrücklich angibt, dass es an keinem anderen als dem im Akkreditiv vorgeschriebenen Ort zur Zahlung oder Negoziierung benutzbar gestellt werden darf...». Eine solche Verlagerung der Zahlstelle an einen anderen Ort ist für den Akkreditivauftraggeber deshalb nicht unproblematisch, weil der Erstbegünstigte das Recht behält, nachträglich einen Rechnungs- und Trattenaustausch vorzunehmen. Diese Regelung läuft somit praktisch darauf hinaus, dem Erstbegünstigten zu erlauben, die Gültigkeitsdauer des Akkreditivs erheblich zu überschreiten[533].

2.17.10 Die Rechtsnatur der Akkreditivübertragung

Die Rechtsnatur der Akkreditivübertragung ist umstritten[534]. Die Übertragung des Akkreditivs ist jedenfalls keine Abtretung im Sinne von Art. 164 ff. OR[535]. Am plausibelsten erscheint die Auslegung als abstraktes Schuldbekenntnis[536] und damit analog zum Rechtsverhältnis zwischen der Akkreditivbank und dem Begünstigten.

2.17.11 Die Abtretung von Akkreditiverlösen

Art. 49 ERA befasst sich mit der Abtretung von Akkreditiverlösen und stellt klar, dass auch bei einem nicht übertragbaren Akkreditiv in jedem Fall der Anspruch auf den Erlös aus dem Akkreditiv abgetreten werden kann. Diese Klarstellung, die schon in der Revision von 1974 erfolgt ist, erwies sich als notwendig wegen einem verfehlten BGH-Urteil[537]. Der zweite Satz von Art. 49 präzisiert weiter, dass sich dieser Artikel nur auf die Abtretung des Akkreditiverlöses bezieht und nicht auf die Abtretung des Rechts auf Inanspruchnahme des Akkreditivs. Für die zivilrechtliche

---

[533] *Ebenda* N 315; ebenso *Schütze* RZ 346.
[534] *Wassermann* befasst sich auf S. 50 ff. eingehend mit den verschiedenen Theorien und nimmt dazu ausführlich Stellung. Es wird deshalb auf ihn verwiesen.
[535] *Schärrer* S. 122.
[536] In Übereinstimmung mit *Wassermann* S. 104 f.
[537] BGH in WM 1959, 970; hierzu *Schütze* Rz. 354.1.

Zulässigkeit der Abtretung verweist Art. 49 auf die «Bestimmungen des anwendbaren Rechts». Bei der Abtretung von Akkreditivlösen handelt es sich um eine Zession im Sinne von Art. 164 OR[538].

2.18 Dokumenten-Akkreditiv und Preisforderung

Das Dokumenten-Akkreditiv ist bloss Zahlungsmittel, es ersetzt die Preisforderung als solche nicht. Das Dokumenten-Akkreditiv erfolgt somit **zahlungshalber** und nicht an **Zahlungsstatt**[539]. Ist aus irgendeinem Grund die Zahlung durch Dokumenten-Akkreditiv nicht möglich, scheitert sie an der Weigerung der Bank, den Auftrag anzunehmen, zu erfüllen, an der fristgemässen Einreichung der Dokumente, an der Einreichung akkreditivkonformer Dokumente oder aus sonstigen Gründen, so ist damit die Preisforderung nicht erloschen. Vielmehr hat dann der Gläubiger die Zahlung des geschuldeten Preises auf anderen Wegen einzutreiben. Dazu ist er aber nur berechtigt, wenn die Zahlung durch Dokumenten-Akkreditiv unmöglich geworden ist, denn solange die Zahlung mittels Dokkumenten-Akkreditiv möglich bleibt, ist dieses Zahlungsmittel Kraft der Vereinbarung zwischen den Beteiligten ausschliesslich anwendbar[540]. Dann und erst dann kommen die Regeln des OR betreffend Unmöglichkeit (Art. 119 OR) beziehungsweise betreffend Zahlung (Art. 85 ff OR) zur Anwendung. Dies ist nur dann nicht der Fall, wenn die Parteien ausdrücklich vereinbart haben, dass die Zahlung durch Dokumenten-Akkreditiv an Zahlungsstatt erfolgen sollte[541].

Die Akkreditivvereinbarung beinhaltet nach einhelliger Meinung der Doktrin[542] auch einen Verrechnungsausschluss. Dies ergibt sich wiederum aus der Pflicht, die Zahlung ausschliesslich im Wege des Akkreditives abzuwickeln, was eine direkte Begleichung der Kaufpreisforderung durch Verrechnung ausschliesst.

Die Akkreditivklausel und die damit verbundene Anwendung der ERA ändern an den Regeln bezüglich anwendbarem Recht nichts.

---

[538] *Schärrer* S. 124.
[539] *Schärrer* S. 65.
[540] *Ebenda* S. 64; *Zahn/Eberding/Ehrlich* 2/22.
[541] *Liesecke* in WM 1976, S. 259 f; *Schärrer* S. 64; *Zahn/Eberding/Ehrlich* 2/20; BGHZ 60 S. 262.
[542] *Schärrer* S. 64 f

2.19 Tafeln zum Akkreditiv

Akkreditiv

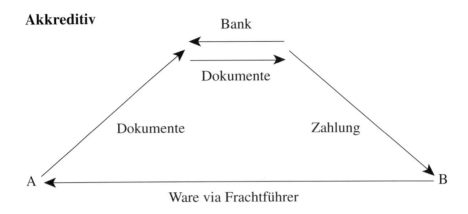

Zweitbank und benannte Bank

1. Avisbank

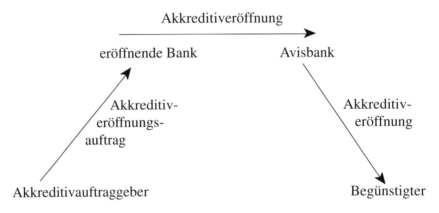

2. Zahlstelle

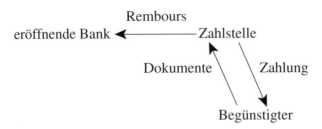

3. Bestätigende Bank

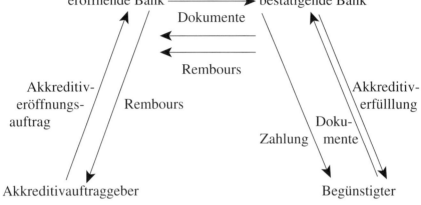

4. Parteien

Akkreditivsteller bzw. Auftraggeber
Akkreditivbank
Begünstigter

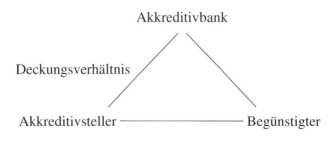

3. Die Bankgarantie

Literaturauswahl

Bertrams, Roeland, Bank Guarantees in International Trade (1996); *Canaris Claus-Wilhelm,* Bankvertragsrecht. Erster Teil (1988) S. 745 ff.; *Dohm, Jürgen,* Bankgarantien im internationalen Handel (Bern 1985); ders., Mesures conservatoires pour empêcher l'appel abusif à une garantie bancaire ‹à première demande›: Semjud.107 (1985) S. 4; *Egger, Walter H.,* Probleme des einstweiligen Rechtsschutzes bei auf erstes Verlangen zahlbaren Bankgarantien: SZW.1990 S. 11 ff.; *Goode, Roy,* Guide to the ICC Uniform Rules for Demand Guarantees. ICC. Publ. 510 (1992); *Guggenheim, Daniel,* Die Verträge der schweizerischen Bankpraxis (1986); ICC Publikation Nr. 325: Règles uniformes pour les garanties contractuelles (1978); Publ. 458: Règles uniformes de la CCI relatives aux garanties sur demande (1992):Publ.Nr.524: Règles uniformes de la CCI pour les «Contract Bonds» (1994); *Kleiner, Beat,* Bankgarantie. Die Garantie unter besonderer Berücksichtigung des Bankgarantiegeschäfts (Zürich 1990); ders., Die Zahlungspflicht der Bank bei Garantien und unwiderruflichen Akkreditiven: SJZ 72 (1976) S. 353 ff.; *Logoz, François,* La protection de l'exportateur face à l'appel abusif à une garantie bancaire. Etude comparative des droits allemand, français, belge et suisse (Genève 1991); *Mülbert, Peter,* Missbrauch von Bankgarantien und einstweiliger Rechtsschutz (Tübingen 1985); *Nielsen, Jens,* Bankgarantien bei Aussenhandelsgeschäften (Köln 1986); *Oftinger, Karl,* Über Bankgarantien: SJZ 38 (1941) S. 58 ff. *Roesle, Eugen. A.,* Die internationale Vereinheitlichung des Rechts der Bankgarantien (1983); *Thévenoz, Luc,* Les garanties indépendantes devant les tribunaux suisses: Journée 1994 de droit bancaire et financier (Bern 1994) S.167 ff.; *von Westphalen, Friedrich,* Die Bankgarantie im internationalen Handelsverkehr (Heidelberg 1990); *Zahn, Johannes C.D., Eberding Ekkard, Ehrlich Dietmar,* Zahlung und Zahlungssicherung im Aussenhandel (Berlin 1986) S. 346 ff.

3.1 Einleitung

Bankgarantien gehören zum sogenannten selbstgeschaffenen Recht der Wirtschaft: Sie sind von der internationalen Praxis aufgrund der den Parteien zustehenden Vertragsfreiheit entwickelt worden[543]. Über das Institut der Bankgarantie besteht im Inland wie im Ausland eine umfangreiche Literatur[544].

Standardwerke in der Schweiz sind *Beat Kleiner,* Bankgarantie (4. Aufl./1990) und *Jürgen Dohm,* Bankgarantien im internationalen Handel

---

[543] *Jürgen Dohm,* Bankgarantien im internationalen Handel (Bern 1985) S.56 Rdz.68.; *Walter H.Egger,* Probleme des einstweiligen Rechtsschutzes bei auf erstes Verlangen zahlbaren Bankgarantien: SAG 62/1990 S. 13.
[544] Vgl. die Literaturverzeichnisse bei *Dohm* S. 21 ff. und *Bertrams,* (wie Anm. 550) S. 407 ff.

(Bern 1985). Eine weitere monographische Bearbeitung der Bankgarantie drängt sich daher nicht auf.

Nun sind seit Erscheinen dieser Standardwerken die ICC Einheitlichen Richtlinien für auf Anfordern zahlbare Garantien 1992 veröffentlicht worden und ein Entwurf einer UNO-Konvention über unabhängige Garantien und Stand-by-letters of credit wird der nächsten UNO-Vollversammlung zur Verabschiedung vorgelegt. Ungeachtet des Erfolges dieser Grundlagen, ist zu erwarten, dass sie die Entwicklung des Rechts der Bankgarantien in nächster Zukunft beeinflussen werden, sodass es sich lohnt, sich näher damit auseinanderzusetzen, was der Zweck der nachfolgenden Ausführungen ist.

3.2 Die ICC-Einheitlichen Richtlinien für «Contract Bonds»

Die Internationale Handelskammer hat Einheitliche Regeln oder Richtlinien für akzessorische Bankgrantien, die sie mit «Contract Bonds» bezeichnet, geschaffen und 1994 herausgegeben[545]. Über deren Erfolg ist bisher nichts bekannt. Da aber die meisten Staaten – wie auch die Schweiz – die akzessorische Garantie (in der Schweiz in der Form der Bürgschaft) in ihren nationalen Rechten gesetzlich geregelt haben, ist hier das Bedürfnis nach «Einheitlichen Regeln» nicht sehr gross. Abgesehen davon, gehen in der Schweiz die zwingenden Regeln des Bürgschaftsrechts vor. Aus diesem Grunde wird nachfolgend nicht mehr weiter darauf eingegangen.

3.3 Die ICC-Einheitlichen Richtlinien für auf Anfordern zahlbare Garantien[546]

Nach dreizehnjähriger Vorarbeit zweier ihrer Kommissionen verabschiedete die Internationale Handelskammer 1978 die Einheitlichen Richtlinien für Vertragsgarantien[547], die zur Lösung der verschiedenen, sich im

---

[545] Publ. ICC Nr. 524 (französisch).
[546] Vom 1.4.1992, ICC Publikation 458/1, siehe Anhang.
[547] ICC Publikation Nr. 325, hierzu *Kleiner* a.a.O. S. 272 ff. *Daniel Guggenheim,* Die Verträge der schweizerischen Bankpraxis (Zürich 1986) S.151 ff. und *Dohm* S. 219f.

Zusammenhang mit Bankgarantien stellenden Problemen beitragen sollten, insbesondere mit deren missbräuchlichen Inanspruchnahme. Da sie jedoch der internationalen Bankpraxis nicht entsprachen[548], konnten sie sich nicht durchsetzen und wurden zum Scheitern verurteilt[549]. Daher beschloss die IHK neue, praxisgerechtere Richtlinien auszuarbeiten, die zu den ICC Einheitlichen Richtlinien für auf Anfordern zahlbare Garantien führten, die die IHK am 1.April 1992 in Kraft setzte (abgekürzt URDG)[550].

Entgegen der ERA für Dokumentenakkreditive haben sich die Einheitlichen Richtlinien für auf Anfordern zahlbare Garantien im Welthandel noch nicht durchgesetzt. Damit sie zur Anwendung kommen, müssen sie daher im Wortlaut der Garantie einbezogen werden (Art.1 der Richtlinien)[551]. Es kann sich daher nur um Allgemeine Geschäftsbedingungen und insbesondere um Branchenbedingungen handeln.

3.4 Der Entwurf einer UNO-Konvention über unabhängige Garantien und Stand-by letters of credit

Die wachsende wirtschaftliche Bedeutung internationaler Garantieinstrumente veranlasste die UNO-Kommission für internationales Handelsrecht oder UNCITRAL sich der juristischen Seite der Materie anzunehmen. Bereits im Jahre 1988 beschloss die UNCITRAL an ihrer 21. Jahresversammlung einen Entwurf der internationalen Handelskammer für Garantie-Mustervertragsklauseln[552] durch die Arbeitsgruppe «International Contract Practices» begutachten zu lassen. An ihrer 22. Jahresversammlung entschied die UNCITRAL dieselbe Arbeitsgruppe mit der Ausarbeitung von gemeinsamen internationalen Regeln über unabhängi-

---

[548] Der Hauptgrund war die Forderung nach Vorlage eines Gerichts- bzw Schiedsgerichtsurteiles bzw. der Zustimmung des Garantieauftraggeberrs zur Zahlungsaufforderung und ihres Betrages: *Roy Goode*, Guide to the ICC Uniform Rules for Demand Guarantees, ICC Publ.Nr.510 (1992) S. 6.
[549] *Richter* S.101.; sie blieben fast «toter Buchstabe»: *Egger* a.a.O. S.13.
[550] *Roy Goode*, Einleitung zur ICC Publikation N. 458 S. 2 und 24 f.; *Richter* S.103 ff.: *Roeland F. Bertrams*, Bank Guarantees in International Trade (1996) S. 22 f.; *Thévenoz* in Journée 1994 de droit bancaire et financier (Genève), S. 183 ff.
[551] *Goode* S. 24.
[552] ICC Publikation Nr. 325.

ge Garantien und «stand-by letters of credit» zu beauftragen. Bereits im Januar 1990 begann die Arbeitsgruppe mit der Bearbeitung des Projekts; fünf Jahre später, nach insgesamt 11 Sitzungen, legte sie der UNCITRAL den Entwurf eines Übereinkommens vor, der an der 28. Jahresversammlung (vom 2. bis 26. Mai 1995) begutachtet und integral überarbeitet wurde. An dieser Jahresversammlung waren sämtliche der 36 Mitgliedstaaten vertreten mit Ausnahme von Ägypten, Botswana, Ecuador, Kamerun, Kenya, der Slowakei und Tansania. 30 weitere Staaten, darunter die Schweiz, nahmen als Beobachter teil ebenso zahlreiche internationale Organisationen. Umstritten waren insbesondere der Anwendungsbereich und die Form der Harmonisierung als Konvention oder als Modellgesetz[553].

Der Anwendungsbereich der Konvention wie er in Art. 1 umschrieben ist, lehnt sich an Art. 1 des Wiener Übereinkommens über den Internationalen Warenkauf (WKR)[554]an: Das Einheitsrecht kommt einmal zur Anwendung, wenn sich die aktive Niederlassung des Garanten in einem Vertragsstaat befindet (lit. a). Ausserdem soll die Konvention zum Tragen kommen, wenn die IPR-Regeln zur Anwendung des Rechts eines Vertragsstaates führen (lit. b). Die Geschäftsniederlassung steht als alleinige Anknüpfung da. Massgebend ist die Niederlassung, welche die Ausstellung der Garantie veranlasst hat[555].

3.5   Die Beteiligten an einer Bankgarantie

An einer Bankgarantie sind – wie beim Dokumentenakkreditiv – drei Personen beteiligt:

- **der Auftraggeber** der Bankgarantie ist diejenige (natürliche oder juristische) Person, die der Bank den Auftrag gibt oder geben muss, die Bankgarantie auszustellen;
- **der Begünstigte** ist in der Regel der Vertragspartner des Bankgarantieauftraggebers, zu dessen Gunsten die Bankgarantie ausgestellt wird und der sie – wenn die Bedingungen dazu erfüllt sind – in Anspruch nehmen kann;

---

[553] Schlussbericht des Bundesamtes für Justiz vom 28.November 1995 Mscr. S.3 ff.; *Bertrams* S. 21 ff.
[554] SR 0.221.211.1.
[555] *Alexander R. Markus,* UNO Konvention über unabhängige Garantien und Stand-by-letters of credit, Bericht über die Arbeiten der UNCITRAL zum Thema Bankgarantierecht 1993 Mscr. S. 7 ff und Anm. 17.

– **die Bank**, ist jene Institution, welche die Bankgarantie ausstellt, d.h. sie herstellt und herauslegt.[556]

Hinzu kommt insbesondere beim grenzüberschreitenden Handelsverkehr noch eine weitere Bank zumeist am Wohnort des Begünstigten hinzu, die sog. **Zweitbank,** die sog. rück- oder gegengarantierende Bank[557]

3.6 Begriff der »Bankgarantie«

Bankgarantie ist ein Sachausdruck aber kein Rechtsbegriff. Er sagt aus, dass es eine Bank ist, welche die Garantie ausstellt[558]. Damit sind andere Kategorien von «Garanten», wie Muttergesellschaften für ihre Tochtergesellschaften oder Filialen, Verwandte für andere Verwandte und ganz generell Privatpersonen von vornherein ausgeschlossen. Was aber unter dem Begriff «Garantie» zu verstehen ist, bleibt offen. In der Praxis zeigt sich, dass darunter alle Formen von «Einstehen für die Schuld eines andern»[559] in Betracht kommen.

Eine Bankgarantie kann somit sein:

– eine **akzessorische Bürgschaft** gemäss Art. 492 ff. OR[560], somit sowohl eine **einfache Bürgschaft**[561] gemäss Art. 495 OR als auch eine **solidarische Bürgschaft**[562] gemäss Art. 496 OR. «Garantieren» mehrere Banken gleichzeitig dieselbe Schuld, so ist eine Mitbürgschaft

---

[556] *François Logoz,* La protection de l'exportateur face a l'appel abusif a une garantie bancaire (Genf 1991) S. 24; *Egger* a.a.O. S.13 f.; *Goode* S. 3 f. und S. 41.
[557] Einleitung URDG IHK Publ. 458 S. 5 f.; UNCITRAL-Convention Art.2; *Bertrams* S.12.
[558] Vgl. zu dieser Kontroverse BGH vom 5. Juli 1990 in WM 1990 S.1410 relativiert in BGH 12. März 1992 in WM 1992 S. 854 und hierzu *Bertrams* S.171 f.
[559] *Guhl/Koller/Druey* S. 556.
[560] Vgl. hierzu *S. Giovanoli,* Berner Kommentar zum ZGB, Obligationenrecht Bd.VI, revidiertes Bürgschaftsrecht Art.492–512 (Bern 1942); *Theo Guhl,* Das neue Bürgschaftsrecht der Schweiz (Zürich 1942); *Oser/Schönenberger,* Zürcher Kommentar zum ZGB. Obligationenrecht 3.Halbband Art.419–529 (1945); *Christoph M. Pestalozzi,* in *Honsell/Vogt/Wiegand,* Kommentar zum Schweizerischen Privatrecht. Obligationenrecht I (Basel 1996) S. 2491 ff.; *Georges Scyboz,* Garantievertrag und Bürgschaft: SPR VII/2 (1979) S. 317 ff.; *Markus Streule,* Bankgarantie und Bankbürgschaft: Schweizer Schriften zum Handels- und Wirtschaftsrecht 98 (1987) S.127 ff.
[561] Zum Begriff vgl. *Pestalozzi* N 1 ff zu Art. 495 OR
[562] *Ebenda* N 1 ff. zu Art. 496 OR

gemäss Art. 497 OR[563] in Betracht zu ziehen. In allen drei Bürgschaftstypen setzt die Bürgschaftsverpflichtung «den Bestand einer anderen (der sicherzustellenden) Verpflichtung voraus, sie tritt zu dieser hinzu. Notwendigerweise hängt sie sodann in Bestand und Inhalt von ihr ab», die Bürgschaft ist immer akzessorisch[564] Zudem sind für eine Bürgschaft nach schweizerischem Recht eine Reihe von Formvorschriften einzuhalten (Art. 493 f. OR)[565],

– ein **Garantievertrag** Dieser wird gemeinhin unter Art.111 OR subsumiert[566].

Auch der Garantievertrag weist verschiedene Erscheinungsformen aus. «Bei der reinen Garantie steht der Garant für einen von jedwelchem konkreten Schuldverhältnis unabhängigen Erfolg ein[567] So kann sich eine Bank verpflichten, den Verlust einer Unternehmung zu decken. ohne dass Dritte dem Begünstigten etwas schulden[568]. Daneben umfasst der Begriff der Garantie auch diejenigen Verpflichtungen, die sich in irgendeiner Weise auf ein Schuldverhältnis, das dem Begünstigten einen Anspruch auf Leistung eines Dritten gibt, beziehen[569]. Mit ihnen soll diese Leistung gesichert werden, gleichgültig ob sie tatsächlich geschuldet ist; die Verpflichtung gilt damit auch für den Fall, dass die Schuldpflicht nie entstanden ist, wegfällt oder nicht erzwingbar ist[570]. Da sich diese Garantie wesensmässig der Bürgschaft nähert, wird sie heute vornehmlich als **bürgschafts-**

---

[563] *Ebenda* N 1 ff. zu Art.497 OR.
[564] BGE 113 II 436; 111 II 279 Erw. 2b; *K. Oftinger,* Über Bankgarantien: SJZ 38/1941 S. 59 Ziffer II; *Kleiner* N 506 ff.
[565] vgl. *Pestalozzi,* Kommentierung zu Art. 493 und 494 OR.
[566] «Garantievertrag ist das Versprechen der Leistung eines Dritten, d.h. eines bestimmten Verhaltens positiver oder negativer, rechtlicher oder tatsächlicher Art, zu dem der Garant nach dem Willen der Kontrahenten den Dritten veranlassen soll; dies in der Meinung, dass der Garant Gefahr und Risiko des Ausbleibens der versprochenen Leistung oder des erwarteten Erfolges trage und für die daraus entstehenden nachteiligen Folgen aufkomme»: BGE 72 II 22 ff.; 56 II 381; 75 II 50 f.; 76 II 35 f.; 81 II 520, französisch «porte-fort»: «Le porte-fort (art.111 CO) n'est pas une promesse pour autrui mais du fait d'autrui. Il s'agit d'une dette que le garant contracte en son nom et pour son propre compte, sans effet à l'égard du tiers qu'il ne rend pas débiteur (*Scyboz,* Le contrat de garantie et le cautionnement in Traité de droit suisse VII/2 S.325; das Zitat stammt aus BGE 120 II S. 34 f. vgl. ferner *Pestalozzi* N 1 ff. zu Art. 111 OR; *Kleiner* S.153 ff. und *Streule.*)
[567] *Daniel Guggenheim,* Die Verträge der Schweizerischen Bankpraxis 3. Aufl. S. 145 f.; Glarus, Zivilgericht, 7.3.1984 in SJZ 82/1986 S. 374.
[568] *Scyboz* S. 324; *Guhl/Koller/Druey* S. 167; *Reusser,* Der Garantievertrag (Diss.Bern 1937) S. 55 f.; Kleiner N 1701.
[569] *Guggenheim* S. 146.
[570] *Kleiner* a.a.O. S. 27 ff.

ähnliche Garantie bezeichnet[571]. Dem Grundgedanken des Art.111 OR entsprechend, verspricht der Promittent dem Promissar Schadenersatz für den Fall, dass der Dritte sich nicht erwartungsgemäss verhält[572]»[573].

- eine **kumulative Schuldübernahme** (Art. 176 OR)[574] bzw. selbständige kumulative Mitverpflichtung[575],
- eine **unabhängige Garantie**. Diese letztere Form ist jene, die im internationalen Handelsverkehr am gebräuchlichsten geworden ist. Sie hat sich zu einer eigentlichen internationalen Handelsusanz entwikkelt, um so mehr als sie von kaum einer nationalen Gesetzgebung geregelt worden ist. Sie ist es, die gemeint ist, wenn im internationalen Handelsverkehr von Bankgarantie die Rede ist[576] **Standby-letters of-credit** unterscheiden sich rechtlich überhaupt nicht von einer unabhängigen Garantie. Sie werden lediglich aus Opportunität und aus der besonderen Situation des amerikanischen Rechtes anders bezeichnet[577]. Aus diesen Gründen wird nachfolgend nicht mehr zwischen unabhängiger Bankgarantie und standby-letter of credit unterschieden, sondern beide als Bankgarantie bezeichnet. Mit ihr befasst sich allein die folgende Darstellung.

Der UNO-Konventionsentwurf[578] definiert die Garantie, die er als «undertaking» bezeichnet, als «an independant commitment, known in international practice as an independant guarantee or as a stand-by letter of credit, given by a bank or other institution or person («guarantor/issuer») to pay to the beneficiary a certain or determinable amount upon simple demand or upon demand accompanied by other documents, in conformity with the terms and any documentary conditions of the undertaking, indicating, or from which it is to be inferred, that payment is due because of a default in the performance of an obligation, or because of another contingency, or for money borrowed or advanced, or on account of any nature indebtedness undertaken by the principal/applicant or another person»[579] (Art.

---

[571] *Scyboz* S. 324; *Guggenheim* S. 146.
[572] *Oftinger* S. 59 Ziff. II; *Mühl/Petereit,* Recht der Kreditsicherheiten in europäischen Ländern Teil V Schweiz S. 9.
[573] BGE 113 II S. 436.
[574] *Gauch/Schluep* II N 3702 ff. und 3755.
[575] BGE 101 II 328 und *Gauch/Schluep* II Nr. 4076 ff. und 4081.
[576] *Bertrams* S. 1 ff.
[577] *Goode* S. 16.
[578] Die Originalsprache ist englisch, deshalb werden seine Bestimmungen in dieser Sprache zitiert.

2 Abs. 1).[580] Was unter «independant» zu verstehen ist, wird in Art. 3 des Konventionsentwurf näher beschrieben: «For the purposes of this Convention, an undertaking is independent where the guarantor/issuer's obligation to the beneficiary ist not: a) dependent upon the existence or validity of any underlying transaction or upon any other undertaking (including stand-by letters of credit or independent guarantees to which confirmations or counter-guarantees relate) or b) subject to any term or condition not appearing in the undertaking, or to any future, uncertain act or event except presentation of documents or another such act or event within a guarantor/issuer's sphere of operations»[581/582]. Mit dieser Präzisierung steht fest, dass Gegenstand der Konvention nur sog. unabhängige Garantien[583] und stand-by letters of credit[584] sind.

Die Rechtslehre unterscheidet zwei Kategorien von unabhängigen Bankgarantien:

---

[579] Die Übersetzung ins Deutsche lautet: «Eine Bankgarantie ist eine unabhängige Verpflichtungserklärung – in der internationalen Praxis als eine unabhängige Garantie oder ein stand-by-letter of credit bekannt –, die eine Bank oder eine andere Institution oder Person (der Garant oder der Aussteller) dem Begünstigten abgibt, einen bestimmten oder bestimmbaren Betrag auf einfache Anforderung oder auf mit anderen Dokumenten versehenen Anforderung, in Übereinstimmung mit den Bestimmungen und gegebenenfalls dokumentarischen Voraussetzungen der Bankgarantie mit der Angabe oder je nachdem dies daraus zu folgern ist, dass die Zahlung fällig wird, infolge eines Mangels in der Erfüllung einer Verpflichtung oder infolge eines anderen Ereignisses oder für geliehenes oder vorgeschossenes Geld oder auf Konto einer Schuld irgendwelcher Art eingegangen vom Hauptschuldner oder einer anderen Person zu bezahlen».
[580] Zum Teil mit gleichem Wortlaut Art. 2 der ICC Richtlinien für auf Anfordern zahlbare Garantien. (im Folgenden abgekürzt IHK-Richtlinie); ferner *Goode* S. 8 f.
[581] Die Übersetzung lautet: «Für die Zwecke dieser Konvention ist eine Bankgarantie unabhängig, wenn die Verpflichtung des Garanten bzw. Ausstellers gegenüber dem Begünstigten nicht a) abhängig vom Bestand oder der Gültigkeit einer dieser zugrundeligenden Transaktion oder von einer anderen Garantieerklärung (inklusive stand-by-letters-of credit oder unabhängige Garantien, auf welche sich Bestätigungen oder unabhängige Gegengarantien beziehen) ist oder b) Gegenstand ist von irgendeiner Bestimmung oder Voraussetzung, die nicht in der Bankgarantie erscheint oder von irgendeiner zukünftigen, ungewissen Tat oder von irgendeinem zukünftigem, ungewissem Ereignis ausser dem Verweis auf Dokumente oder eine andere solche Tat oder auf ein anderes solches Ereignis im Rahmen der Handlungssphäre des Garanten bzw. Ausstellers».
[582] Vgl. IHK-Richtlinie Art. 2 lit. b.
[583] Nach *Dohm* S. 29 Rdz. 1; *Kleiner* S. 23 ff. spricht demgegenüber von «reinen Garantien» und somit nur «auf Anfordern zahlbare Garantien» gemäss IHK-Richtlinie.
[584] Siehe auch vorne S. 21 ff.

- **die Bankgarantie auf erstes Anfordern hin oder «first-demand»-Garantie,** bei welcher es genügt, dass der Begünstigte das Begehren stellt, die Garantie in Anspruch nehmen zu wollen, worauf der Garant zu zahlen hat, ohne sich weiter um die Berechtigung dieses Begehrens zu kümmern[585]. Die entsprechende Klausel lautet: «unter Ausschluss jeglicher Einreden» oder »ohne Prüfung des zugrunde liegenden Rechtsverhältnisses»[586].
- die sog. **Dokumentargarantien,** bei welchen der Begünstigte zusammen mit seiner Zahlungsaufforderung ein oder mehrere Dokumente einreichen muss, die sein Begehren belegen oder bekräftigen. Solche Dokumente können sein eine blosse schriftliche Erklärung des Begünstigten, der Auftraggeber habe seine vertraglichen Verpflichtungen nicht erfüllt und deshalb nehme der Begünstigte die Bankgarantie in Anspruch und fordere Zahlung oder ein Schiedsgerichtsurteil bzw. ein Gerichtsurteil oder eine Expertise[587].

Sowohl die URDG als auch die Uno-Konvention legen das Gewicht auf die zweite Kategorie, in der richtigen Erkenntnis, dass bei der ersten, der Auftraggeber ganz der Willkür des Begünstigten ausgeliefert ist. Dennoch ist die erstere der beiden Kategorien jene, die im Welthandel am häufigsten benutzt wird[588]. Will man nach den URDG eine first-demand- statt einer Dokumentargarantie vereinbaren, so muss dies gemäss Art. 20 lit. c ausdrücklich im Text der Garantie festgehalten werden, indem entweder ganz auf Art. 20 verzichtet oder dieser abgeändert wird[589] oder in anderen Worten, es besteht bei Anwendung der URGD die Fiktion, dass eine Dokumentargarantie vereinbart worden ist, es sei denn die Parteien hätten ausdrücklich eine andere Vereinbarung getroffen, was aber im Wortlaut der Bankgarantie durch Streichung oder Abänderung von Art. 20 festzuhalten ist.

---

[585] «Constitue une garantie autonome; interdisant au garant d'invoquer les exceptions qui appartiendraient au débiteur, le contrat par lequel la banque s'engage à effectuer sur la demande d'un donneur d'ordre le paiement d'une somme à concurrence d'un montant convenu, sans que l'établissement financier puisse différer le paiement ou soulever une contestation pour quelque motif que ce soit»: franz.Kassationshof vom 2.2.1988 in *Dalloz* 1988 Somm.239 und *François Logoz,* La protection de l'exportateur face à l'appel abusif à une garantie bancaire. Etude comparative des droits allemand, français, belge et suisse (Genève 1991) S.42;; BGE 119 II 132.
[586] *Kleiner* N 5. 36 ff.
[587] *Logoz* S. 39 ff.
[588] *Ebenda; Egger* S.12.
[589] *Goode* S. 98 f.

Eine **unabhängige Bankgarantie** sichert den Begünstigten (normalerweise den Importeur oder Abnehmer) gegen eine Nichterfüllung bzw. eine nicht ordnungsgemässe Erfüllung des Grundvertrages durch den Exporteur (Lieferanten)[590]. «Die Sicherung wird dadurch erreicht, dass – losgelöst vom Vertragsverhältnis zwischen dem Exporteur und dem Importeur (Valutaverhältnis) – eine Bank sich unwiderruflich zur Zahlung gegenüber dem Begünstigten verpflichtet, falls der Exporteur seinen Pflichten nicht nachkommen sollte. Auf diese Weise kann der Importeur gegebenenfalls Zahlung von einer dritten Partei erhalten, deren Zahlungsfähigkeit ausser Frage steht; er ist nicht dem Risiko ausgesetzt, dass der Exporteur zahlungsunfähig ist oder die Zahlung zu Unrecht unter dem Vorwand ablehnt, er habe seine vertraglichen Verpflichtungen erfüllt». Mit diesen Worten stellt *Dohm*[591] in anschaulicher Weise Sinn und Zweck der unabhängigen Bankgarantie im internationalen Handel dar.

Die unabhängige Bankgarantie ist das Spiegelbild des Dokumentenakkreditivs und die Beteiligten sind vertauscht: Begünstigter ist hier nicht der Verkäufer oder Lieferant sondern der Käufer oder Importeur, Auftraggeber ist der Verkäufer oder Lieferant. Lediglich dieselbe Institution wie für das Dokumentenakkreditiv, die Bank, wird als Medium benützt, um die Bankgarantie auszustellen. Aus dieser Struktur heraus sind Dokumentenakkreditiv und Bankgarantie komplementär. Der Unterschied liegt dabei im Zweck. Dokumentenakkreditive erfolgen einzig und allein den Zweck, die Zahlung des Vertragspreises an den Exporteur zu gewährleisten (sogenannte Zahlungsfunktion). Bankgarantien hingegen sollen sichern, dass der Exporteur die von ihm (und zwar von ihm selbst) zu erfüllenden Verpflichtungen ordnungsgemäss erfüllt (sogenannte Sicherungsfunktion). Folglich wird die Bank aus dem von ihr mit dem Dokumentenakkreditiv abgegebenen Zahlungsversprechen praktisch ausnahmslos in Anspruch genommen, der Abruf von Bankgarantien andrerseits stellt demgegenüber einen Ausnahmefall dar[592].

Daher unterscheidet sich die Bankgarantie rechtlich vom Dokumentenakkreditiv[593]. Sie ist keine Anweisung, weil die Bank nicht in jedem Falle und schlechthin Zahlung zu leisten hat, sondern bloss im Sicherungsfalle, d.h. wenn der Exporteur nicht selbst vertragsgerecht leistet[594].

---

[590] Zum Mechanismus *Goode* S.10 f.
[591] A.a.O. Rdz.1.
[592] *Ebenda* Rdz.7.
[593] Vgl. *Kleiner* N 11.02 f.; *Roesle* S. 23 f.
[594] *Dohm* N 93; *Markus* S. 9.

Wie Art. 3 des Konventionsentwurfes und Art. 2 lit.b der IHK-Richtlinie hervorheben, sind die Garantien, mit denen sie sich befassen, «von den Verträgen, auf denen sie beruhen, getrennte Geschäfte» und «die Garanten sind in keiner Hinsicht mit solchen Verträgen oder Angebotsbedingungen befasst oder an sie gebunden, auch wenn die Garantie auf sie Bezug nimmt» (Art. 2 lit. b. IHK-Richtlinie). Damit handelt es sich um unabhängige[595] Garantien, was heisst, dass sie nicht akzessorisch[596] sind. Somit sind Bürgschaften sowohl von der Konvention als auch von den URDG ausgeschlossen und werden auch hier nicht näher behandelt.

3.7 Typologie nach wirtschaftlichen Gesichtspunkten

Die Praxis betrachtet die Bankgarantien unter dem mit ihr erstrebten wirtschaftlichen Zweck und ordnet sie nach diesem Zweck ein. Dabei haben sich folgende Typen von Bankgarantien als die gängigsten herausgebildet[597]:

– Ein Unternehmer, der sich an einer Ausschreibung im Ausland beteiligen will, muss oft auf Anfordern der ausschreibenden Stelle in Höhe des festgesetzten Geldbetrages eine Bankgarantie dafür stellen, dass er sein Angebot nicht zurückzieht, wenn ihm der Zuschlag erteilt wird[598]. Eine solche Bankgarantie nennt man **Bid Bond** oder **Bietungsgarantie**[599].

---

[595] Hierzu *Kleiner* Rdz.18.04.
[596] Begriff in BGE 113 II 436 und 111 II 279 Erw. 2b; *K. Oftinger,* Die Haftung des Bürgen für die gesetzlichen Folgen eines Verschuldens oder Verzugs des Hauptschuldners in Ausgewählte Schriften (Zürich 1978) S. 172f.
[597] *Zahn/Eberding/Ehrlich* S. 272 ff.; ICC Uniform Rules for Contract Guarantees 1978 Art.2; *H.Stumpf,* Frequent abuses of contract guarantees and attempts at remedying such abuses: Hommage Frédéric Eisemann (1978) S. 142 ff.; *C-W.Canaris,* Bankvertragsrecht Rdz.1105 ff.; *V. Trost,* Problemlösung beim Bankgarantiegeschäft durch Umstrukturierung des Geschäftstypus ?: RIW/AWD 1981 S.659; *Dohm* S. 35 ff.; *Kleiner* S. 145 ff.; *Logoz* S. 31 ff.; *Goode* S. 13 f.
[598] *Zahn/Eberding/Ehrlich* S. 373; *Schütze* S. 83; *von Westphalen* S. 43; *Dohm* S. 35 f.
[599] In den Einheitlichen Richtlinien für Vertragsgarantien der IHK, Publ. N. 524 (1994) wird der Bid Bond = «Bond de soumission» folgendermassen definiert (in der französischen Originalsprache):» ‹Bond› relatif à une soumission en réponse à un appel d'offres, garantissant le paiement de toute perte ou tout dommage subi par le Bénéficiaire du fait du défaut du Donneur d'ordre de conclure un Contrat ou de fournir un ‹Bond› de bonne exécution ou tout autre ‹Bond› exigé par cette soumission». Mit dieser Definition wird vermieden, dass der Teilnehmer an der Ausschreibung gezwungen wird, sämtliche Bedingungen der Ausschreibung unverändert anzunehmen, wie dies noch bei den IHK-Regeln von 1978 der Fall war; zur Kontroverse mit Poullet: *Logoz* S. 32 f.

- Anzahlungen sind vor allem im Aussenhandel üblich und werden gefordert, wenn die Ware speziell für den Besteller angefertigt wird, also meist anderweitig nicht oder nur schlecht verwertbar ist, kommen aber auch bei Serienerzeugnissen vor. Die Anzahlung dient einerseits der Sicherung der Vertragstreue des Bestellers, andererseits auch der Finanzierung der Ware[600]. Als Sicherheit für seine Anzahlung lässt sich der Besteller vom Unternehmer eine **Anzahlungsgarantie**[601] geben[602]. Sie soll den Besteller gegen das Risiko sichern, eine Anzahlung zu leisten, ohne dass die entsprechenden Leistungen des Unternehmers erbracht worden sind[603].
- Will der Vertragspartner des Unternehmers sich gegen das Risiko sichern, dass der Unternehmer die von ihm übernommenen Verpflichtungen nicht erfüllt, so fordert er von ihm eine **Erfüllungsgarantie** oder einen **Performance Bond**[604]. Der sog. Performance Bond ist die umfassendste Garantie. Er kann je nach Zweck auf eine Erfüllungs-, Liefer-, Leistungs-, oder Gewährleistungsgarantie eingeschränkt werden[605].
- Verlangt der Käufer eine Garantie dafür, dass das gelieferte Gut bestimmte Eigenschaften besitzt, beispielsweise, dass eine Maschine oder Anlage gewisse Mindestkapazitäten aufweist, so handelt es sich um eine **Gewährleistungsgarantie**[606].
- Die sog. **Darlehensgarantie** hat zum Zweck, das Risiko der Nichtrückerstattung gewährter Darlehen oder Kredite abzudecken.

Als weitere Erscheinungsformen von Bankgarantien sind zu nennen:
- die **Ausfall-Zahlungsgarantie**; diese ist praktisch eine Vertragserfüllungsgarantie mit »umgekehrten Vorzeichen» und hat zum Zweck, den Zahlungsanspruch des Exporteurs zu sichern, der gegen «offene Rechnung» liefert[607];

---

[600] *Zahn/Eberding/Ehrlich* S. 374 f.
[601] Begriff in Art. 2 der IHK Richtlinien für Vertragsgarantien.
[602] *Ebenda* S. 375.
[603] *Schütze* S. 83 f.; *von Westphalen* S. 44. Zur Anzahlungsgarantie insbesondere *Horst E. Müller-Wüsten*, Anzahlungsgarantie und Anzahlungseingang: Der Betrieb 29/1976 S. 2145 ff.; *Dohm* S. 37.
[604] Art. 2 der IHK-Richtlinien für Vertragsgarantien sowie *Zahn/Eberding/Ehrlich* S. 376 f., welche zwischen Liefergarantie und Leistungsgarantie unterscheiden; *Schütze* S. 84; *Dohm* S. 36 f.
[605] *von Westphalen* S. 44 ff.
[606] *Zahn/Eberding/Ehrlich* Nr. 9/54.
[607] *Von Westphalen* S. 46; *Zahn/Eberding/Ehrlich* Nr. 9/56.

- die **Garantie für fehlende Dokumente**, insbesondere die **Konnossementsgarantie**[608]; es sind dies Bankgarantien, die für den Fall eingesetzt werden, dass notwendige Dokumente nur mit Verspätung vorgelegt werden können oder abhanden gekommen sind;
- die **Gegen- oder Rückgarantie**[609]; sie wird dann verwendet, wenn eine zweite Bank im Lande des Importeurs eine eigene Garantieverpflichtung dem Importeur gegenüber übernommen hat;
- **Kettengarantien**; diese sind im Rohstoffhandel üblich, wo ganze «Ketten» von Kaufverträgen abgeschlossen werden müssen[610].

3.8 Verpflichtungsgrund

Nachdem die unabhängige Bankgarantie gesetzlich nicht geregelt ist, ist ihr Rechtsgrund in zwei Verträgen zu suchen:

- in einer Vereinbarung zwischen dem Auftraggeber und dem Begünstigten (Valutaverhältnis)

und

- im Auftrag des Auftraggebers an die Bank, die Bankgarantie auszustellen (Deckungsverhältnis)

Das Valutaverhältnis kann ein Kaufvertrag, ein Werklieferungsvertrag oder ein Werkvertrag oder irgendein anderes Vertragsverhältnis sein.

Das Deckungsverhältnis wird immer ein Auftrag sein[611].

Der Verpflichtungsgrund ist jedoch nicht massgebend für die Benützung der Bankgarantie.

3.9 Rechtsgrundlage

Die Frage der Gültigkeit der unabhängigen Bankgarantie wird nunmehr in der Schweizerischen Rechtslehre und Rechtsprechung bejaht[612]. Offen

---

[608] *Zahn/Eberding/Ehrlich* Nr. 9/57 ff.
[609] *Ebenda* Nr. 9/62.
[610] *Dohm* Rdz. 31.
[611] *Dohm* N 120.
[612] Noch unentschieden. BGE 113 II S.436.; klar nun BGE 119 II 132 ff. und 122 III 321.

ist dagegen ein Beitritt der Schweiz zur UNO Konvention, die ein multilateraler Staatsvertrag darstellt. Nach deren Art. 1 ist die Konvention anwendbar, wenn der Sitz des Garanten in einem Vertragsstaat liegt bzw. die IPR-Grundsätze zum Recht eines Vertragsstaates führen, wobei es sich nach Art. 3 um ein Internationales Rechtsverhältnis handeln muss.

Unterstellen sich die Parteien dem URDG, so müssen sie dies ausdrücklich im Text der Bankgarantie vereinbaren (Art. 1 URDG)[613].

Ist dies nicht der Fall – was wohl die Regel ist – so ist das jeweilige nationale Recht anwendbar. Nun besteht zumeist keine gesetzliche Regelung für die Bankgarantien. Dies ist auch der Fall im Schweizerischen Recht. Damit werden grundsätzlich die Regeln des Allgemeinen Teils des Obligationenrechts und insbesondere jene bezüglich Vertragsrecht (Art. 1–40 sowie Art. 68–190 OR) anwendbar.

Damit kommen lediglich die Art. 111 OR (Vertrag zulasten eines Dritten) oder Art. 17 OR (Schuldbekenntnis) in Frage. Das Bundesgericht hat in konstanter Rechtsprechung die Bankgarantie immer nur in der Alternative Bürgschaft-Garantievertrag betrachtet[614], wobei es des öftern der Bürgschaft den Vorzug gab[615]. Handelt es sich jedoch um Garantieverpflichtungen, die ein Bankinstitut oder um Sicherheiten in internationalen Verträgen gibt, so ist nach dem Bundesgericht[616] zu vermuten, dass es sich hierbei um unabhängige Garantien handelt[617]. Diese scheint das Bundesgericht trotz berechtigter Ablehnung in der Doktrin analog zum Dokumentenakkreditiv als Anweisung im Sinne von Art. 468 Abs. 1 OR zu qualifizieren.[618] Die Variante Schuldbekenntnis wurde bisher kaum in Betracht gezogen[619]. Wohl ist ein Schuldbekenntnis grundsätzlich abstrakt (Art. 17 OR: «Ein Schuldbekenntnis ist gültig auch ohne Angabe eines Verpflichtungsgrundes»). Die Formulierung von Art. 17 OR lässt aber

---

[613] *Goode* S. 24.
[614] BGE 120 II 34 ff.; 113 II S. 434 ff.; 111 II S. 276 ff.; 107 III 144; 101 II S. 325 ff.; 81 II S. 525; 76 II 33; 75 II 49; 72 II 19; 65 II 30; 61 II 102; 46 II 157.: BG in Semjud.1988 S. 550 ff.
[615] «En cas de doute, le juge doit opter pour le cautionnement, en raison du but protecteur de la législation en la matière»: BG gemäss Semjud 1988 S. 552.; zur «Gratwanderung des Bundesgerichts bezüglich Abgrenzung Garantievertrag/Bürgschaft in Pra 77 (1988) S. 77 ff.: *Eric Homburger* in SAG 60/1988 S. 135.
[616] Semjud 1988 S. 552 f.
[617] Kritik bei *Thévenoz* S. 168 ff.: insbesondere führe die Methode des Bundesgerichts die Natur einer vorgelegten Garantie nach einem «cumul des Indices» zu bestimmen zu Kasuistik und zu Rechtsunsicherheit (S. 170 ff.)
[618] So in BGE 117 III 79.
[619] mit Ausnahme von *Logoz* S. 71.

auch die Möglichkeit eines kausalen Schuldbekenntnisses zu. Abstrakt heisst lediglich, dass bei der Inanspruchnahme des Schuldbekenntnisses der Verpflichtungsgrund nicht genannt werden muss[620], wobei ein Einredeverzicht jeweils damit verbunden ist. Ein Schuldbekenntnis kann auch bedingt sein[621], was bei einer abstrakten Bankgarantie immer der Fall sein wird. Somit ist die «abstrakte» oder unabhängige Bankgarantie als abstraktes, bedingtes Schuldbekenntnis zu betrachten.

Wer diese Alternativen für das Schweizerische Recht ablehnt, muss das Bestehen eines Vertrages sui generis bejahen, indem die Bank die Garantie zugunsten des Begünstigten ausstellt und dieser der Ausstellung der Bankgarantie und deren Inhalt zustimmt[622], wofür die Regeln des allgemeinen Teils des Obligationenrechts anwendbar wären. Für diese Auffassung spricht, dass in der Tat keine Bankgarantie ausgestellt wird, ohne dass sie der Begünstigte verlangt und sich mit dem Wortlaut einverstanden erklärt hat.

3.10 Die Unabhängigkeit

«Unabhängig» steht im Fall der Bankgarantie zu akzessorisch im Gegensatz. Eine »abstrakte» Bankgarantie ist von ihrer Natur her nicht akzessorisch: «Die Rechte des Begünstigten aus der Garantie sind völlig unabhängig vom Grundverhältnis[623]». Deshalb spricht man von «unabhängiger» Garantie[624].

Die Unabhängigkeit bedeutet materiell:
– dass sie **nicht** die Erfüllung eines Vertrages, sondern eine Leistung gleichgültig, ob diese geschuldet wird oder erzwingbar ist, sichert[625];
– dass die Garantieleistung Erfüllung eigener Schuld und Ersatz fremden Ausfalls ist[626] und formell

---

[620] Hierzu *Gauch/Schluep* I, N 1182.
[621] *Oser/Schönenberger* N 10 zu Art. 17 OR.
[622] Was nach der schweizerischen Doktrin offenbar der Fall ist: ZR. 85/1986 S. 46 mit Hinweisen; rechtsvergleichend: *Bertrams* a.a.O. S. 162 N 5.
[623] *Dohm* N 98; *Bertrams* S. 161 ff.; *Zahn/Eberding/Ehrlich* N 9/8.
[624] *Bertrams* S. 161; *Goode* S. 27; Art. 2b URGD und hierzu *Goode* S. 43 f.
[625] *Kleiner* S. 81.
[626] *Ebenda* S. 81 ff.

- dass nur der Wortlaut der Bankgarantie für deren Inanspruchnahme massgebend ist[627] «the bank must pay and only pay if the terms of the guarantee have been met and it cannot raise defences which emanate from the underlaying relationships in a way surety (accessory guarantor) could[628]»

Die Unabhängigkeit einer Bankgarantie darf aber nicht in dem Sinne missverstanden werden, dass sie keine causa hat. Die causa ist nämlich das Valutaverhältnis zwischen dem Garantieauftraggeber und dem Begünstigten einerseits und das Deckungsverhältnis zwischen dem Garantieauftraggeber und der Bank anderseits[629].

Das Verhältnis zwischen causa und Abstraktheit bereitet aber der bisherigen Rechtslehre Mühe[630]. Eine genaue Analyse der verschiedenen Verhältnisse, die mit einer Bankgarantie zusammenhängen, ergibt hierzu folgende Lösung:

- Der Begünstigte fordert vom Garantieauftraggeber die Auslegung einer «abstrakten» Garantie. Folglich ist das Valutaverhältnis kausal, ebenso das Deckungsverhältnis zwischen Garantieauftraggeber und Bank, während das Rechtsverhältnis zwischen Bank und Begünstigten, die Austellung der Garantie betreffend, abstrakt ist.

3.11 Form der Garantie

Die Formerfordernisse des Schweizerischen Bürgschaftsrechtes (Art. 493 OR) machen es nötig, vorfrageweise festzustellen, ob es sich bei der Bankgarantie um eine Bürgschaft oder um einen anderen Vertragstypus handelt, denn das Schweizerische Recht schreibt für die Bürgschaft die schriftliche neben anderen Formerfordernissen (Art. 493 Abs. 1 OR) vor. Handelt es sich bei der Bankgarantie um einen Garantievertrag oder um eine andere Garantieform, so ist die Schriftform grundsätzlich nicht vorgeschrieben[631]. Nach Art. 2 Abs. 1 URDG wird die Schriftform vorausgesetzt. Nach Art. 7 Abs. 2 der UNO Konvention sollte eine Bankgarantie

---

[627] *Bertrams* S. 9 ff; 69 ff. und 161 N 2.
[628] *Bertrams* S. 161 N.2; UNO Konvention Art. 3 Lit. b.
[629] BGE 117 III 78 f.; *Von Westphalen* S. 58; *Canaris* N 1125, *Dohm* N 100,102, *Kleiner* N 1801–1805.
[630] *Bertrams* a.a.O. S. 164 f., *Kleiner* a.a.O.
[631] *Dohm* N 166; *Kleiner* N.1603 und dort zitierte Literatur.

(= undertaking) in einer Form festgehalten werden, «which preserves a complete record of the text of the undertaking and provides authentification of its source by generally accepted means or by a procedure agreed upon by the guarantor/issuer and the beneficiary»[632]. Da wie noch zu zeigen sein wird – der Wortlaut der Bankgarantie wegen der fehlenden Akzessorietät allein verbindlich ist, bildet die schriftliche Form sowohl für den Garantieauftraggeber als auch für die Bank den einzigen Schutz gegen Missbrauch und muss daher als unumgänglich erachtet werden. Schriftlich sollte daher auch der Auftrag an die Bank und das Muster sein, das im Valutavertrag enthalten ist.

Nach Art.2d URGD umfassen die Begriffe «Schriftform» und «schriftlich» auch authentisierte Teletransmission oder gleichwertige Übermittlung per geschlüsselter Datenfernübertragung (EDI)[633].

3.12   Inhalt der Bankgarantie

1. Aus dem Wortlaut der Bankgarantie muss klar hervorgehen, ob es sich um eine akzessorische oder um eine unabhängige Bankgarantie handelt. Im ersten Fall handelt es sich um eine Bürgschaft, wofür die Formerfordernisse des Art. 493 OR einzuhalten sind. Nach Art. 493 Abs. 1 bedarf die Bürgschaft zu ihrer Gültigkeit der schriftlichen Erklärung des Bürgen und der Angabe des zahlenmässig bestimmten Höchstbetrages seiner Haftung in der Bürgschaftsurkunde selbst. Die weiteren Formerfordernisse dieses Artikels betreffen natürliche Personen und sind hier irrelevant, da in der Regel Banken juristische Personen und keine natürlichen Personen sind. Anderseits verlangt das schweizerische Ordre public keinen besonderen Schutz des in der Schweiz wohnhaften Bürgen, der einen Bürgschaftsvertrag mit internationaler Verflechtung abschliesst und

---

[632] Eine Form, «die den gesamten Inhalt des Wortlautes der Garantieerklärung konserviert und die Beglaubigung ihrer Quelle nach allgemein anerkannten Regeln oder nach einem zwischen dem Garanten/Aussteller und dem Begünstigten vereinbarten Verfahren ermöglicht».

[633] Teletransmission umfasst «any computerised transmission of data whether by mechanical, electronic, magnetic or optical means, which is either in or intended to be reduced to character form. The term should thus be considered to include messages sent by cable (wire), telex, telefax, or electronic mail, and even telephone messages if they are capable of reduction to character form and are intended to be so reduced. Teletransmissions include messages sent direct or through a telecommunications network (e.g.SWIFT)»: *Goode* S. 47. Allerdings müssen alle diese Schriftarten authentifizierbar sein: *Goode* a.a.O.

diesen gegebenenfalls nur konkludent einer ausländischen Rechtsordnung unterstellt. Das bedeutet insbesondere. dass ein solcher Bürgschaftsvertrag vom schweizerischen Richter im Vollstreckungsverfahren anzuerkennen ist, auch wenn die Formvorschriften des schweizerischen Rechts nicht beobachtet werden[634]

Handelt es sich hingegen um eine unabhängige Bankgarantie, was im Internationalen Handelsverkehr die Regel ist, so wird dies durch die üblich gewordene Klausel «zahlbar auf erstes Auffordern» bzw. «payment on first demand»[635] ausgedrückt. Unter Umständen wird die Unabhängigkeit erhärtet durch die Klausel «notwithstanding any contestation of the contractor or any other party»[636], doch ist diese Klausel nicht unbedingt erforderlich, um die Unabhängigkeit der Bankgarantie zu belegen[637]. Allerdings gibt es Fälle in der Praxis, bei welchen zwar diese Klausel verwendet worden ist, es sich dennoch um eine akzessorische Bankgarantie gehandelt hat[638] An die Stelle der Klausel «payment on first demand» werden Klauseln wie «payment on request», «payment without objection», «payment without contestation». «payment without proof or justification», «payment will be made upon the contractor's default as determined by you in your absolute discretion»[639]

Fehlt aber eine solche Klausel, so ist davon auszugehen, dass es sich nicht um eine unabhängige sondern möglicherweise um eine akzessorische Garantie bzw. um ein Bürgschaft handelt.

2. In den Garantiewortlaut aufzunehmen sind ferner die Beteiligten an der Garantie: der Auftraggeber oder die Auftraggeberin, der oder die Begünstigte, der Garant, d.h. die Bank, diese Angaben sind nach Art. 3 URDG in die Bankgarantie aufzunehmen[640].

3. Handelt es sich bei der Bankgarantie um eine Bürgschaft so bedarf diese der Angabe des zahlenmässig bestimmten Höchstbetrages, zu welchem die Bank bereit ist, zu haften (Art. 493 Abs. 1 OR). Die Angabe des

---

[634] BGE 111 II S. 175 ff. = JdT 1988 II S. 2 ff. = SJIR XLIV (1988) S. 481 ff. mit Anm. *Lalive* = SAG 61 (1989) S. 97 f.; vgl. auch *Keller/Kren-Kostkiewicz* N 98 zu Art. 117 IPRG.
[635] ZR 85 (1986) S. 46 f. und *Bertrams* S. 176 N 21.
[636] *Ebenda* S. 45.
[637] Vgl. Muster bei *Dohm* S.201 ff.; ferner TI, Tribunale d'Appello, 14.3.1985 in Rep. 1986 S. 84 ff. und SAG 61 (1989) Nr. 63 S. 96 f.
[638] Vgl.die Kasuistik bei *Bertrams* a.a.O. S.183 ff.
[639] Alle Beispiele bei *Bertrams* S.183.
[640] Im Einzelnen *Goode* S. 49 ff.

Höchstbetrages der Haftung in der Bürgschaftsurkunde selbst, ist formelle und materielle Gültigkeitsvoraussetzung[641].

Handelt es sich nicht um eine Bürgschaft, so ist grundsätzlich kein Formerfordernis vorgeschrieben. Art. 3 URDG fordert jedoch, dass auch in der Bankgarantie der Betrag schriftlich festgehalten werde. Nach Art. 2 Ziff. 3 der Konvention sollte in diesem Zusammenhang in der Bankgarantie ebenfalls festgehalten sein:
- der Betrag in der entsprechenden Währung und die Bereitschaft zur Zahlung;
- gegebenenfalls die Bereitschaft einen Wechsel oder ein sonstiges Wertpapier, das dann genau beschrieben werden müsste, anzunehmen;
- gegebenenfalls einen Zahlungsaufschub;
- gegebenenfalls die Annahme eines Zahlungssurrogates.

4. Handelt es sich bei der Bankgarantien um eine Bürgschaft so ist um der Klarheit Willen zu empfehlen, dass auch das Valutaverhältnis in der Bürgschaftsurkunde enthalten ist. Dieselbe Empfehlung gilt auch für eine unabhängige Bankgarantie wie dies im übrigen aus Art. 3 lit. d URDG ersichtlich ist. Diese Angabe ist im übrigen Bankenusanz. Dadurch wird die Bankgarantie nicht akzessorisch, dennoch ist diese Angabe wichtig, weil damit in der Regel die Erklärung, die eine Inanspruchnahme rechtfertigt, zusammenhängt.[642]

5. In den Wortlaut der Bankgarantie aufzunehmen ist auch das Datum, wann die Bankgarantie in Kraft treten soll. Fehlt ein solches Datum im Bankgarantietext, so geht Art. 6 URDG davon aus, dass die Bankgarantie am Tag, an dem sie ausgestellt wurde, wirksam wird[643]. Anderseits kann das Inkrafttreten der Garantie von bestimmten (vom Begünstigten) zu erfüllenden Bedingungen (wie der Nachweis der erfolgten Anzahlung bei einer Anzahlungsgarantie) abhängig gemacht werden[644].

6. den wohl wichtigsten Hinweisen in einer Bankgarantie sind Angaben über das Verfalldatum[645] bzw. die Frist, nach welcher die Bankgarantie erlöscht oder alle Umstände, die die Garantie zum Erlöschen bringen (Art. 3 lit. f URDG) zu zählen. Ist keine solche Angabe aus der Bankgarantie

---

[641] BGE 117 II S. 493
[642] *Bertrams* S. 177.
[643] *Goode* S. 57 ff.
[644] *Ebenda*.
[645] Definition in Art. 22 URGD vgl. auch Art.19 und *Goode* S. 103 ff.

ersichtlich, so sieht die Konvention in Art. 12 lit. c, dass eine solche Bankgarantie nach Inkrafttreten automatisch nach 6 Jahren erlöscht. Nach Schweizerischem Recht würde Art. 127 OR anwendbar.

6. Falls vorgesehen, sollten in der Bankgarantie auch der Betrag, um den sich die Garantie jeweils reduziert, die Daten wann dies zu geschehen hat, und die Bedingungen, welche erfüllt werden müssen, um eine solche Reduktion zu ermöglichen, enthalten sein (Art. 8 URDG)[646].

7. Mit ganz besonderer Sorgfalt sind die Voraussetzungen für die Inanspruchnahme der Bankgarantie (Art. 3 lit. g URGD) im Wortlaut der Bankgarantie zu redigieren. In der Regel wird hierfür Schriftlichkeit gefordert. Die üblichen Klauseln lauten: «auf Ihre schriftliche Aufforderung hin», «upon your written demand», «à votre demande par écrit». Schriftlichkeit ist aus zwei praktischen Gründen wünschbar:
Die garantierende Bank erhält damit einen sicheren Beleg, den sie in Kopie dem Auftraggeber zur Kenntnis bringen kann.

8. Nach Art. 5 URDG ist jede Bankgarantie unwiderruflich, wenn in der Bankgarantie nicht etwas anderes vermerkt ist.

9. Schliesslich ist in der Bankgarantie anzugeben, ob die URDG anwendbar sind. Fehlt diese Angabe, ist davon auszugehen, dass sie nicht anwendbar sind, weil es sich um allgemeine Geschäftsbedingungen handelt, die ausdrücklich vereinbart werden müssen. Wünschenswert ist schliesslich, dass man das anwendbare Recht ebenfalls in der Bankgarantie festhält.

Alle diese Angaben sollten im Wortlaut gleich wie in der Bankgarantie sowohl im Vertrag zwischen Garantieauftraggeber und Begünstigten (Dekkungsverhältnis) als auch im Garantieauftrag an die Bank enthalten sein.

3.13 Die sogenannte Gegengarantie

Eine Gegen- oder Rückgarantie, auch «indirekte Garantie» genannt (englisch «counter guarantee», «indemnity», französisch «contre garantie») wird dann verwendet, wenn eine zweite Bank im Lande des Importeurs auf Begehren einer ersten Bank im Lande des Exporteurs eine eigene

---

[646] Vgl. dazu *Goode* S. 63 f.

Garantieverpflichtung dem Importeur gegenüber übernommen hat[647]. «Kennzeichnendes Merkmal einer solchen indirekten Garantie ist, dass der Begünstigte seinen Garantieanspruch gegenüber der Zweitbank geltend macht; diese zahlt gemäss den Bedingungen der Garantie die Garantiesumme aus, womit im Rückgarantieverhältnis zur Erstbank der Garantiefall eintritt; erst damit wird der Auftraggeber der Erstbank dieser gegenüber zur Deckung verpflichtet, was sich nach schweizerischem Recht aus Art. 402 Abs. 1 OR ergibt[648]. Allein schon diese ‹Kettenreaktion› macht deutlich, wie weit die Geltendmachung des Garantieanspruchs sich vom Grundverhältnis faktisch entfernt hat»[649].

«Die Notwendigkeit indirekter Garantien ergibt sich daraus, dass die Verwaltungsbehörden bzw. -vorschriften zahlreicher Länder verlangen, die Garantie müsse von einer im Importlande ansässigen Bank abgegeben werden, insbesondere dann, wenn staatliche Stellen oder Staatsunternehmen Garantiebegünstigte sind. Die Gründe hierfür sind klar: Der Begünstigte wird so Gläubiger einer Garantie, die von einer Bank seines Landes erstellt ist und seinem Heimatrecht unterliegt. Er kann gegebenenfalls Garantien in seinem eigenen Lande auf Zahlung verklagen und alle für die Garantiebank im Auslandsverkehr möglicherweise bestehenden Devisen-, Transferbeschränkungen oder -verbote sind unanwendbar»[650].

Art. 2 lit. a URDG setzt die sog. indirekte oder Gegengarantie der direkten oder Garantie gleich, sodass die Definition der sogenannten «Gegengarantie» singemäss lautet: Zum Zweck dieser Richtlinien bezeichnet «Gegengarantie» jede «Garantie», jeden «Bond» oder jede andere Verpflichtung, ungeachtet ihrer Bezeichnung oder Beschreibung, die ein Gegengarant schriftlich eingeht zur Zahlung eines Geldbetrages an den Begünstigten gegen Vorweisung in Übereinstimmung mit den Bestimmungen der Verpflichtung eines schriftlichen Zahlungsbegehrens und anderer Dokumente, die in der Gegengarantie spezifiziert werden und die auf einen ersten Anschein hin mit den Bestimmungen übereinstimmen»[651].

---

[647] *Dohm* N. 30.
[648] Genfer Cour de justice vom 17. Mai 1984 in Semjud 106 (1984) S. 462.
[649] Obergericht Zürich, 9. Mai 1985 in ZR. 85/1986 S. 46.; hierzu *Kleiner* in SAG 58 (1986) S. 130 ff.
[650] *Dohm* N 48.
[651] Vgl. auch Definition der Konvention in Art. 2 lit. c.

Die Gegengarantie unterliegt dem Recht der ausländischen Zweitbank[652/653] Art. 2 lit. c URDG und Art. 2 lit. c der Konvention nehmen in unzweideutiger Weise zur Frage Stellung, ob die Gegengarantie von der sie verursachenden Garantie abhängt und sprechen sich klar für deren Unabhängigkeit aus[654]. «Die ausländische Zweitbank ist nicht Erfüllungsgehilfin im Sinne von Art. 55 Art. 101 OR; denn sie handelt nicht in Erfüllung einer der Schweizer Erstbank obliegenden Verpflichtung[655] sondern nimmt aufgrund des zwischen ihr und der Schweizer Bank bestehenden Auftragsverhältnis eine eigene Verpflichtung zur Erstellung wahr. Anderseits ist die Zweitbank auch nicht Substitutin der Erstbank im Sinne von Art. 398 Abs. 3, 399, Abs. 2 OR[656]; die Erstbank überträgt den ihr erteilten Auftrag nicht etwa (ganz oder teilweise) zur selbständigen Erledigung auf die Zweitbank. Vielmehr ist es im Falle der indirekten Garantie wesensnotwendig, dass zwei Banken in zwei verschiedenen Ländern im Zusammenwirken miteinander tätig werden»[657].

Dies hat zur Folge:

— dass zwischen der Erstbank und dem Begünstigten kein Rechtsverhältnis besteht, sondern nur zwischen der Zweitbank und dem Begünstigten[658];
— dass zwischen der Erst- und der Zweitbank ein vom Rechtsverhältnis zwischen Zweitbank und Begünstigten unabhängiger Auftrag besteht, wofür – soweit Schweizerisches Recht anwendbar ist – Art. 397 OR gilt. Allerdings ist zu beachten, dass nach Schweizerischem IPR-Gesetz Art. 117 Abs. 3 lit. c der Beauftragte und somit die Zweitbank die charakteristische Leistung erbringt, was zur Folge hat, dass in der Regel das ausländische Recht dafür anwendbar ist[659]. Aus diesem Grund si-

---

[652] *Dohm* N 104.
[653] «Les contre-garanties sont pas nature indépendantes de la garantie à laquelle elles se rapportent»; *Markus* S. 13.
[654] Zur Streitfrage: *Bertrams* S. 137 ff., und dort zitierte Literatur und Rechtsprechung; *Dohm* N 105 ff; *Kleiner* N 2007 ff., anders noch dessen Vorauflage; vgl. auch Entscheid der Genfer Cour de justice vom 17. Mai 1984 in Semjud.106/1984 S. 462.; ferner *Goode* S.12.
[655] Es liegt auch kein Unterauftrag vor: *Kleiner* in SAG 58 (1986) S. 130.
[656] *Kleiner/Schmid,* Substitution im Überweisungsverkehr ?: SAG 57 (1985) S. 179 f.
[657] *Dohm* N 132.
[658] *Ebenda* N 263; *Kleiner* in SAG. 58 (1986) S. 130 zum Entscheid des Zürcher Obergerichts in ZR 85 (1986) Nr. 23.
[659] *Keller/Kren-Kostkiewicz,* Komm. zu Art. 117 IPRG N 60, 62; Dutoit, commentaire à l'art. 117 N 25; dies war aber schon vor Inkrafttreten des IPRG der Fall: *Dohm* N 318; *Logoz* S. 29 f.

chert sich die Zweitbank ihren Remboursanspruch dadurch ab, dass sie sich von der Schweizer Erstbank eine Rück- oder Gegengarantie geben lässt[660]. Früher liessen sich Zweitbanken sog. Reversbriefe seitens der Erstbanken ausstellen[661].

Da es sich bei dieser Rückgarantie wieder um ein von den anderen hier erwähnten Rechtsverhältnissen selbständiges und damit zusätzliches Rechtsverhältnis handelt, das wiederum als Auftrag zu qualifizieren ist, ist hier der Beauftragte die Remboursverpflichtete Erstbank, sodass dies die charakteristische Leistung ist, für welche wiederum nach Art. 117 Abs. 3 lit. c IPRG das Recht der Erstbank anwendbar wird[662], sodass dann für den Remboursanspruch der Zweitbank ein anderes Recht gilt als für deren Weisungsbefolgungspflicht.

3.14 Das «Amendment»

Die URDG erwähnen an verschiedenen Orten (Art. 1, 3 Abs. 1, 4 Abs. 1, 16, 18, 26) ein sogenanntes «amendment», womit stillschweigend unterstellt wird, dass ein solches zulässig ist. Ein Amendment bedarf der Zustimmung des Begünstigten. Fehlt diese, gilt die Bankgarantie in ihrem ursprünglichen Wortlaut[663].

Art. 8 der Konvention befasst sich eingehend mit dem «amendment»: Abs. 1 legt fest, dass ein solches in derselben Form zu erfolgen habe, wie sie für die Bankgarantie verabredet worden ist, und mangels einer solchen Abrede in der Form, wie sie in Art. 7 Abs. 2 (der Konvention) vorgesehen ist, nämlich in «any form which preserves a complete record of the text of the undertaking and provides authentification of its source by generally accepted means by a procedure agreed upon by the guarantor/issuer and the beneficiary». Die Frage stellt sich somit, ob der Wortlaut auch eine Verabredung zulasse, wonach rein mündliche Ergänzungen und Änderungen gemacht werden können. Diese Frage wird bejaht, obwohl eine solche Abrede gegen Art. 7 Abs. 2 verstösst[664].

---

[660] *Dohm* N 319.
[661] *Logoz* S. 93.
[662] In dem Sinne sind die Ausführungen von *Dohm* N 316 ff. überzeugend.
[663] *Goode* S. 20.
[664] *Markus* S. 15.

Abs. 2 ermächtigt den Garanten zu Änderungen des Bankgarantietextes, wenn der Begünstigte dazu sein Einverständnis gegeben hat. Eine solche Änderung bindet dann allerdings den Auftraggeber nicht, wenn dieser nicht auch noch seine Zustimmung gegeben hat (Art. 2 Abs. 4)[665].

Fehlt zu einer Änderung des Bankgarantietextes die Zustimmung des Begünstigten, so hat der Auftraggeber vorher seine schriftliche Zustimmung zu geben (Art. 2 Abs. 3). Trotz der Kritik[666] an der Umständlichkeit des Vorgehens, namentlich wenn die Änderungen zu Gunsten des Begünstigten erfolgen, ist im Interesse der Klarheit und Eindeutigkeit daran festzuhalten.

Ganz allgemein sollten Änderungen an Bankgarantietexten nur mit ausdrücklicher Zustimmung aller Beteiligten zulässig sein. Abzulehnen ist insbesondere die Auffassung, wonach die Bank berechtigt sein soll, Änderungen vorzunehmen, ohne die Zustimmung der anderen Beteiligten einzuholen, weil diese nicht wissen kann, was die Änderungen gegebenenfalls für Folgen auf das Valutaverhältnis mit sich bringen.

3.15 Das Begehren um Inanspruchnahme der Bankgarantie bzw. die Zahlungsaufforderung des Begünstigten

1. Art. 20 URDG schreibt für ein solches Begehren mindestens zwei Formerfordernisse vor:
1. Es muss schriftlich sein;
2. Es muss die schriftliche Erklärung beinhalten oder in einem separaten Dokument enthalten;
   – dass der Garantieauftraggeber seinen Verpflichtungen aus dem Grundvertrag bzw. aus den Grundverträgen oder aus den Vorschriften oder Bedingungen der Ausschreibung nicht nachgekomen ist;
   – und in wie fern der Auftraggeber diesen Verpflichtungen nicht nachgekommen ist (Art. 20 lit. a)[667].

Im Falle einer Gegengarantie ist zusätzlich zu diesem Begehren eine schriftliche Erklärung beizubringen, dass der Garant die Zahlungsauffor-

---

[665] Was herrschende schweizerische Lehre ist: Cour de justice Genève in Semjud 1985 S.638; SAG 58 (1986) S. 141.
[666] *Markus* S. 16.
[667] Hierzu *Goode* S. 92 ff.

derung gemäss den Bestimmungen der Garantie und in Übereinstimmung mit dieser und mit den URDG erhalten hat (Art. 20 lit. b)[668].

Damit diese Regeln zur Anwendung kommen können, müssen sich alle Beteiligten insbesondere aber die Bank und der Begünstigte den URDG unterstellen, was in der Praxis nicht einfach durchzusetzen ist, da die URDG lediglich die sog. Dokumentar-Bankgarantie voraussetzen.

2. Gemäss Art. 15 der Konvention muss die Zahlungsaufforderung schriftlich und gemäss den Bestimmungen der Bankgarantie erfolgen (Abs. 1). Sie muss zusammen mit den weiteren erforderlichen Dokumenten innert der Garantiefrist an den Garanten und an den Ort, wo die Garantie ausgestellt wurde, eingereicht werden (Art. 15 Abs. 2)[669].
Damit ist auf Grund der Konvention nur eine Dokumentar-Bankgarantie auf erstes Anfordern zulässig.
Die Gutgläubigkeit des Auffordernden und die Echtheit des Begehrens werden vermutet (Art. 15 Abs. 3). Ist dies nicht der Fall, so obliegt die Beweislast dem Banggarantieauftraggeber.
Art. 15 der Konvention ist allerdings nur dann anwendbar, wenn die Konvention selbst gemäss ihrem Art. 1 anwendbar ist.
Beide Regelungswerke versuchen damit einen Minimalstandard an Voraussetzungen für die Inanspruchnahme der Bankgarantie zu schaffen, um zu verhindern, dass der Begünstigte die Garantie missbräuchlich in Anspruch nimmt.

3. Statt bloss die Zahlung anzufordern, stellt der Begünstigte vielfach des Begehren «extend of pay» und setzt den Garanten vor die Alternative, entweder die Geltungsfrist der Bankgarantie zu erstrecken oder den Garantiebetrag zu bezahlen. Ein solches Begehren ist nicht von vornherein rechtsmissbräuchlich[670]. Es ist aber in Bezug auf das «extend» eine Änderung des Garantievertrages während die Alternative, wenn sie die hierfür in der Garantie stipulierten Bedingungen einhält, garantiekonform ist.
Die Wahl zwischen den beiden Alternativen kann die Bank nicht von sich aus treffen, wenn sie hierzu nicht vom Auftraggeber ausdrücklich dazu ermächtigt woden ist[671]. Eine Fristerstreckung hängt in den meisten Fäl-

---

[668] *Ebenda* S. 96 ff.
[669] Dieser Teil wurde in Anlehnung an Art. 20 lit. a URDG verfasst: *Markus* S. 20
[670] *Bertrams* S. 189 ff., *Dohm* N.142, 183; *Goode* S.22 ; Ausgenommen ist wohl der Fall des Bid Bonds oder der Tendergarantie, wo es dem Auftraggeber freistehen muss, auf eine Verlängerung der Bietungsfrist nicht einzutreten.
[671] *Goode* S. 22.

len vom Auftrag an die Bank ab, da dieser in der Regel in seinem Wortlaut mit dem Wortlaut der Bankgarantie identisch ist. Folglich könnte die Bank eine solche Änderung nur mit der Zustimmung des Auftraggebers vornehmen. Dies stipuliert denn auch Art. 26 Abs. 1 URDG[672]. Weigert sich aber der Auftraggeber der Fristerstreckung zuzustimmen, so entfällt die beantragte Änderung der Bankgarantie und der Garant hat den Begünstigten die Garantiesumme auszubezahlen, soweit das Begehren innert der Garantiefrist gestellt worden ist, und mit den diesbezüglichen Bedingungen in der Bankgarantie übereinstimmt (Art. 26 Abs. 2 URDG).
Die Konvention nimmt zur Alternative «extend of pay» nicht Stellung. Nach Art. 8 Abs. 4 ist aber eine Änderung der Bankgarantie, welcher der Auftraggeber nicht zugestimmt hat, für diesen unverbindlich.

3.16 Zur sogenannten Effektivklausel

«Effektivklauseln» sind solche, welche die Zahlung an den Ausfall eines erwarteten oder an den Eintritt eines befürchteten Ereignisses knüpfen[673], beispielsweise indem die Klausel «Zahlung auf erstes Anfordern» an die Bedingung geknüpft wird «falls der Schaden eintritt» oder «falls der Verkäufer den Lieferpflichten nicht nachkommt» oder «falls der Käufer einen berechtigten Anspruch hat»[674].

In solchen Fällen ist umstritten, welche Bedingung der Begünstigte erfüllen muss, um die Garantie in Anspruch nehmen zu können. *Dohm* ist der Auffassung, dass der «Begünstigte» in einem solchen Fall nur verpflichtet werden kann, sein Zahlungsverlangen mit der (einfachen) Bestätigung zu verbinden, dass der «Schaden eingetreten» oder der «Verkäufer seinen Lieferverpflichtungen nicht nachgekommen ist» usw.[675]; denn nur eine solche Bestätigung, die bloss eine dokumentarische ist, erfüllt in Wirklichkeit die Voraussetzung für eine first-demand – Garantie[676]. Nach *Kleiner* genügt dies nicht, da sonst eine Garantie auf «erstes

---

[672] Hierzu *Bertrams* S. 190 ff. und *Goode* S. 109 ff.; ein Begehren «extend or pay» oder umgekehrt «pay or extend» bewirkt nach URGD Art. 26 einen Zahlungsaufschub, bis zum Zeitpunkt, wo der Garantieauftraggeber objektiv hat den Wahlentscheid treffen und mitteilen können: *Goode* S. 110 f.
[673] *Kleiner* N 1703.
[674] Beispiele nach *Dohm* N 85; BGE 119 II S. 133.
[675] S. 102.
[676] *Thévenoz* S. 180 f.

Anfordern» oder gegen eine «Erklärung des Begünstigten» vereinbart worden wäre. Damit steht es dem Garanten frei, sich vom Begünstigten Unterlagen vorlegen zu lassen, aus denen das nachzuweisende Ereignis schlüssig hervorgeht[677]. Im Ausland wo die Frage nicht einheitlich geregelt ist, gibt es drei Thesen:
Nach der ersten hat der Begünstigte den strikten Nachweis zu erbringen, dass die Bedingung eingetreten ist, nach der zweiten genügt ein teilweiser Nachweis, nach der dritten genügt es, wenn der Begünstigte seine Vorwürfe im einzelnen substanziert, ohne diese nachweisen zu müssen[678].

Bertrams[679] gibt schliesslich die Empfehlung, jeden Fall einzeln zu würdigen.

Diese Empfehlung führt bei Klauseln, wie «falls der Schaden eintritt» oder «falls der Verkäufer seinen Lieferpflichten nicht nachkommt» nicht weiter. Vielmehr stellt dann das Vorgehen, wie es *Kleiner* vorschlägt, den richtigen Ansatz. Voraussetzung sollte bei einer Effektivklausel in jedem Fall sein, dass der Begünstigte wenigstens die schriftliche Erklärung abgibt, die in Art. 20 lit. a URDG gefordert wird. Sobald diese vorliegt, hat sie die Bank dem Auftraggeber unverzüglich weiterzuleiten, um eine unverzügliche Stellungnahme zu ersuchen. Verlangt nun der Auftraggeber weitergehende Beweise, so hat sie die Bank vom Begünstigten einzufordern, bevor sie dessen Zahlungsbegehren honoriert. Weigert sich der Begünstigte diesem Erfordernis nachzukommen, so hat er gegen den Auftraggeber vorzugehen, denn nur er weiss, was im Valutaverhältnis darüber vereinbart worden ist. Damit ist allerdings die Voraussetzung, dass es sich um eine first-demand handeln müsse, nicht mehr gewährleistet. Gegen eine Klage des Begünstigten gegen die Bank, kann sich hingegen die Bank mit zwei Argumenten schützen:

– Die Effektivklausel sei entweder widersprüchlich oder lückenhaft;
– Wegen der Unabhängigkeit der Bankgarantie könne sie nicht wissen, was zwischen dem Begünstigten und dem Auftraggeber hierüber vereinbart worden ist.

Nur das vorgeschlagene Vorgehen lässt sich bei einer unabhängigen Effektivklausel als nicht widersprüchlich rechtfertigen. Ist dagegen die Bank über den vollen Inhalt des Valutaverhältnisses ins Bild gesetzt wor-

---

[677] N 21.26.
[678] BGE 119 II S. 133; *Logoz* A.a.O. S. 109 ff; *Bertrams* S. 185 mit Hinweisen auf die Rechtsprechung.
[679] A.a.o.; vgl. Siporex Trade v. Banque Indosuez (1986) 2 Lloyd's Rep. 146.

den, so hat sie die Effektivklausel nach dem Inhalt dieses Verhältnisses auszulegen. Bezieht sich die Effektivklausel ausdrücklich auf die Bestimmungen des Valutavertrages, so ist sie nicht mehr unabhängig sondern akzessorisch und es sind dann jene Bestimmungen des Valutavertrages zu befolgen.

Ganz anders ist zu entscheiden, wenn als Effektivklausel nur gefordert wird, dass der Begünstigte schriftlich erklären muss, dass der Auftraggeber seinen vertraglichen Verpflichtungen nicht nachgekommen ist, denn dann besteht keine Berechtigung nach einer Nachprüfung darüber, ob diese Erklärung begründet ist.

3.17 Die Dokumentenstrenge

Die Bank hat dreierlei Dokumente zu prüfen:

- den Garantieauftrag seitens ihres Auftraggebers;
- gegebenenfalls die von einer Zweitbank ausgelegte Bankgarantie;
- das Begehren des Begünstigten auf Inanspruchnahme der Bankgarantie.

1. Der Garantieauftrag ist die Grundlage für die Erstellung der eigenen Bankgarantie. Er entspricht der «Vorschrift des Auftraggebers» gemäss Art. 397 OR. Darunter verstehen die herrschende Lehre und die Rechtsprechung, die sog. Weisung[680]. Dabei handelt es sich um die einseitige Anordnung des Auftraggebers, die dem Beauftragten innerhalb des konkreten Vertrages Gegenstand und Art und Weise seines Tuns vorschreibt[681]. Gemäss Art. 397 OR darf der Beauftragte nur insofern davon abweichen, als nach den Umständen die Einholung einer Erlaubnis nicht tunlich und überdies anzunehmen ist, der Auftraggeber würde sie bei Kenntnis der Sachlage erteilt haben. Die Bank hat sich somit an die Weisung des Auftraggebers zu halten[682]. Das zwingt sie, diese Weisung bzw. den Garantieauftrag genau zu prüfen (Art. 7 lit. a URDG).

Ist dieser Garantieauftrag unzweckmässig oder sogar gesetzes- oder regelwidrig, so hat die Bank gemäss Art. 7 URDG unverzüglich den Auf-

---

[680] *Fellmann* N 13 zu Art. 397 OR.
[681] *Ebenda* N 16; ferner *Gautschi* N 2b zu Art. 397 OR und *Weber* N 7 zu Art. 397 OR.
[682] *Fellmann* N 101.

traggeber zu informieren und angemessene Weisungen einzuholen[683]. Diese Regel der URDG stimmt mit den entsprechenden Grundsätzen des Schweizerischen Auftragsrechtes überein[684].

Da der Bankier in der Regel die diesbezüglichen Sachkenntnisse besitzt, die der Auftraggeber selbst nicht besitzt, ergibt sich für ihn die Pflicht, dem Beauftragten über die verschiedenen Möglichkeiten aufzuklären[685], was allerdings umstritten ist[686]. Umstritten ist namentlich, ob dem Bankier eine Beratungspflicht obliegt[687]. Im Zweifel muss der Bankier den unveränderten Wortlaut des Garantieauftrages in die Bankgarantie übernehmen, da dieser zumeist Bestandteil des Valutavertrages ist. Dies schliesst aber nicht aus, dass er diesen genauestens prüft.

2. Wird eine zweite Bank eingeschaltet, so hat die Erstbank nicht nur auf die Identität des Wortlautes zwischen deren Garantieauftrag mit jenem ihres Kunden zu achten, sondern auch auf die Einhaltung aller Garantiebestimmungen in der von der Zweitbank ausgestellten Bankgarantie.

3. Wenn in der Literatur über die Bankgarantie von Dokumentenstrenge die Rede ist, so ist in der Regel jene gemeint, die sich auf die Dokumente bezieht, welche der Begünstigte einzureichen hat, wenn er die Bankgarantie in Anspruch nehmen will, bzw. die Zahlung anfordert

Wie beim Dokumentenakkreditiv[688] muss die Bank die Dokumente nur daraufhin untersuchen, ob sie ihren äusseren Form nach exakt dem entsprechen was in der Garantieklausel vorgeschrieben ist[689].

Die Prüfung der vorgelegten Dokumente muss sich auf die strenge Kontrolle ihrer formellen Übereinstimmung mit dem Garantiebrief beschrän-

---

[683] *Goode* S. 60 ff.
[684] *Fellmann* A.a.O. N 103 und 127 zu Art. 397 OR und dort zitierte Literatur und Rechtsprechung insbesondere N 132
[685] *Ebenda* N.111; *Thalmann* S. 224 ff. mit kritischer Darstellung der entsprechenden Bundesgerichtspraxis.
[686] *F. Chaudet*, L'obligation de diligence du banquier en droit privé. ZSR NF 113 (1994) S. 86
[687] Dafür *Guggenheim* S. 72; dagegen *Thalmann* S. 188, vgl. aber die französische Rechtsprechung bei *Bertrams* S.171 und dort Anm. 24.
[688] *Dohm* N 203 ff, *Kleiner* N.2127 ff.
[689] *Dohm* N 202 ff, *Kleiner* N 2127, *Canaris* N.1107 und 1109; *Liesecke* S. 26; *Westphalen*, Bankgarantien S. 71 ff; *Goode* S. 66 Ziff. 4; BGHZ 9021; OLG Frankfurt in WM 1983 S. 576; OLG Stuttgart in WM 1979 S. 734

ken[690]. Stimmen die Dokumente bezüglich ihres Inhalts und ihres Wortlautes nicht genau mit den Bedingungen der Garantieklausel überein, verlangt der Grundsatz der Dokumentenstrenge, dass die Bank nicht bezahlt[691]. Ebensowenig dürfen Dokumente, die nicht übereinstimmen, jedoch gleichwertig sind, vom Garanten nicht akzeptiert werden[692]. Art. 9 der «Règles uniformes relatives aux garanties sur demande» vom 1.4.1992 weist in die gleiche Richtung[693]. Diese Bestimmung sieht tatsächlich vor, dass der Garant einerseits bestimmen muss, ob die vorgelegten Dokumente dem Anschein nach mit dem Wortlaut und den Bedingungen der Garantie übereinstimmen, und anderseits, dass die Dokumente, die dem Anschein nach nicht übereinstimmen oder miteinander im Widerspruch stehen, zurückgewiesen werden. Wenn also der Begünstigte beispielsweise ein Urteil eines ordentlichen Gerichts beibringt, während die Garantieklausel einen Schiedsspruch verlangt, oder umgekehrt, so ist davon auszugehen, dass der Abruf der Garantie regelwidrig ist[694/695].

Sowohl die URDG in Art. 9 als auch die Konvention in Art. 16 Abs. 1 begnügen sich mit einer allgemein gehaltenen Weisung, die im übrigen in diesen beiden Dokumenten sehr ähnlich formuliert ist.

Nach Art. 9 URGD hat der Garant die Dokumente mit angemessener Sorgfalt[696] zu prüfen, um sich zu vergewissern, ob sie ihrer äusseren Aufmachung nach den Garantiebedingungen entsprechen[697]. Falls sie ihnen nicht entsprechen oder ihrer äusseren Aufmachung nach einander widersprechen[698], sind sie zurückzuweisen[699].

---

[690] *Prum,* Les garanties à première demande Paris 1994, S. 192 N 360; *Dohm,* a.a.O. S. 105 N 204; *Kleiner,* Bankgarantie, 4. A., Zürich 1990, N 17.07; vgl. auch *Thévenoz,* Les garanties indépendantes devant les tribunaux suisses, in: Journée 1994 de droit bancaire et finacier, Bern 1994, S. 180 und den in N 46 genannten Hinw.; zum Dokumentenakkreditiv vgl. z.B. *Tevini du Pasquier,* Le crédit documentaire en droit suisse, Basel 1990, S. 136 ff., BGE 122 III S. 275 ff.
[691] *Dohm,* a.a.O., S. 105 N 205.
[692] *Prum,* a.a.O., S. 193 N 360.
[693] URGD, Publication CCI [ICC publication, International Chamber of Commerce], Nr. 458; diese Regeln sind auch in BF 95/71–1 veröffentlicht.
[694] *Dohm,* a.a.O., S. 106 N 208.
[695] BGE vom 18.5.96 in Pra. 85/1996 S. 880.
[696] «with reasonable care» Hierzu Goode S. 65.
[697] Hierzu *Goode* S. 66 Ziff. 4.
[698] «inconsistent with one another»: *Goode* S. 66 Ziff. 5.
[699] Hierzu *Goode* S. 66.

Art. 16 Abs. 1 der Konvention lautet: «The guarantor/issuer shall examine the demand and any accompanying documents in accordance with the standard of conduct referred to in paragraph (I) of article 14[700]. In determining whether documents are in facial conformity with the terms and conditions of the undertaking, and are consistent with one another, the guarantor/issuer shall have due regard to the applicable international standard of independent guarantee or stand-by letter of credit practice.»[701]

Für den Massstab, der für die Dokumentenprüfung anzuwenden ist, gibt die Konvention in Art. 14 Abs. 1 drei Kriterien an:

1. Der gute Glaube;
2. Vernünftige Sorgfalt;
3. Der international gültige Standard

Zur Auslegung dieser drei Kriterien ist im Falle einer Schweizerischen Bank das Schweizerische Recht massgebend; da hierfür Art. 13 Abs. 2 der Konvention keine Anwendung findet.

Der gute Glauben ergibt sich nach Schweizerischen Recht aus Art. 3 ZGB[702] und bedeutet Fehlen des Unrechtbewusstseins[703].

Mit «vernünftiger Sorgfalt» ist wohl jene gemeint, die in Art. 398 Abs. 1 OR von jedem Auftragnehmer verlangt wird[704]. Allerdings dürfte hier die qualifizierte Sorgfalt des Bankiers in Frage kommen, soweit eine solche überhaupt bejaht wird[705].

---

[700] Art. 14 Abs.1 lautet: «In discharging its obligations under the undertaking and this Convention, the guarantor/issuer shall act in good faith and exercise reasonable care having due regard to generally accepted standards of international practise of independent guarantees or stand-by letters of credit.»
[701] In der deutschen Übersetzung: Der Garant bzw. Aussteller soll die Zahlungsaufforderung und allfällige Begleitdokumente entsprechend dem Standard an Sorgfalt wie er in Paragraph 1 von Art. 14 umschrieben ist anwenden. Um festzustellen, welche Dokumente mit den Bestimmungen und Bedingungen der Bankgarantie äusserlich übereinstimmen, soll der Garant bzw. Aussteller den internationalen Standard, wie er bei unabhängigen Garantien und stand-by letter of credit angewendet wird, angemessen beachten.
[702] Vgl. *Jäggi* N 35 ff;
[703] Begriff bei *Peter Jäggi* N 16 ff. zu Art. 3 ZGB
[704] Hierzu *Fellmann* Kommentar zu Art. 398 OR N 16 ff.; vgl. aber auch Art. 9 URGD.
[705] Hierzu *Chaudet* S. 19 ff; *Urs Zulauf,* Gläubigerschutz und Vertrauensschutz zur Sorgfaltspflicht der Bank im öffentlichen Recht der Schweiz, ZSR NF 113 1994 II S. 369 ff; Kritisch *Gérard Hertig,* La diligence des banques, les règles de conduite vis-à-vis des clients, aspect de droit public A.a.O. S. 256 ff. *Thalmann* A.a.O. S. 127 ff.

Schliesslich sind mit international gültigem Standard «die international angewandten Handelsbräuche» gemeint[706].

Zur Dokumentenprüfung selbst gibt die Konvention zwei Anweisungen:

1. Es muss geprüft werden, ob die Dokumente mit den Bestimmungen der Bankgarantie übereinstimmen und

2. Es muss auch geprüft werden, ob die Dokumente miteinander «konsistent» sind, d.h. ob sie keine Widersprüche untereinander aufweisen.

Im Einzelnen hat der Garant zu prüfen

– ob der Auffordernde zur Zahlungsaufforderung legitimiert ist. Im Zweifel ist eine Vollmacht einzuholen[707] Handelt es sich beim Auffordernenden um eine Bankfiliale, so ist zu prüfen, ob sie eine eigene Rechtspersönlichkeit hat oder ob die Muttergesellschaft allein zuständig ist;
– ob die vorgeschriebene Form eingehalten worden ist[708]; ist ein eingeschriebener Brief vorgeschrieben, so genügt weder ein Telex noch ein Telefax[709].
– ob der richtige Vertrag erwähnt worden ist[710]
– ob die Bankgarantie noch gültig ist[711] und ganz allgemein ob die Fristen eingehalten worden sind[712];
– der garantierte Betrag und gegebenenfalls der garantierte Sachverhalt sowie gegebenenfalls die Reduktionsmodalitäten.

Sodann hat der Garant zu prüfen, ob die Bedingungen, die die Bankgarantie an die Zahlungsaufforderung stellt, eingehalten worden sind. Damit gemeint ist vor allem das sog. «statement of default». Dieses muss gemäss Art. 20a URDG vom Begünstigten selber stammen[713]. Wenn ein

---

[706] *Markus* A.a.O. S. 21.
[707] *Bertrams* S. 221 ff.
[708] Cour civile du canton de Vaud, 31. Juli 198, André Cie c. UBS, Banque commerciale de Syrie und General Organisation for fodder, nicht publiziert nach *Logoz* S. 85 und 344.
[709] *Bertrams* S. 224 f.
[710] *Ebenda* Nr. 13.22.
[711] Cour civile du canton de Vaud, 31. Juli 1987, Citibank c. Frigitemp, nicht publiziert; Cour civile du canton de Vaud, 8. August 1988, Navalconsulte c. BPS c. 6, nicht publiziert, beide nach *Logoz* S. 85.
[712] *Dohm* S. 93.
[713] *Bertrams* Nr. 12 S. 227.

«statement of default» gemäss Art. 20a URDG verlangt wird, so genügt es nicht, dass der Begünstigte erklärt, der Auftraggeber sei seinen vertraglichen Verpflichtungen nicht nachgekommen, er muss auch im Einzelnen substantiieren, in wie weit er diesen Verpflichtungen nicht nachgekommen ist[714]

Bei der Zahlungsaufforderungsprüfung sind folgende Grundsätze zu beachten:

Erklärungen des Begünstigten haben den in der Garantie genannten Erfordernissen sinngemäss zu entsprechen[715]. Wörtlich genaue Erklärungen können bei Inanspruchnahme der Garantie nur dort verlangt werden, wo diese auch wörtlich genau vorgeschrieben sind und sich aus der Garantie ergibt, dass identische Wiedergabe vorausgesetzt ist, was sich aus der Auslegung ergeben kann[716].

Wird die Zahlungspflicht der Bank davon abhängig gemacht, dass der Begünstigte ein rechtskräftiges Gerichtsurteil bzw. einen rechtskräftigen Schiedsspruch vorlegt, wonach die Inanspruchnahme der Bankgarantie berechtigt ist, hat die Bank zu prüfen, ob der Prozess tatsächlich zwischen den in der Garantieklausel benannten Parteien vor dem zuständigen (Schieds)Gericht stattgefunden hat und ob der Entscheid rechtskräftig ist. Ergibt sich das letztere nicht aus dem Entscheid selber, so hat die Bank eine Rechtskraftbescheinigung zu fordern[717].

Wird statt einem Schiedsgerichtsentscheid ein Urteil eines ordentlichen Gerichtes eingereicht[718], so hat die Bank die Zahlung zu verweigern, es sei denn der Begünstigte könne ihr dokumentarisch belegen, dass das ordentliche Gericht und nicht das Schiedsgericht zuständig war, bzw. dass der Garantieauftraggeber sich auf das ordentliche Gerichtsverfahren eingelassen hat, was sich in der Regel aus der Motivierung des Urteiles ergibt.

Die Grenzen der Prüfungssorgfalt umschreibt Art. 11 URDG mit z.T. gleichen Wortlaut wie in ERA 500 Art. 15: Danach ist jede Haftung ausgeschlossen inbezug auf Form, Rechtsgenügsamkeit, Genauigkeit, Echtheit,

---

[714] *Ebenda* S. 228.
[715] *Nielsen,* Bankgarantie S. 82 und *von Westphalen,* S. 133.
[716] *Kleiner* N 2128 und die dort in Anm. 40 Zitierten.
[717] *Dohm* N 207 und 209.
[718] Wie im Fall OLG Hamburg in WM 1978 S. 260; Kritik dazu *von Westphalen* S. 133 ff.; *Nielsen* N 5/41 und *Dohm* N 208.

Verfälschung oder Rechtswirksamkeit eines vorgelegten Dokumentes bezüglich der darin enthaltenen allgemeinen oder spezifischen Erklärungen und bezüglich der Gutgläubigkeit oder Handlungen beziehungsweise Unterlassungen von Personen[719].

Zur **Prüfungszeit** äussern sich die URDG in Art. 10 nur allgemein:
«Einem Garanten steht eine angemessene Zeit zu, eine Anforderung unter einer Garantie zu prüfen und über deren Bezahlung oder Zurückweisung zu entscheiden (lit.a)[720]. Wenn der Garant sich zur Zurückweisung der Anforderung entscheidet, muss er dies sofort dem Begünstigten durch Teletransmission oder, wenn dies nicht möglich ist, auf anderem schnellen Weg mitteilen. Alle unter der Garantie vorgelegten Dokumente sind zur Verfügung des Begünstigten zu halten (lit.b.)[721]».

Die Konvention ist diesbezüglich ausführlicher und genauer (Art. 16 Abs. 2):

«Unless otherwise stipulated in the undertaking or elsewhere agreed by the guarantor/issuer and the beneficiary, the guarantor/issuer shall have reasonable time, but not more than seven business days following the day of receipt of the demand an any accompanying documents, in which to:

a) Examine the demand and any accompanying documents;
b) Decide whether or not to pay;
c) If the decision is not to pay, issue thereof to the beneficiary

The notice referred to in subparagraph c above shall, unless otherwise stipulated in the undertaking or elsewhere agreed by the guarantor/issuer and the beneficiary be made by teletransmission or, if that is not possible, by other expeditious means and indicate the reason for the decision not to pay»[722].

---

[719] *Goode* S.73 f.
[720] *Ebenda* S.69 f.
[721] *Ebenda* S.71 f.
[722] In der deutschen Übersetzung: Ausser wenn es in anderer Weise in der Garantie stipuliert oder anderweitig zwischen Garanten bzw. Aussteller vereinbart worden ist, soll der Garant bzw. der Aussteller vernünftig viel aber nicht mehr als 7 Tage seit Erhalt der Zahlungsaufforderung und allfälliger Begleitdokumenten zur Verfügung haben, um zu:

3.18 Übertragung des Rechtes, eine Garantie in Anspruch zu nehmen und die Abtretung des Zahlungsanspruches

Gemäss Art. 4 Abs. 1 URDG ist das Recht des Begünstigten, eine Garantie in Anspruch zu nehmen, nicht übertragbar, «sofern nicht ausdrücklich in der Garantie oder deren Änderung etwas anderes geregelt ist».

Ähnlich lautet Art. 9 der Konvention: «The beneficiary's right to demand payment may be transferred only if authorized in the undertaking, and only to the extent and in the manner authorized in the undertaking» (Abs. 1), oder in anderen Worten Abs.1 fordert, dass die generelle Zustimmung für eine Übertragung der Rechte im Garantieinstrument festgehalten sein muss. Abs. 2 verlangt zusätzlich eine Zustimmung des Garanten im konkreten Fall der Übertragung, welche allerdings im voraus wegbedungen werden kann.

Die Übertragung der Rechte hat verpflichtungsändernden Charakter und sollte demnach dem Verfahren nach Art. 8 (Amendment) angepasst sein. Auch wenn das Instrument ursprünglich nicht als «übertragbar» bezeichnet worden ist, können die Parteien eine Übertragung immer herbeiführen, indem sie die Garantie im gleichen Zug im Weg der Verpflichtungsänderung nach Art. 8 als «übertragbar» bezeichnen und Übertragbarkeit nach Abs. 1 – wird auch immer anzunehmen sein im Fall, dass der Garant – nach Abs. 2 – auf das Erfordernis seiner Zustimmung im voraus verzichtet hat[723].

Als Übertragung kommt realistischerweise nur die Substitution eines neuen Begünstigten in die Rechte des ursprünglichen Begünstigten in Frage[724].

Die Abtretung des Zahlungsanspruches ist weniger problematisch als die Übertragung des Rechtes, eine Garantie in Anspruch zu nehmen. Sie

---

a) die Aufforderung und allfällige begleitende Dokumente zu prüfen;
b) zu beschliessen, ob gezahlt werden soll oder nicht;
c) falls beschlossen wird nicht zu zahlen, dies dem Begünstigten mitzuteilen; ausser in anderer Weise in der Garantie stipuliert oder anderweitig zwischen Garanten bzw. Aussteller vereinbart, hat die in lit. c. erwähnte Mitteilung durch Teletransmission oder, wenn dies nicht möglich ist, durch andere rasche Medien zu erfolgen und den Grund für den Beschluss nicht zu zahlen anzugeben.

[723] *Markus* mit Kritik bezüglich Zusammenspiel von Abs. 1 und Abs. 2 S. 16 f.
[724] Die von *Bertrams* S. 217 f. erwähnten weiteren möglichen Übertragungsarten sind nach dessen eigenen Aussagen zu umständlich, dass sie zur Anwendung kommen können.

ist für die Praxis von grosser Bedeutung namentlich für die Forfaitierung[725]. Es gelten hierfür nach schweizerischem Recht die Art. 164 ff. OR[726].

Die URDG halten in Art.4 Abs.2 lediglich fest, das dieser Artikel, der in Absatz 1 die Übertragung des Rechtes, eine Garantie in Anspruch zu nehmen, regelt, das Recht des Begünstigten, seinen unter einer Garantie bestehenden oder künftig entstehenden Zahlungsanspruch abzutreten, nicht berühre, womit bloss ausgedrückt wird, dass das Zessionsrecht von den URDG anerkannt wird[727], ohne dass diese dieses Recht ausdrücklich regeln,

Anders Art.10 der Konvention, dessen Absatz 1 genau Art.164 Abs.1 OR entspricht, während Abs.2 den Grundsatz festhält, dass der Schuldner bzw. Garant mit befreiender Wirkung an den Zessionaren leisten kann, sobald es von der Zession benachrichtigt worden ist. Dagegen und im Unterschied zu Art.167 OR wurde davon abgesehen, dieses Recht auch als Pflicht zu stipulieren. Klargestellt wird durch Art.10 der Konvention ferner, dass ein pactum de non cedendo zulässig und dass eine Benachrichtigung durch den Zedenten ausreichend ist. Schliesslich wird in Art.10 Abs.2 postuliert, dass die Abtretung unwiderruflich sein sollte[728].

3.19 Das Erlöschen der Bankgarantie

Das Erlöschen der Bankgarantie ist privatautonom und deshalb im Bankgarantietext zu regeln (siehe nachfolgende Muster). Nach Art. 22 URGD und Art. 12 Konvention läuft die Bankgarantie mit dem Tag ab, der als Ende der Laufzeit auf der Garantie angegeben ist. Der Begünstigte hat dann die Bankgarantie dem Auftraggeber oder der Bank zurückzugeben. Nach Art. 12 der Konvention ist die Laufzeit einer Bankgarantie in jedem Fall auf sechs Jahre nach deren Ausstellung beschränkt[729].

---

[725] *Dohm* Nr. 184.
[726] Wegen der Unabhängigkeit der Bankgarantie bedarf es jedoch einer gesonderten und ausdrücklichen Abtretung, denn die Bankgarantie geht nicht mit der Forderung aus dem Grundverhältnis auf den Abtretenden über: *Dohm* Nr. 185. Zudem ist festzuhalten, dass der ursprüngliche Begünstigte das Recht, die Garantie in Anspruch zu nehmen, nach wie vor selber ausüben muss.
[727] *Bertrams* S. 209.
[728] *Markus* S. 17.
[729] Im Einzelnen Goode S. 103 ff.

3.20 Die Notwendigkeit einer internationalen Regelung des Bankgarantierechtes

3.20.1 Die Ausgangslage: Die Leichtigkeit mit der first demand-Garantien missbräuchlich in Anspruch genommen werden können

Eine first demand-Bankgarantie, bei welcher der Auftraggeber auf alle Einreden und Einwendungen aus dem Valutaverhältnis verzichtet, kann bis zu deren Erlöschen jederzeit von Begünstigten ohne irgendwelche Begründung somit auch ungerechtfertigterweise[730] in Anspruch genommen werden, was zur Folge hat, dass der Begünstigte den Betrag, der garantiert ist, einkassiert. Diese Rechtsbefugnis des Begünstigten ist allerdings – und in der Regel – nur ein Glied eines ganzen Vertragssystems, wonach der Garantiebelastete und dies ist in der Regel derjenige, der die Bank zur Ausstellung der Bankgarantie veranlasst hat, auf ordentlichem Prozessweg gegen den Begünstigten der Bankgarantie einen gegebenenfalls missbräuchlich einkassierten Betrag wieder rekuperieren kann. Allerdings muss er dann – in der Regel – den Begünstigten an dessen Sitz belangen. Er hat somit das Risiko zu tragen als Kläger gegen den Begünstigten vor einem fremden Gericht mit einer fremden Rechtsordnung in einer fremden Sprache zu prozessieren. Diese Vorstellung des Vertragsnetzes, in welchem somit die Bankgarantie nur ein Glied darstellt, stimmt vielfach deshalb nicht, weil die Prämissen nicht jene sind, von denen man bei der Erfindung der Bankgarantie ausgegangen ist:

1. Im internationalen Handel ist es nämlich heute üblich geworden, dass die Vertragsparteien eine Schiedsgerichtsklausel vereinbaren, wonach ein von einer international angesehenen Institution bestelltes aus Persönlichkeiten verschiedener Nationalitäten zusammengesetztes Schiedsgericht mit Sitz an einem neutralen Ort alle Streitigkeiten, die aus den Verträgen zwischen Garantiebelasteten und Begünstigten entstehen können, endgültig entscheiden. Die Vorstellung, dass der Begünstigte das Recht haben soll, durch Inanspruchnahme der Bankgarantie, einen Prozess vor seinem eigenen nationalen Gericht zu provozieren, trifft immer weniger zu.

2. Ist dagegen ein nationales ordentliches Gericht zuständig, so ist das vielfach nur darauf zurückzuführen, dass die Rechtsordnung des Staates

---

[730] Vgl. BGE 118 Ib S. 108.

in dem der Begünstigte seinen Sitz hat, diesem Begünstigten, der in der Regel ein Staatsbetrieb ist, verbietet, eine Schiedsgerichtsklausel zu vereinbaren, und dass dann den Parteien nichts anderes übrig bleibt, als das ordentliche Gericht am Sitz des Begünstigten – in der Regel – des Käufers oder Bestellers zu akzeptieren[731]. Die Inanspruchnahme der Bankgarantie, um diesen Zustand zu bewirken, ist somit nicht notwendig.

3. In all diesen Fällen hat somit die Bankgarantie nur den Zweck, Druck auf den Begünstigten zu machen, dass dieser den eingegangenen Vertrag vollständig und vertragsgemäss erfüllt. Und gegebenenfalls gewisse finanzielle Vorleistungen oder Schadenersatzansprüche zu sichern[732]. Diese Ziele können mit jeder Art von Bankgarantie erreicht werden. Es bedarf also hierfür nicht der schärfsten Form einer reinen first demand-Bankgarantie.

4. Die Prämissen, die eine reine first demand-Bankgarantie voraussetzen, sind in der Wirklichkeit keineswegs selbstverständlich:
– dass der Begünstigte sich an die Spielregeln hält;
– dass die Gerichte am Sitz des Begünstigten effizient, integer und unparteiisch sind.

Vielmehr ist die Versuchung gross, die reine first demand-Bankgarantie zur eigenen Bereicherung zu missbrauchen.

5. Trotz dieser ungünstigen Prognose ist es erstaunlich, wie wenig Missbräuche der Bankgarantien zu verzeichnen sind. Sie sind im Grunde genommen auf einige wenige meist arabische Staaten[733] konzentrierbar. Aber gerade, weil es solche Fälle gibt – und sie häufen sich in letzter Zeit – ist eine Regelung des Bankgarantierechtes unumgänglich geworden, umsomehr, als die Rechtsprechung dieses Bedürfnis nicht zu decken vermag. Dies soll an der internationalen schweizerischen und kantonalen Rechtsprechung aufgezeigt werden:

3.20.2 Die Einrede des Rechtsmissbrauchs

Die internationale Rechtsprechung und Lehre lassen in fast einhelliger Weise eine Ausnahme zur unbedingten Zahlungsverpflichtung zu: jene,

---

[731] So in Saudi Arabien, in den Emiraten, Lybien und Iran.
[732] Vgl. u.a. ZR 86 1987 S. 90.
[733] Ägypten Iran und Syrien.

bei welcher die Garantieinanspruchnahme offensichtlich rechtsmissbräuchlich und betrügerisch ist. Denn, wie Stoufflet[734] schreibt, «une garantie même stipulée à première demande, n'ouvre pas au bénéficiaire...un droit abstrait à l'encaissement d'une somme d'argent. Le paiement accompli par le banquier n'est légitimement reçu que si le bénéficiaire a une créance sur le donneur d'ordre». Die ausländische Rechtsprechung beruft sich in der Regel auf das Rechtsprichwort «fraus omnia corrumpit», um den Käufer daran zu hindern, sich den Gutglaubensregeln zu entziehen und die formelle Stellung in rechtsmissbräuchlicher Weise auszunutzen, die ihm die unbedingte Garantie gewährt. In der Schweiz ist das Recht der Begünstigten durch das Verbot des Rechtsmissbrauchs (Art. 2 Abs. 2 ZGB) eingeschränkt und diese Regel des materiellen Rechts ist vom Richter ex officio anzuwenden[735].

3.20.3 Die Rechtsprechung ausländischer Gerichte und der IHK Schiedsgerichte bezüglich Typen von Fällen rechtsmissbräuchlicher Inanspruchnahme

Welche Fälle als rechtsmissbräuchliche Inanspruchnahme einer Bankgaranatie zu betrachten sind, ergibt sich aus der Übersicht, die Bertrams von der internationalen Rechtsprechung gibt, wobei er verschiedene Typen bildet. Als solche kommen in Betracht:

– Inanspruchnahme eines «performance bond», obwohl die Erfüllung des Valutavertrages durch den Garantieauftraggeber zur vollen Zufriedenheit des Begünstigten erfolgt ist[736]:
– Die Inanspruchnahme für Mängel, die nachweislich nicht vom Garantieauftraggeber verursacht bzw. verschuldet worden sind[737];
– Die Inanspruchnahme nach Ablauf der Garantiefrist[738];
– Die Inanspruchnahme bei Zahlungsverzug des Begünstigten[739];
– Die Inanspruchnahme in einem Zeitpunkt, wo die Vertragserfüllung noch gar nicht fällig war[740];

---

[734] In Journal du droit international (Paris 1982) S. 914 f.
[735] Übersetzung der betreffenden Begründung der Genfer Cour de Justice im Entscheid SBS gegen Actimon vom 17. Mai 1984 in Semjud.106 (1984) S. 463.
[736] S. 282 ff.; vgl. auch Semjud.1984 S. 465 f.
[737] *Bertrams* S. 286.
[738] S. 286.
[739] S. 287.
[740] S. 287.

- Die Inanspruchnahme bei nachweislicher Vertragsverletzung durch den Begünstigten[741];
- Die Inanspruchnahme durch den Begünstigten der ein Dokumentenakkreditiv in vertragswidriger Weise nicht eröffnet[742];
- Die Inanspruchnahme durch den Begünstigten, der die Vertragserfüllung durch den Auftraggeber verhindert[743];
- Die Inanspruchnahme obwohl nachweislich ein Fall von höherer Gewalt vorliegt[744], allerdings nur, wenn dieses Risiko aus der Garantiehaftung ausgeschlossen ist;
- Die Inanspruchnahme, wenn der Grundvertrag den Ordre public verletzt, bzw. der Grundvertrag ungesetzlich ist[745];
- Die Inanspruchnahme nach vertraglicher Beendigung des Grundvertrages[746];
- Die Inanspruchnahme, obwohl der Schaden nur geringfügig ist[747];
- Die Inanspruchnahme für einen anderen Vertrag als der Grundvertrag bzw. für andere Gründe;
- Die Inanspruchnahme, obwohl ein Gerichtsurteil oder ein Schiedsgerichtsurteil vorliegt, das entweder die Vertragserfüllung bestätigt oder die Garantie ungültig erklärt[748];
- Die Inanspruchnahme eines bid bonds, obwohl der Begünstigte bei einer Ausschreibung den Zuschlag einem Dritten erteilt[749];
- Die Inanspruchnahme einer Rückzahlungsgarantie, obwohl die Rückzahlung erfolgt ist[750];

Umstritten ist, ob eine Inanspruchnahme rechtsmissbräuchlich ist, wenn die Vertragserfüllung verjährt ist[751] und ob eine Verrechnung des Garantiebetrages mit einer Gegenforderung des Garanten zulässig ist[752].

---

[741] S. 289.
[742] S. 289.
[743] S. 290.
[744] S. 291 ff.
[745] S. 294 ff.
[746] S. 296.
[747] S. 297.
[748] S. 298.
[749] S. 300.
[750] S. 300 ff.
[751] S. 301.
[752] N 14.5.10.

3.20.4 Die Rechtsprechung der kantonalen Gerichte und des Bundesgerichtes

Die Rechtsprechung, nach welcher die Bank die Auszahlung eines garantierten Betrages aus einer first demand-Bankgarantie zu verweigern hat, sind in einem älteren Entscheid des Zürcher Handelsgerichtes[753] zusammengefasst: «Hinsichtlich des materiellen Garantiefalles wird in Lehre und Rechtsprechung allgemein anerkannt, dass die Bank in Missbrauchsfällen berechtigt ist, die Zahlung zu verweigern, nach Schweizerischem Recht gestützt auf Art. 2 Abs. 2 ZGB[754]. Wenn – wie gewöhnlich – sofortige Fälligkeit vereinbart wurde, ist für die Weigerung jedoch erforderlich, dass offensichtlich oder liquide beweisbar der Garantiefall im Valutaverhältnis nicht eingetreten war[755]. Offensichtlich missbräuchlich ist, wenn während der Laufzeit der Garantie keine Lieferungen erfolgen, die den Provisionsanspruch begründen, die durch die Bankgarantie gesichert wird und der Begünstigte in zwei Erklärungen unmissverständlich bestätigt, dass er keinerlei Anspruch auf eine Provision habe[756].

Als rechtsmissbräuchlich erscheint der Abruf einer Garantie auch dann, wenn er zweckwidrig erfolgt[757]. Zweckwidrig ist die Inanspruchnahme insbesondere, wenn sie zur Deckung einer Forderung erfolgt, deren Sicherung die Garantie nicht bezweckt[758].

An die Annahme rechtsmissbräuchlicher Beanspruchung der Garantie sind strenge Voraussetzungen zu stellen – einmal aufgrund der Natur des summarischen Verfahrens[759], dann aber namentlich auch mit Rücksicht auf die abstrakte Natur des Garantieversprechens, die zwingt, an den Nachweis des behaupteten Rechtsmissbrauchs strenge Massstäbe zu legen[760], während für die sich auf das Grundverhältnis stützende Auseinandersetzung die gesetzlichen Regeln über die Leistungsstörung in der Vertrags-

---

[753] Vom 19. Juni 1986: ZR 86 (1987) S. 91.
[754] Mit Hinweisen auf *Kleiner* 3. Auflage S. 159 ff., *Dohm* S. 111, Graf *von Westphalen* 1982 S. 151 ff.
[755] BGHZ 90 S. 292.
[756] ZR 86 (1987) S. 91.
[757] *Kleiner* A.a.O. S. 151 ff.; *Muelbert,* Missbrauch von Bankgarantien und einstweiliger Rechtsschutz (Tübingen 1985) S. 54 ff.
[758] ZR A.a.O. S. 92 und BGE 122 III 323.
[759] § 222 Ziff. 2 Zürcher ZPO im Gegensatz zu § 110 Abs. 1 und 222 Ziff. 3 ZPO: *H.R. Walder-Richli,* Zivilprozessrecht 1996 N 26 zu § 32 und Anm. 14a.
[760] *Kleiner* S. 209 ff., *Dohm* N 46.

abwicklung (Art. 97 ff. OR) gegenüber der Berufung auf Rechtsmissbrauch vorgehen[761/762].

Bezüglich einer Gegengarantie hält das Zürcher Handelsgericht fest, dass die Struktur der indirekten Garantie den Tatbestand des Rechtsmissbrauchs nur dann eintreten lässt, wenn die Zweitbank als Begünstigte aus der «Rückgarantie» der Erstbank ihrerseits «soutient en fait des machinations frauduleuses de l'importateur»[763/764].

Dies zu belegen, ist für den Auftraggeber an die Erstbank sehr schwierig. «Akzessorische Einreden müssten – stellt das Handelsgericht fest – sollten sie die Auslösung der Kettenreaktion hemmen – bereits anlässlich der Beanspruchung der Garantie durch den Begünstigten bei der direkt garantierenden Zweitbank vorgebracht werden», denn danach ist die Kettenreaktion unweigerlich in Gang gesetzt und gegenüber allen Beteiligten die sogenannte «Tatbestandswirkung»[765] eingetreten[766]. Die «akzessorischen Einreden» sollten daher besser unverzüglich und vorsorglich nach deren Bekanntwerden via Erstbank der Zweitbank bekanntgegeben werden, um diese davon abzuhalten, gutgläubig der rechtsmissbräuchlichen Zahlungsaufforderung des Begünstigten Folge zu leisten.

Die Auffassung Kleiners[767], dass das Auftragsverhältnis mit der Erteilung des Zweitauftrages erfüllt – und daher eher abgeschlossen sei – und es bestehe nun noch ein Remboursanspruch der Erstbank ist unhaltbar, denn auch nach Erteilung des Zweitauftrages ist die Erstbank, weiterhin verpflichtet, die Kommunikation mit der Zweitbank aufrechtzuerhalten, sei es nur um Instruktionen des Auftraggebers einzuholen insbesondere wenn der Begünstigte das Ansinnen «extend or pay» stellt.

Mit der rechtsmissbräuchlichen Inanspruchnahme hatte sich das Zivilgericht des Kantons Basel-Stadt in einem Urteil vom 19. August 1986 (unpubliziert) und das Basler Appellationsgericht am 19. Mai 1989[768] zu befassen. Insbesondere die Begründung des letzteren Urteils fasst die in

---

[761] ZR 85 (1986) S. 47.
[762] *Merz*, Kommentar Einleitungsband N 543 zu Art. 2 ZGB.
[763] *Dohm* in SAG 56 (1984), S. 177 ff; derselbe, Bankgarantien N 42–46 und 77; *Nielsen* S. 155 ff; *von Westphalen* S. 219.
[764] ZR 85 (1986) S. 47
[765] Statt vieler *Nielsen*, Ausgestaltung internationaler Bankgarantien uner dem Gesichtspunkt etwaigen Rechtsmissbrauchs: ZHR 47 – 1983 S. 145 ff, insbesondere S. 155.
[766] ZR A.a.O. S. 46.
[767] in der Besprechung des zitierten Handelsgerichtesentscheides in SAG 58 (1986) S. 130.
[768] publiziert in BJM 1991 S. 182 ff.

der Schweiz herrschende Rechtsprechung zu dieser Frage in hervorragender Weise zusammen, so dass es sich lohnt, diese wenigstens auszugsweise wiederzugeben. «Voraussetzung zur Honorierung der Rückgarantie ist nur, dass die Garantiebedingungen formell erfüllt sind und keine offenbar rechtsmissbräuchliche Inanspruchnahme des Zahlungsversprechens erfolgt[769]». Ein klar rechtsmissbräuchliches oder gar betrügerisches Zahlungsverlangen des Begünstigten findet somit trotz der Abstraktheit der Bankgarantie keinen Schutz. Ist der Rechtsmissbrauch für die aus der Garantie verpflichtete Bank offensichtlich, ist sie gegenüber dem Begünstigten resp. im Falle der Rückgarantie gegenüber der ausländischen Zweitbank zur Zahlungsverweigerung berechtigt und gegenüber dem Garantieauftraggeber zur Zahlungsverweigerung verpflichtet. An die glaubhafte Darlegung einer rechtsmissbräuchlichen Beanspruchung der Garantie sind allerdings sehr strenge Anforderungen zu stellen, weil in internationalen Verhältnissen nur streng abstrakt formulierte Bankgarantien ihre Sicherungsfunktion erfüllen können und der Auftraggeber mit der Stellung der Garantie nach dem Grundsatz «erst zahlen, dann prozessieren» bewusst ein hohes Risiko eingegangen ist[770]. Aufgrund dieses Sicherungszweckes der Erfüllungsgarantie ist selbst eine gegenüber dem Auftraggeber unberechtigte Inanspruchnahme der Garantie durch den Begünstigten nicht von vornherein gleichbedeutend mit einer rechtsmissbräuchlichen Geltendmachung des Zahlungsanspruches gegenüber der Bank[771]. Eine rechtsmissbräuchliche Inanspruchnahme einer Bankgarantie liegt somit nur dann vor, wenn dem Begünstigten unter keinem vernünftiger- und redlicherweise in Betracht kommenden rechtlichen Aspekt ein Anspruch auf Abrufung der Garantie zustehen kann, die vom Begünstigten eingenommene Rechtsposition daher völlig unvertretbar und abwegig ist[772]. Es darf nicht der geringste Zweifel daran bestehen, dass dem Begünstigten kein Recht gegen den Garantieauftraggeber zusteht; der Garantiefall somit gar nicht eingetreten sein kann.

Bei einer indirekten Garantie oder Rückgarantie liegt ein Rechtsmissbrauch im Sinne von Art. 2 Abs. 2 ZGB zudem nur dann vor, wenn sowohl dem Begünstigten wie auch der direktgarantierenden Zweitbank ein offensichtlich treuwidriges Verhalten zur Last gelegt werden kann. Dies

---

[769] *Schoenle,* Missbrauch von Akkreditiven und Bankgarantien: SJZ 79/1983 S. 59; *Dohm* Nr. 225; ZR 85/1986 Nr. 23 S. 47; zum Akkreditiv BGE 100 II 151.
[770] ZR 85 (1986) Nr. 23 S. 47 mit Verweisen; SAG 3/86 S. 131.
[771] *Schoenle* A.a.O. S. 59, 74.
[772] *Dohm* N 227.

ist insbesondere dann der Fall, wenn die Zweitbank mit dem Begünstigten zusammenwirkt[773]. Das Verhalten der ausländischen Zweitbank ist in diesen Fällen von ausschlaggebender Bedeutung, da sie allein Begünstigte aus der Rückgarantie ist. Der Remboursanspruch kann daher nur dann verweigert werden, wenn die ausländische Zweitbank ihrerseits zur Zahlungsverweigerung verpflichtet ist, d.h. Kenntnis der missbräuchlichen Inanspruchnahme der Erfüllungsgarantie hat[774]. Auch dieser sogenannte doppelte Rechtsmissbrauch bzw. die Kollusion der Zweitbank mit dem Begünstigten muss angesichts der Gesamtsituation offenkundig sein, respektive aus Dokumenten folgen; allgemeine Verdachtsgründe genügen insoweit nicht[775].

3.20.5 Die Rechtsprechung der Genfer Cour de Justice

Die Genfer Cour de Justice ist jenes Gericht, das in der Schweiz sich am häufigsten mit der Bankgarantie befassen muss. Ihre Rechtsprechung weicht in einigen Punkten von der Rechtsprechung der anderen Schweizerischen Gerichten ab. Es lohnt sich deshalb diese Rechtsprechung nachfolgend separat darzustellen:

1. Der Arrest einer Bankgarantie ist grundsätzlich nur bei einer sogenannten direkten Garantie zwischen Garantieauftraggeber und Bank möglich, da das verarrestierende Vermögen bei einer direkten Bankgarantie noch dem Importeur gehört. Dies ist aber nicht der Fall bei einer Gegengarantie, weil hier nicht der Importeur sondern die Zweitbank im Land des Importeurs Schuldnerin ist[776].

2. Vorsorgliche Massnahmen gegen die Auszahlung des Garantiebetrages aufgrund einer Zahlungsaufforderung des Begünstigten ist zulässig bei Rechtsmissbrauch. Dies ist bekanntlich herrschende Auffassung der Lehre der Rechtsprechung[777]. Umstritten ist, wenn dies der Fall ist und in wie weit ein solcher Rechtsmissbrauch nachgewiesen werden muss.

Um mit dem zweiten zu beginnen, hat die Cour de Justice im Entscheid UBS/IPI Trade festgehalten, dass der Richter «doit se montrer rigoureux

---

[773] *Ebenda* N 293.
[774] ZR 85 (1986) Nr. 23 S. 47.
[775] *Dohm* N297, 369; Urteil des Zivilgerichts Basel Stadt unpubliziert S. 22.
[776] *Dohm,* Mesures conservatoires pour empêcher l'appel abusif à une garantie bancaire «à première demande»: Semjud 107 (1985) S. 427.
[777] *Dohm* A.a.O. S. 430.

dans l'appréciation de la vraisemblance des faits allégués»[778]. Die Glaubwürdigkeit des Missbrauchs müsse «d'autant plus grande» sein, «que les mesures requises sont de nature à gêner et d'avantager la partie adverse»[779]. Was damit gemeint ist allerdings umstritten[780].

Bezüglich indirekter Garantie hält die Genfer Cour de Justice fest[781]: «dans l'hypothèse d'une garantie indirecte il n'y a fraude manifeste que lorsqu'on peut dire sans hésitation que la deuxième banque, bénéficiaire de la contre-garantie, soutient en fait des machinations frauduleuses de l'importateur». Bezüglich Anforderungen an die Glaubwürdigkeit des Missbrauches bei der Gegengarantie hält die Cour de Justice[782] fest: «il convient de se montrer encore plus rigoureux dans l'appréciation de la vraisemblance qu'il est plausible que la deuxième banque a exécuté ou exécutera sans discussion sa garantie exigible à première demande».

Von dieser «rigueur» ausgenommen, betrachtet die Cour de Justice den Fall, dass die Zweitbank der Zahlungsaufforderung erst Folge geleistet hat, nachdem sie von der Erstbank befriedigt worden ist, weil dieser analog zum Fall einer Erstbank sei[783], was Dohm S. 433 bestreitet, da dieser «Ausnahmefall» Bankenusanz sei und sich nicht vom Fall der üblichen Gegengarantie unterscheide.

Damit ist aufgezeigt, wie eng begrenzt der Handlungsspielraum des Auftraggebers und der Banken in einem Fall von Rechtsmissbrauch ist. Im Fall einer Gegengarantie, der im internationalen Handelsverkehr die Regel sein wird, ist gegen die gutgläubige Auszahlung der Zweitbank an den Begünstigten auf erstes Anfordern des Begünstigten wenig auszurichten. Dies kann einen um das Recht kämpfenden Juristen nicht befriedigen, wenn an die «Ausgangslage» zurückerinnert wird. Der Rechtsprechung deshalb einen Vorwurf machen zu wollen, ist verfehlt, diese hat es vielmehr versucht, mit subtilen Mitteln, die krassesten Fälle von Rechtsmissbrauch zurückzudämmen. Gefordert ist vielmehr der Gesetzgeber und

---

[778] Entscheid UBS/IPI Trade, Erwägung 4a S. 13 ff., nach *Dohm* S. 430 und derselbe, SAG (1982) S. 68 ff. N 78–81.
[779] Entscheid UBS/IPI Trade A.a.O. mit Hinweisen auf Semjud (1956) S. 73 und (1958) S. 472.
[780] *Michel Vasseur*, Recueil Dalloz Sirey-Informations Rapides (1984) S. 487 rechts der dies als Missbrauch «qui crève les yeux» auslegt und *Dohm* S. 431, der dies als weniger weitgehend als der strikte Nachweis auslegt S. 431.
[781] Entscheid UBS /IPI Trade, Erwägung 4a S. 15–16; *Dohm* SAG (1984) S. 176 ad 4.
[782] In Entscheid Banco del Pacifico-Bimar Erwägung 4b S. 15 nach *Dohm* S. 482; der Grundsatz wird von der Cour de Justice im Entscheid SBS gegen Actimon vom 17. Mai 1984 in Semjud 1984 S. 464 bejaht.
[783] Entscheid Banco del Pacifico-Bimar Erwägung 4b S. 16 in fine gemäss *Dohm* S. 432.

zwar nicht der nationale Gesetzgeber, der durch eigenständiges Vorgehen bloss die inländischen Unternehmer im internationalen Konkurrenzkampf benachteiligen würde, sondern der internationale Gesetzgeber, und es ist deshalb richtig, dass die internationale Handelskammer und noch besser die UNCITRAL beschlossen haben, hierüber einheitliche Regeln bzw. eine internationale multilaterale Konvention ins Leben zu rufen.

3.21 Die Regelung des Rechtsmissbrauches im Entwurf der UNO-Konvention

Während sich die URDG zum Fall des Rechtsmissbrauches direkt nicht äussern, befasst sich die Konvention in zwei Artikeln (Art. 19 und 20) mit der missbräuchlichen Inanspruchnahme der Bankgarantie, wobei Art. 19 das Recht des Garanten normiert, die Zahlung aus der Bankgarantie zu verweigern und Art. 20 die vorsorglichen gerichtlichen Massnahmen.

Art. 19 gibt dem Garanten das Recht, dem Begünstigten die Zahlung der Garantie vorzuenthalten, wenn er im guten Glauben handelt und offensichtlich und eindeutig ist, dass

- ein Dokument nicht authentisch oder verfälscht worden ist;
- aus den Gründen, die in der Zahlungsaufforderung und den Belegen geltend gemacht werden, keine Zahlung geschuldet ist;
- anhand des Typus und des Zweckes der Bankgarantie, die Zahlungsaufforderung keinerlei denkbare Grundlage hat.

Die Konvention vermeidet somit den Ausdruck «Rechtsmissbrauch», der nach nationalem Recht ausgelegt würde. In einer früheren Version war von «improper demand» die Rede, die heutige Fassung spricht von «the demand has no conceivable basis» was sowohl neutraler als auch präziser ist[784].

Dann heisst es im ersten Satz, dass der Tatbestand «manifest and clear» sein muss, d.h. der Tatbestand muss liquid und offensichtlich sein. Die eingelegten Belege müssen eindeutig und klar auf den Tatbestand hinweisen und der Richter darf nicht gezwungen werden, weitere Untersuchungen über den Tatbestand anstellen zu müssen. Ein Beispiel soll dies aufzeigen:

---

[784] *Bertrams* S. 276

Geht es um einen «performance bond» und will der Begünstigte die Bankgarantie in Anspruch nehmen, obwohl der Unternehmer das Werk zu seiner vollen Zufriedenheit hergestellt und abgeliefert hat, so muss der Auftraggeber in der Lage sein, entweder ein Abnahmezertifikat vorzulegen, aus dem dies hervorgeht oder sonstige Korrespondenzen aus denen sich der Begünstigte befriedigt erklärt.

In Abs. 2 wird anhand von Einzelfällen exemplifiziert, wann der Tatbestand erfüllt ist, dass die Zahlungsaufforderung keinerlei denkbare Grundlage anhand des Typus und des Zweckes der Bankgarantie hat. Dies ist dann der Fall

a) wenn die Eventualität oder das Risiko für welches die Bankgarantie ausgelegt worden ist, unzweifelhaft nicht eingetroffen ist;

b) wenn die Verpflichtung des Auftraggebers, die der Bankgarantie zugrunde liegt, durch ein Gericht oder Schiedsgericht für ungültig erklärt worden ist, es sei denn, die Bankgarantie weise darauf hin, dass die Möglichkeit unter das Risiko falle, welche von der Bankgarantie gedeckt würde;

c) wenn die der Bankgarantie zugrunde liegende Verpflichtung unzweifelhaft zur Befriedigung des Begünstigten erfüllt worden ist;

d) wenn die Erfüllung der Verpflichtung, die der Bankgarantie zugrunde liegt, in eindeutiger Weise durch eine vorsätzliche Verfehlung des Begünstigten verhindert worden ist;

e) für den Fall der Zahlungsaufforderung unter einer Gegengarantie, wenn der Begünstigte der Gegengarantie eine Zahlung schlechtgläubig als Garanten der Bankgarantie gemacht hat auf welche die Gegengarantie Bezug nimmt.

Alle die in Abs. 2 von Art. 19 der Konvention aufgeführten Tatbestände lassen darauf schliessen, dass die Konvention davon ausgeht, dass wenn die Causa entfallen ist, eine Zahlung aus der Bankgarantie nicht mehr gefordert ist.

In allen Fällen von Abs. 1 lit. a, b, und c von Art. 19 ist der Auftraggeber berechtigt, vorsorgliche Massnahmen gemäss Art. 20 anzuordnen. Nur der Auftraggeber nicht aber der Garant wird dazu ermächtigt, nach Art. 20 vorzugehen. Dem Garanten steht nur das Mittel zu, gemäss Art. 19 die Zahlung zu verweigern[785]. Für das Vorliegen der materiell rechtlichen Vor-

---

[785] Hierzu *Markus* S. 26

aussetzungen nämlich der Tatbestände von Art. 19 lit. a,b, und c wobei es sich hier offenbar um einen numerus clausus von Tatbeständen handelt (vgl. Art. 20 Abs. 3 der Konvention)[786], genügt eine «high probability». Dieser letztere Begriff wurde Gegenstand heftiger Kritik[787]. Er drückt aus, dass im Gegensatz zu Art. 19 es nicht notwendig ist, dass der behauptete Tatbestand «manifest and clear» ist. Es genügt, dass er sehr wahrscheinlich ist. Dann genügt auch eine «immediately available strong evidence» also Glaubhaftmachen. Dies entspricht auch der Schweizerischen Praxis: «Da die vorsorgliche Verfügung kein Endurteil im strengen Sinn des Prozessrechtes ist, muss beim Erlass derselben keine abschliessende Prüfung des Streitfalles vorgenommen werden. Es genügt vielmehr eine summarische Prüfung, wobei die Voraussetzungen für die vorsorgliche Verfügung vom Gesuchsteller lediglich glaubhaft zu machen sind[788]. Der nachfolgende Hauptprozess ist dann die Gelegenheit, wo geprüft werden muss, diesmal mittels stringenten Beweis, ob der behauptete Rechtsmissbrauch wirklich besteht[789].

Unter diesen Voraussetzungen kann der Richter eine vorsorgliche Verfügung erlassen, dass der Begünstigte keine Zahlung erhält mit Einschluss eines Befehls, dass der Garant den garantierten Betrag zurückzuhalten habe, oder einen vorsorglichen gerichtlichen Befehl erlassen, dass die dem Begünstigten ausbezahlten Beträge blockiert bleiben, wobei der Richter zu berücksichtigen hat, dass der Garant beim Nichterlassen einer solchen vorsorglichen Verfügung oder eines solchen Befehls einen ernsthaften («serious») Schaden erleiden würde. Dem Richter ist es unbenommen, vom antragstellenden Auftraggeber eine Sicherheit zu verlangen (Art. 20 Abs. 2).

Damit ist allerdings ein immer wieder vorkommender Fall von rechtsmissbräuchlicher Inanspruchnahme der Bankgarantie nicht abgedeckt, die Inanspruchnahme einer Bankgarantie die nicht mehr in Kraft ist. Diesbezüglich ist dreierlei zu beachten:

1. Art. 19 trägt die Überschrift «exception to payment obligation». Ist die Bankgarantie nicht mehr in Kraft, so besteht auch keine «payment obligation»mehr.

---

[786] Ein solcher numerus clausus von Missbrauchstatbeständen scheint mir höchst fragwürdig und ist nach Schweizerischem Recht wohl unzulässig.
[787] *Markus* S. 26.
[788] *Dohm* S. 162 ff. N 368.
[789] Urteil des Zivilgerichtes Basel Stadt vom 19. August 1986 S. 16 nicht publiziert.

2. Dass eine Zahlungsaufforderung nur «within the time that the demand for payment may be made» (Art. 15 Abs. 2) erfolgt.

3. Dass die Voraussetzungen nach welchen eine Bankgarantie unwirksam wird in Art. 11 ff. geregelt sind.

3.22 Die Haftung des Garanten gegenüber dem Auftraggeber

Da der Vertrag zwischen dem Auftraggeber und dem Garanten als Auftrag zu betrachten ist, haftet der Garant gemäss Art. 398 OR[790]. Er hat sich insbesondere gemäss Art. 397 Abs. 1 OR an die Weisungen des Auftraggebers zu halten[791].

Nun enthält die URGD eine Reihe von Freizeichnungen:

Gemäss Art. 11[792] haften die Garanten und Gegengaranten nicht für die Form, die Rechtsgenügsamkeit, die Genauigkeit, die Authentizität, die Verfälschung oder die Rechtswirksamkeit irgendeines Dokumentes, das ihnen vorgelegt wird, weder bezüglich allgemeinen noch spezifischen Erklärungen, die darin enthalten sind, noch bezüglich des guten Glaubens, der Handlungen oder Unterlassungen irgendeiner Person[793].

Diese Freizeichnung geht auch nach Schweizerischem Recht zu weit: In BGE 112 II 455 hat das Bundesgericht Art. 100 Abs. 2 OR als für die Banken anwendbar erklärt, womit vom Richter eine Freizeichnung für leichte Fahrlässigkeit nichtig erklärt werden kann. Diese würde in Bezug auf Art. 11 URGD in Bezug auf «Form», «Verfälschung und Rechtswirksamkeit» relevant sein, soweit diese für den Garanten als erkennbar betrachtet werden können. Kommt Art. 100 Abs. 2 OR nicht zur Anwendung, so gilt in jedem Fall die Schranke von Art. 100 Abs. 1 OR. Auch kann die Bank ihre Haftung für ihre Hilfspersonen gemäss Art. 101 OR nicht unter Berufung auf den letzten Teil von Art. 11 URGD ausschliessen, weil die Klausel bezüglich der Handlungen oder Unterlassungen irgend-

---

[790] Im einzelnen *Dohm* N 122 ff.; ferner Genfer Cour de Justice in Semjud 1984 S. 464.
[791] Art. 11 URDG entspricht in seinem Wortlaut weitestgehend Art. 15 ERA 500. Lediglich der zweite Satz wurde vereinfacht und auf die Bedürfnisse des Rechtes der Bankgarantie angepasst.
[792] Vgl. hierzu *Goode* S. 73
[793] Hierzu *Gauch/Schluep* 1 N 1231 ff.

einer Person einen solchen Ausschluss nicht klar ausdrückt und damit der Unklarheitenregel[794] unterliegt.

Gemäss Art. 12 URGD[795] haften die Garanten oder Gegengaranten nicht für die Folgen oder Verspätungen, die Mitteilungen, Briefe oder Dokumente erleiden können, sowie nicht für Verspätungen, Verstümmelungen oder anderen Fehlern, die sich in der Übertragung von Telekommunikationen ergeben können. Die Garanten und Gegengaranten haften nicht für Fehler der Übersetzung oder Auslegung von technischen Termini und behalten sich vor, den Wortlaut der Garantie oder Teile davon in der Originalsprache weiterzuleiten, ohne sie zu übersetzen.

Während der zweite Satz dieser Freizeichnung nach Schweizerischem Recht zulässig ist, geht der erste Satz wieder zu weit. Soweit die Mitteilung von Dritten stammt, kann die Bank nicht dafür haftbar gemacht werden, dagegen, wenn sie die Mitteilung mit den Mitteln der Telekommunikation weiterleitet, ist sie im Rahmen von Art. 100 OR und soweit ihr ein Verschulden nachgewiesen werden kann, haftbar. Sie ist es auch für ihre Hilfspersonen gemäss Art. 101 OR.

Gemäss Art. 13[796] haften die Garanten und Gegengaranten nicht für die Folgen, die aus einer Unterbrechung ihrer Tätigkeiten, die auf höhere Gewalt zurückzuführen sind. Auch diese Freizeichnung geht nach Schweizerischem Recht zu weit. Der Garant bzw. Gegengarant kann sich nämlich nur im Rahmen von Art. 100 OR von der Haftung für höhere Gewalt freizeichnen, d.h. es darf ihm keinerlei Verschulden für die höhere Gewalt nachgewiesen werden können, wenn Art. 100 Abs. 2 OR anwendbar ist und der Garant bzw. Gegengarant hat in jedem Fall eine Schadensminderungspflicht.

Art. 14 URGD enthält Freizeichnungen zugunsten spezifisch des Garanten und Rückgaranten: Nach lit.a tun Garanten und Rückgaranten dies für Rechnung und Gefahr des Auftraggebers, wenn sie sich zur Ausführung der Weisung des Auftraggebers der Dienste eines Dritten bedienen. Nach lit.b übernehmen Garanten und Rückgaranten keine Haftung oder Verantwortung, wenn die von ihnen übermittelten Weisungen nicht aus-

---

[794] Vgl. hierzu *Goode* S.75 f. Auch Art. 12 URGD entspricht fast wörtlich Art. 16 ERA 500 sodass auf die Darstellung auf Seite 84 f. hiervor verwiesen werden kann.
[795] Dasselbe trifft für Art. 13 URGD zu, der mit Art. 17 ERA 500 weitestgehend übereinstimmt; dazu *Goode* S. 77.
[796] *Goode* S. 77. Eine ähnliche Formulierung kennt Art. 13 lit. a der ERA 500, welche *Nielsen* Neue Richtlinien für Dokumente Akkreditiv auf N 94 kritisiert.

geführt werden, auch wenn sie selbst die Auswahl des Dritten getroffen haben[797] Es handelt sich hier offensichtlich um Freizeichnungen des Garanten im Verhältnis zum Gegengaranten. Die URGD geht somit von einem Substitutionsverhältnis zwischen Garanten und Gegengaranten aus. Nach schweizerischem Recht ist für das letztere somit Art. 399 Abs.2 OR anwendbar[798] Gemäss Art.14 lit. c URGD hat der Auftraggeber den Garanten oder den Rückgaranten für alle Verpflichtungen und Verantwortlichkeiten schadlos halten, die sich gegebenenfalls aus ausländischen Rechtsordnungen ergeben[799].

Gemäss Art. 15 URGD sind Garant und Rückgarant von der Haftung gemäss den Art. 11, 12 und 14 URGD befreit, sofern sie in gutem Glauben und mit angemessener Sorgfalt gehandelt haben.[800] Der Garant haftet somit nur für Sorgfalt und nicht für den Erfolg seines Handelns[801], was angesichts dessen, dass es sich um einen Auftrag handelt, richtig ist. Problematisch wird aber damit das Verhältnis zu den Freizeichnungen von Art. 11, 12 und 13, auf welche Art. 15 zwar hinweist.

Nach Art. 16 URGD haftet der Garant gegenüber dem Begünstigten nur gemäss den Garantie-Bedingungen, deren Änderungen und diesen Richtlinien und zwar nur bis zu einem Betrag, der den in der Garantie und deren Änderung bestimmten Betrag nicht überschreitet. Eine solche Freizeichnung setzt nach schweizerischem Recht voraus, dass zwischen dem Garanten und dem Begünstigten ein vertragliches Verhältnis besteht bzw. dass Art. 41 ff.OR nicht zu Anwendung kommt.

Mit der Haftung des Ausstellers und des Garanten befasst sich Art. 14 der Konvention.: Danach haben beide in guten Treuen zu handeln und «vernünftige» Sorgfalt anzuwenden. Als Massstab für die Sorgfalt gelten die allgemein anerkannten Standards der internationalen Praxis bei der Handhabung von unabhängigen Garantien und Stand-by letters of credit. Eine ähnliche Formel kennen bekanntlich die ERA 500 für Dokumenten-Akkreditiv[802]. Es stellt sich daher die Frage, ob hierfür die URGD subsidiär als Ausdruck dieser Praxis beizuziehen sind. Diese Frage nach dem jeweiligen nationalen Recht zu entscheiden, verbietet nämlich Art. 13 Abs. 2 der Konvention. Danach sind massgebend die Bestimmungen und

---

[797] Hierzu *Goode* S. 79 f.
[798] Hierzu *Fellmann* N 45 ff. zu Art. 399 OR.
[799] Hierzu *Goode* S. 81 ff.
[800] *Ebenda* S. 83.
[801] Hierzu *Fellmann* N 97 ff. zu Art. 394 OR.
[802] Art. 13 lit. c, vgl. Art. 7 einheitliches Kaufrecht

die Bedingungen der Bankgarantie und wenn diese auf eine Rechtsfrage keine Antwort geben, sind die Bestimmungen der Konvention massgebend unter Berücksichtigung der für unabhängige Garantien oder Stand-by letters of credit anwendbaren Regeln und Usanzen. Dies spricht für einen Beizug der ERA 500 und der URGD, sollten diese jemals als Ausdruck der internationalen Handelsusanz anerkannt werden. Wie beim «Wiener» Einheitlichen UNO Kaufrecht[803] ist auch diese Konvention nur aus sich heraus auszulegen.

Gemäss Art. 14 Abs. 2 der Konvention ist eine Freizeichnung unzulässig, wenn der Haftende gegen den guten Glauben verstossen hat und bei grober Fahrlässigkeit. Damit entspricht Art. 14 Abs. 2 der Konvention Art. 100 Abs. 1 OR. Dagegen ist Art. 100 Abs. 2 OR nicht anwendbar, was sich mit der Bundesgerichtspraxis, die eine Bank eine konzessioniertes Gewerbe im Sinn von Art. 100 Abs. 2 OR betrachtet, nicht vereinbaren lässt[804].

3.23 Die Zulässigkeit der Verrechnung

Gemäss Art. 18 der Konvention darf der Garant gegen den Begünstigten verrechnen, ausgenommen die Verrechnungsforderung sei ihm vom Auftraggeber abgetreten worden. Im übrigen überlässt die Konvention die Frage der Verrechenbarkeit der Zahlung aus der Bankgarantie mit Forderungen des Garanten gegenüber dem Begünstigten der Privatautonomie, was aber bedingt, dass diese Frage im Garantietext zu regeln ist.

Mit der grundsätzlichen Zulassung der Verrechnung entscheidet die Konvention eine wissenschaftliche Kontroverse: Denn es gibt gute Gründe für ein Verbot der Verrechnung namentlich weil damit der Sicherungszweck der Bankgarantie geschwächt wird.

---

[803] *Markus* S. 20; vgl. auch *Richter* S. 173.
[804] siehe hierüber *Logoz* S. 115 ff.

3.24 Tafeln zur Bankgarantie

Beteiligte an einer Bankgarantie

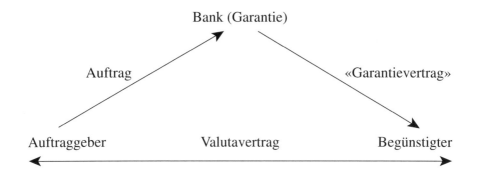

Varianten für Bankgarantien von mehreren Auftraggebern

1. Bankgarantie für Zwischenhändler

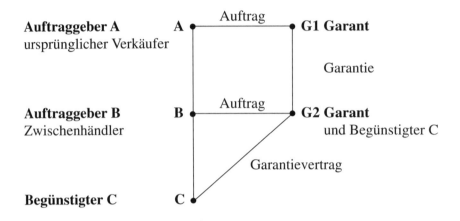

2. Bankgarantie für Subunternehmer

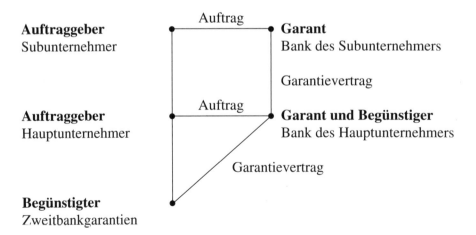

Zweitbanken

1. Avisbank

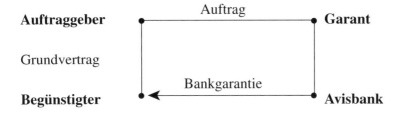

2. Bestätigende Bank

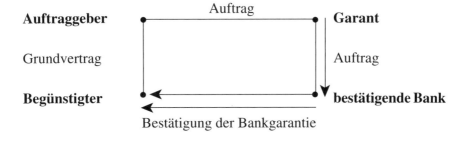

3. Indirekte Garantie

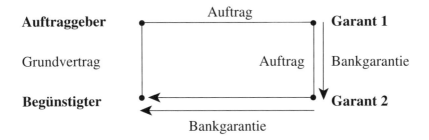

3.25 Muster von Bankgarantien

Bedingungslose Bietungsgarantie   **A**

Bietungsgarantie der ....-Bank (Garant) für die Nichterfüllung der Verpflichtungen der Firma .... (Garantieauftraggeber) gegenüber der Firma .... (Garantiebegünstigter) aus dem Angebot vom .... über .... (genaue Beschreibung des Gegenstandes des Angebots).

Der Garant verpflichtet sich hiermit unwiderruflich, an den Begünstigten innerhalb einer Frist von 14 Werktagen nach Eingang dessen erster schriftlicher Anforderung jeden geforderten Betrag bis zur Höhe von Sfr. .... zu zahlen, sofern die Anforderung bis zum .... (Verfalldatum) eingeht.

Der Anforderung müssen eine beglaubigte Kopie der Urkunde über die Erteilung des Zuschlags an den Garantieauftraggeber (*oder* eine schriftliche Erklärung de Begünstigten hierüber) und eine schriftliche Erklärung des Begünstigten mit Angabe über die Nichterfüllung der vom Garantieauftaggeber im oben genannten Angebot übenommenen Verpflichtungen beigefügt sein.

Nach Erlöschen der Garantie hat der Begünstigte die Garantieurkunde unverzüglich an den Garantieauftaggeber zurückzugeben. Nach Inanspruchnahme der Garantie durch den Begünstigten trifft diese Verpflichtung den Garanten.

Auf alle Streitigkeiten aus der oder im Zusammenhang mit dieser Garantie findet Schweizerisches Recht Anwendung. Der deutsche Text dieser Garantie ist Originaltext.

Bedingte Bietungsgarantie **B**

Bietungsgarantie der ....-Bank (Garant) für die Nichterfüllung der Verpflichtungen der Firma .... (Garantieauftraggeber) gegenüber der Firma .... (Garantiebegünstigter) aus dem Angebot vom .... über .... (genaue Beschreibung des Gegenstandes des Angebots).

Der Garant verpflichtet sich hiermit unwiderruflich, an den Begünstigten innerhalb einer Frist von 14 Werktagen nach Eingang dessen erster schriftlicher Anforderung jeden geforderten Betrag bis zur Höhe von Sfr. .... zu zahlen, sofern die Anforderung bis zum .... (Verfalldatum) eingeht.

Der Anforderung müssen eine beglaubigte Kopie der Urkunde über die Erteilung des Zuschlags an den Garantieauftraggeber (*oder* eine schriftliche Erklärung de Begünstigten hierüber) und eine schriftliche Erklärung des Begünstigten mit Angabe über die Nichterfüllung der vom Garantieauftaggeber im oben genannten Angebot übenommenen Verpflichtungen beigefügt sein.

Die Zahlungspflicht des Garanten entfällt, wenn der Garantieauftraggeber vor Ablauf der Zahlungsfrist vor dem zwischen ihm und dem Garantiebegünstigten vereinbarten Schiedsgericht Klage erhebt. Der Garant leistet jedoch unverzüglich nach Vorlage eines das Vorliegen der Voraussetzungen der geforderten Zahlung feststellenden Schiedsspruchs.

Nach Erlöschen der Garantie hat der Begünstigte die Garantieurkunde unverzüglich an den Garantieauftaggeber zurückzugeben. Nach Inanspruchnahme der Garantie durch den Begünstigten trifft diese Verpflichtung den Garanten.

 Auf alle Streitigkeiten aus der oder im Zusammenhang mit dieser Garantie findet Schweizerisches Recht Anwendung. Der deutsche Text dieser Garantie ist Originaltext.

Variante: Anwendbar sind die einheitlichen Richtlinien für auf Anfordern zahlbare Garantien der IHK.

Bedingungslose Anzahlungsgarantie A

Anzahlungsgarantie der ....-Bank (Garant) für die Nichterfüllung der Verpflichtungen der Firma .... (Garantieauftraggeber) gegenüber der Firma .... (Garantiebegünstigter) aus dem Vertrag vom .... über .... (genaue Beschreibung des Gegenstandes des Vertrags).

Der Garant verpflichtet sich hiermit unwiderruflich, an den Begünstigten innerhalb einer Frist von 14 Werktagen nach Eingang dessen erster schriftlicher Anforderung jeden geforderten Betrag bis zur Höhe von Sfr. .... zu zahlen, sofern die Anforderung bis zum .... (Verfalldatum) eingeht.

Der Anforderung muss eine schriftliche Erklärung des Begünstigten mit Angaben über die Nichterfüllung der vom Garantieauftraggeber vertraglich übernommenen Verpflichtungen beigefügt sein.

Nach Erlöschen der Garantie hat der Begünstigte die Garantieurkunde unverzüglich an den Garantieauftaggeber zurückzugeben. Nach Inanspruchnahme der Garantie durch den Begünstigten trifft diese Verpflichtung den Garanten.

Auf alle Streitigkeiten aus der oder im Zusammenhang mit dieser Garantie findet Schweizerisches Recht Anwendung. Der deutsche Text dieser Garantie ist Originaltext.

Bedingte Anzahlungsgarantie **B**

Anzahlungsgarantie der ....-Bank (Garant) für die Nichterfüllung der Verpflichtungen der Firma .... (Garantieauftraggeber) gegenüber der Firma .... (Garantiebegünstigter) aus dem Vertrag vom .... über .... (genaue Beschreibung des Gegenstandes des Vertrags).

Der Garant verpflichtet sich hiermit unwiderruflich, an den Begünstigten innerhalb einer Frist von 14 Werktagen nach Eingang dessen erster schriftlicher Anforderung jeden geforderten Betrag bis zur Höhe von Sfr. .... zu zahlen, sofern die Anforderung bis zum .... (Verfalldatum) eingeht.

Der Anforderung muss eine schriftliche Erklärung des Begünstigten mit Angaben über die Nichterfüllung der vom Garantieauftraggeber vertraglich übernommenen Verpflichtungen beigefügt sein.

Die Zahlungspflicht des Garanten entfällt, wenn der Garantieauftraggeber vor Ablauf der Zahlungsfrist vor dem zwischen ihm und dem Garantiebegünstigten vereinbarten Schiedsgericht Klage erhebt. Der Garant leistet jedoch unverzüglich nach Vorlage eines das Vorliegen der Voraussetzungen der geforderten Zahlung feststellenden Schiedsspruchs.

Nach Erlöschen der Garantie hat der Begünstigte die Garantieurkunde unverzüglich an den Garantieauftaggeber zurückzugeben. Nach Inanspruchnahme der Garantie durch den Begünstigten trifft diese Verpflichtung den Garanten.

Auf alle Streitigkeiten aus der oder im Zusammenhang mit dieser Garantie findet Schweizerisches Recht Anwendung. Der deutsche Text dieser Garantie ist Originaltext.

Variante: Anwendbar sind die einheitlichen Richtlinien für auf Anfordern zahlbare Garantien der IHK.

Bedingungslose Erfüllungsgarantie   A

Erfüllungsgarantie der ....-Bank (Garant) für die Nichterfüllung der Verpflichtungen der Firma .... (Garantieauftraggeber) gegenüber der Firma .... (Garantiebegünstigter) aus dem Vertrag vom .... über .... (genaue Beschreibung des Gegenstandes des Vertrags).

Der Garant verpflichtet sich hiermit unwiderruflich, an den Begünstigten innerhalb einer Frist von 14 Werktagen nach Eingang dessen erster schriftlicher Anforderung jeden geforderten Betrag bis zur Höhe von Sfr. .... zu zahlen, sofern die Anforderung bis zum .... (Verfalldatum) eingeht.

Der Anforderung muss eine schriftliche Erklärung des Begünstigten mit Angaben über die Nichterfüllung der vom Garantieauftraggeber vertraglich übernommenen Verpflichtungen beigefügt sein.

Nach Erlöschen der Garantie hat der Begünstigte die Garantieurkunde unverzüglich an den Garantieauftaggeber zurückzugeben. Nach Inanspruchnahme der Garantie durch den Begünstigten trifft diese Verpflichtung den Garanten.

Auf alle Streitigkeiten aus der oder im Zusammenhang mit dieser Garantie findet Schweizerisches Recht Anwendung. Der deutsche Text dieser Garantie ist Originaltext.

Bedingte Erfüllungsgarantie **B**

Erfüllungsgarantie der ....-Bank (Garant) für die Nichterfüllung der Verpflichtungen der Firma .... (Garantieauftraggeber) gegenüber der Firma .... (Garantiebegünstigter) aus dem Vertrag vom .... über .... (genaue Beschreibung des Gegenstandes des Vertrags).

Der Garant verpflichtet sich hiermit unwiderruflich, an den Begünstigten innerhalb einer Frist von 14 Werktagen nach Eingang dessen erster schriftlicher Anforderung jeden geforderten Betrag bis zur Höhe von Sfr. .... zu zahlen, sofern die Anforderung bis zum .... (Verfalldatum) eingeht.

Der Anforderung muss eine schriftliche Erklärung des Begünstigten mit Angaben über die Nichterfüllung der vom Garantieauftraggeber vertraglich übernommenen Verpflichtungen beigefügt sein.

Die Zahlungspflicht des Garanten entfällt, wenn der Garantieauftraggeber vor Ablauf der Zahlungsfrist vor dem zwischen ihm und dem Garantiebegünstigten vereinbarten Schiedsgericht Klage erhebt. Der Garant leistet jedoch unverzüglich nach Vorlage eines das Vorliegen der Voraussetzungen der geforderten Zahlung feststellenden Schiedsspruchs.

Nach Erlöschen der Garantie hat der Begünstigte die Garantieurkunde unverzüglich an den Garantieauftaggeber zurückzugeben. Nach Inanspruchnahme der Garantie durch den Begünstigten trifft diese Verpflichtung den Garanten.

Auf alle Streitigkeiten aus der oder im Zusammenhang mit dieser Garantie findet Schweizerisches Recht Anwendung. Der deutsche Text dieser Garantie ist Originaltext.

Variante: Anwendbar sind die einheitlichen Richtlinien für auf Anfordern zahlbare Garantien der IHK.

4. Die Mobiliarverschreibung als Alternative zum Eigentumsvorbehalt de lege ferenda nach schweizerischem Recht?

Einleitung

Der Eigentumsvorbehalt ist – nicht nur im schweizerischen Recht ein schwaches Sicherungsmittel. Diese Eigenschaft des Eigentumsvorbehaltes ist zwar vom Gesetzgeber gewollt und mag auch für Konsumgüter genügen, für teuere Investitionsgüter ist sie hingegen unbefriedigend und hat zur Folge, dass weitere Sicherungsmittel, wie Akkreditiv oder Bankgarantien eingesetzt werden müssen. Es stellt sich daher die Frage, ob es nicht besser wäre, wenn der Gesetzgeber hierfür eine Alternative böte, die als Sicherungsmittel an und für sich genügt. Als solches drängt sich die Mobiliarverschreibung oder -hypothek auf, die bereits dem früheren schweizerischen Recht bekannt war und als Viehverschreibung im heutigen schweizerischen Recht weiterbesteht.

Im Folgenden sollen die beiden Institute Eigentumsvorbehalt einerseits und Mobiliarhypothek anderseits einzeln untersucht, der Eigentumsvorbehalt nach dem geltenden schweizerischen Recht, die Mobiliarhypothek exklusiv Viehverschreibung nach den früheren schweizerischen Rechten und nach den ausländischen Rechten, die sie kennen, sowie analoge ausländischen Institute dargestellt werden, um daraus die Schlussfolgerungen de lege ferenda ziehen zu können.

Literaturauswahl

P. Altorfer, Die Mobiliarhypothek, Zürcher Studien zum Privatrecht 12 (1981); *A. Beck,* Der Eigentumsvorbehalt nach dem schweizerischen ZGB (Diss.Bern 1916); *A. Bucher,* La réserve de propriété en droit international privé suisse: Semjud. 1990 S. 318 ff.; *E. Bürgi* Der Eigentumsvorbehalt in Theorie und Praxis: BlSchK 48 (1984) S. 41, 81, 121; *R. Haab/A. Simonius/W. Scherrer/D. Zobl,* Das Eigentum: Zürcher Kommentar IV,1 (1929–1977) insbes. zu Art.715 ff. ZGB; *H. Hinderling,* Der Besitz: SPR V/1 (Basel 1977); *H. Leemann,* Sachenrecht, Das Eigentum: Berner Kommentar (Bern 1920); *P. Liver,* Das Eigentum: SPR V/1 (Basel 1977) S. 308 ff.; *S. Ottrubay,* Die Eintragung des Eigentumsvorbehalts (Diss. Freiburg 1980); *P. Piotet,* La réalisation d'une condition peut-elle avoir un «effet réel»?: Théorie du transfert de propriété: ZSR 1988 S. 359 ff.; *A. Röthlisberger,* Traditionsprinzip und Konsensprinzip bei der Mobiliarübereignung – Eine vergleichende Untersuchung zu den iberischen und lateinamerikanischen Kodifikationen (Diss.Bern/ Zürich 1982); *S. Sandoz,* L'inscription du pacte de réserve de propriété: une solution «géniale ... diabolique»: ZSR 1987 I S. 535 ff.; *F. Schwarzenbach,* Der Eigentumsvorbehalt, seine Bedeutung im Abzahlungsgeschäft und in der Zwangsvollstreckung des schweizerischen Rechts (Diss. Zürich 1967); *Paul-Henri Steinauer,* Les droits réels Bd. 2 (Bern 1993) S. 222 ff.; *H. Stumpf/G. Fichna/R. Zimmermann,* Eigentumsvorbehalt und Sicherungsübereignung im Ausland. Recht der Mobiliarsicherheiten: Schr.reihe RIW 8 (1980); *Tuor/Schnyder/Schmid,* Das Schweizerische Zivilgesetzbuch (Zürich 1995).

4.1 Die Grundlagen

4.1.1 Die einschlägigen Gesetzesnormen

Der Eigentumsvorbehalt ist in den Art. 715 und 716 ZGB geregelt.
Art. 715 ZGB lautet:

Der Vorbehalt des Eigentums an einer dem Erwerber übertragenen beweglichen Sache ist nur dann wirksam, wenn er an dessen jeweiligem Wohnort in einem vom Betreibungsbeamten zu führenden öffentlichen Register eingetragen ist (Abs. l). Beim Viehhandel ist jeder Eigentumsvorbehalt ausgeschlossen (Abs. 2).

Der französische Text von Art. 715 ZGB lautet:

«Le pacte en vertu duquel l'aliénateur se réserve la propriété d'un meuble transféré à l'acquéreur n'est valable que s'il a été inscrit au domicile actuel de ce dernier dans un registre public tenu par l'office des poursuites» (Abs. l). «Le pacte de réserve de propriété est prohibé dans le commerce du bétail» (Abs. 2).

Art. 716 ZGB lautet:

Gegenstände, die mit Eigentumsvorbehalt übertragen worden sind, kann der Eigentümer nur unter der Bedingung zurückverlangen, dass er die vom Erwerber geleisteten Abzahlungen unter Abzug eines angemessenen Mietzinses und einer Entschädigung für Abnützung zurückerstattet.
Weitere Bestimmungen, die sich mit dem Eigentumsvorbehalt befassen, finden sich in Art. 217 OR, wonach der Eigentumsvorbehalt im Grundstückkauf ausgeschlossen ist, in Art. 226a Abs. 2 Ziff. 9 OR, wonach die Vereinbarung eines Eigentumsvorbehaltes Bestandteil des schriftlichen Abzahlungsvertrages sein muss, in Art. 226m Abs. 2 OR, wonach die Vorschriften betr. Abzahlungsvertrag für Darlehen zum Erwerb beweglicher Sachen, wenn der Verkäufer dem Darleiher die Kaufpreisforderung mit oder ohne Eigentumsvorbehalt abtritt, sinngemäss anzuwenden sind.

Mit dem Eigentumsvorbehalt befassen sich auch die Artikel 101 bis 103 des Bundesgesetzes über das Internationale Privatrecht.

Art. 101 IPRG lautet:

Rechtsgeschäftlicher Erwerb und Verlust dinglicher Rechte an Sachen im Transit unterstehen dem Recht des Bestimmungslandes.

Art. 102 IPRG lautet:

Gelangt eine bewegliche Sache in die Schweiz und ist der Erwerb oder der Verlust eines dinglichen Rechts an ihr nicht bereits im Ausland erfolgt, so gelten die im Ausland eingetretenen Vorgänge als in der Schweiz erfolgt (Abs. l).
Gelangt eine bewegliche Sache in die Schweiz und ist an ihr im Ausland ein Eigentumsvorbehalt gültig begründet worden, der den Anforderungen des schweizerischen Rechts nicht genügt, so bleibt der Eigentumsvorbehalt in der Schweiz noch während drei Monate gültig (Abs. 2).
Dem gutgläubigen Dritten kann der Bestand eines solchen Eigentumsvorbehalts nicht entgegengehalten werden (Abs. 3).

Schliesslich hat Art. 103 IPRG folgenden Wortlaut:

Der Eigentumsvorbehalt an einer zur Ausfuhr bestimmten beweglichen Sache untersteht dem Recht des Bestimmungslandes.

4.1.2 Die systematische Einordnung der betreffenden Normen

Die beiden Vorschriften im ZGB Art. 715 und Art. 716 befinden sich im Zwanzigsten Titel mit der Überschrift «Das Fahrniseigentum», dort unter der Lit. B «Erwerbsarten» und mit der Marginalie «Eigentumsvorbehalt» versehen, wobei die Marginalie von Art. 715 «a. Im allgemeinen» und jene von Art. 716 «b. bei Abzahlungsgeschäften» lautet. Art. 217 ist im Dritten Abschnitt des Sechsten Titels der Zweiten Abteilung des OR unter der Überschrift «Der Grundstückkauf» und mit der Marginalie «Bedingter Kauf und Eigentumsvorbehalt» versehen. Art. 226a OR ist im Vierten Abschnitt enthalten mit der Überschrift «Besondere Arten des Kaufs» und unter «C. Teilzahlungsgeschäfte I. Der Abzahlungsvertrag» eingeordnet. Seine Marginalie lautet: «l. Begriff, Form und Inhalt». Art.

226m gehört ebenfalls zum Vierten Abschnitt und ist mit der Marginalie «7. Geltungsbereich» versehen.

Die Art. 101–103 IPR-Gesetz befinden sich dort im 7. Kapitel «Sachenrecht» und sind unter I. Zuständigkeit, 2. Bewegliche Sachen eingeordnet. Die Marginalie von Art. 101 lautet «b. Sachen in Transit», von Art. 102 «c. Sachen, die in die Schweiz gelangen» und von Art. 103 «d. Eigentumsvorbehalt an Sachen, die ausgeführt werden».

4.1.3 Weitere Normen

Art. 715 ZGB, den wir als Grundnorm des schweizerischen Eigentumsvorbehaltsrechts betrachten können, erwähnt ein vom Betreibungsbeamten am jeweiligen Wohnort des Erwerbers zu führendes öffentliches Register. Mit diesem, mit den Eintragungsvoraussetzungen und -grundsätzen befasst sich eine Verordnung des Bundesgerichts betreffend die Eintragung des Eigentumsvorbehalts vom 18. Dezember 1910 mit Teilrevisionen vom 23. Dezember 1932, 23. Dezember 1953 und vom 29. Oktober 1962[805].

Ferner ist auf das Schreiben des Bundesgerichts an die Konferenz der Betreibungs- und Konkursbeamten der Schweiz vom 24. Juni 1957 und auf jenes vom 19. Mai 1964 betr. den Abzahlungs- und Vorauszahlungsvertrag und die Änderung der Verordnung betr. die Eintragung des Eigentumsvorbehalts vom 23. April 1975 hinzuweisen.

I.4. Folgerungen aus dem Wortlaut und der Systematik dieser Normen

I.4.1. Der Vorbehalt des Eigentums ist nur an einer beweglichen Sache möglich. (Vgl. auch Art. 102 und 103 IPRG und Art. 217 OR e contrario), jedoch an Vieh ausgeschlossen, was aus Art. 715 Abs. 2 ZGB abgeleitet werden muss.

I.4.2. Die Wirksamkeit des Eigentumsvorbehalts hängt von dessen Eintragung in einem vom Betreibungsbeamten am Wohnsitz des Schuldners zu führenden öffentlichen Register ab.

I.4.3. Der Eigentumsvorbehalt ist nur im Zusammenhang mit einem Kauf denkbar, wobei für Abzahlungsverträge besondere Vorschriften gelten (Art. 226a und 226m OR); der Viehhandel bleibt dem Eigentumsvorbehalt verschlossen (Art. 715 Abs. 2 ZGB).

---

[805] Nach dem Bundesgericht in BGE 93 III 111 regelt diese Verordnung, wenn man von der Bestimmung des Art. 3 Abs. 3 absieht, nur die Führung des Registers (vgl. auch BGE 78 II 366).

4.1.4 Lücken und offene Rechtsfragen

Auf den ersten Blick erscheint die Regelung des Eigentumsvorbehalts als inkonsistent [806]

- Begriffe wie «Vorbehalt des Eigentums», «wirksam», «bewegliche Sache»[807], «Wohnort», «Viehhandel» sind im Gesetz nicht definiert und daher auslegungsbedürftig
- Wie und wann das «vorbehaltene» Eigentum übergeht, bleibt völlig offen
- Die Wirkungen der Eintragung in das Eigentumsvorbehaltsregister bleiben näher abzuklären
- Überhaupt nicht geregelt ist die Kollision mit Drittrechten
- Ebenfalls nicht geregelt ist die Frage der Durchsetzung des Eigentumsvorbehalts

4.1.5 Lückenfüllung durch Rechtsprechung und Doktrin

Die Lücken und offenen Rechtsfragen sind sowohl von der Rechtsprechung des Bundesgerichts und der kantonalen Gerichte als auch von der Doktrin erkannt und behandelt worden. Auf sie wird im folgenden Teil einzugehen sein.

4.1.6 Entstehungsgeschichte

Für die Entstehungsgeschichte, die ebenfalls zur Auslegung der Rechtsnormen und zu deren Lückenfüllung heranzuziehen ist, wird insgesamt auf bestehende Darstellungen[808] verwiesen.

---

[806] *Suzette Sandoz,* L'inscription du pacte de réserve de propriété, une solution géniale..: ZSR NF 106 (1987) S. 535 ff.
[807] Zur Unbestimmtheit dieses Begriffes und zu dessen Abgrenzungsproblemen: *Erich Bürgi,* Der Eigentunmsvorbehalt in Theorie und Praxis: BlSchKG 47 (1983) S. 81 f.
[808] *Emil Thilo,* Pactum reservati dominii et vente à tempérament (Diss. Lausanne 1906); *Sandoz* S. 541 ff.; *H. Leemann,* Komm. zu Art. 715 ZGB (Bern 1920) N 3; *P. Liver,* Das Eigentum: SPR.V.1 (1977) S. 329 f.; *D. Zobl,* Komm. zum Schweiz.Privatrecht (Bern 1982) Syst. Teil S. 69 ff.; *W. Scherrer,* Komm. zu Art. 715/16 ZGB N 1.

Es muss jedoch hier hervorgehoben werden, dass der Vorentwurf von 1904[809] die Fahrnisverschreibung hat einführen wollen[810], dass die Bestimmungen über den Eigentumsvorbehalt erst im Differenzbereinigungsverfahren und auf Druck des Ständerates ihre heutige Form erhielten und dass noch der Expertenentwurf den Eigentumsvorbehalt verbot[811]. Diese Vorgeschichte macht es klar, weshalb die Regelung des Eigentumsvorbehalts im ZGB fragmentarisch ausfiel.

4.2 Kommentierung de lege lata

4.2.1 Ablehnung der französischen Fassung von Art. 715 ZGB

Zwischen der deutschen Fassung des für den Eigentumsvorbehalt grundlegenden Art. 715 ZGB und der französischen Fassung desselben bestehen erhebliche Unterschiede: So heisst es im deutschen Text, «Der Vorbehalt des Eigentums... ist nur dann wirksam...», was in der französischen Fassung mit «le pacte en vertu duquel l'aliénateur se réserve la propriété...n'est valable» wiedergegeben wird. Eine richtige Übersetzung des deutschen Textes müsste aber lauten: «la réserve de la propriété... ne produit d'effets...» Auf den französischen Wortlaut abstellend[812], kommt Frau *Sandoz* zum Schluss: «l'inscription du pacte de réserve de propriété, condition de validité de celui-ci, est une condition de forme imposée par le législateur de 1906/1907. A défaut d'inscription, la convention passée entre parties est nulle pour vice de forme, comme serait nulle une vente immobilière écrite ou orale»[813] Sie argumentiert dabei weitgehend mit dem «Willen des Gesetzgebers»[814]. Die Folgerungen aus dem französischen Text von Art. 715 ZGB, wie sie von Frau *Sandoz* gezogen werden, machen den Eigentumsvorbehalt weitestgehend unpraktikabel und dies trotz des Hinweises auf die EDV[815], die es möglich machen würde, die

---

[809] Erl. zum Vorentwurf (Bern 1904) S. 313 ff.
[810] BGE 42 II 582 f.
[811] *Ebenda* S. 581; *Sandoz* S. 543 und 554.
[812] S. 566; vgl. auch S. 568.
[813] *Ebenda* S. 564.
[814] *Ebenda* S. 566.
[815] *Ebenda* S. 567.; die Aufassungen von Frau *Sandoz* im zitierten Artikel werden aber noch aus anderen Gründen von *Piotet* in ZSR NF 107(1988) Anm. 18bis S. 366 f. als unzutreffend abgelehnt.

Eintragung in das Eigentumsvorbehaltsregister bei Abschluss des Vertrages oder unmittelbar danach zu bewerkstelligen. In Wirklichkeit haben die Parteien das Bedürfnis, zuerst einen Konsens über die Einräumung des Eigentumsvorbehaltes zu erreichen, was zumeist erst mit dem Aushandeln der Zahlungsweise möglich ist und dann gestützt auf diesem Konsens die Eintragung in das Eigentumsvorbehaltsregister zu beantragen bzw. einzuleiten. Dass unter diesen Umständen der Konsens über die Einräumung des Eigentumsvorbehaltes «nichtig» sein sollte, weil nicht im Eigentumsvorbehaltsregister «registriert», ist aus Sicht der Praxis nicht vertretbar. Im analogen Fall des Grundstückkaufs, den Frau *Sandoz* heranzieht, geben Doktrin und Rechtsprechung[816] dem Erwerber eine sog. Realobligation, sobald der Vertrag verurkundet ist. Die Häufigkeit des Fahrniskaufes unter Eigentumsvorbehalt, das Ungleichgewicht in den Interessen zwischen Vorbehaltsverkäufer und Käufer sowie der relativ leichte Zugriff auf Urkundspersonen im Gegensatz zur Schwerfälligkeit von Registerverwaltungen lassen es zweifelhaft erscheinen, ob von einer Analogie noch die Rede sein kann. Aus all diesen Gründen ist auf den deutschen Wortlaut von Art. 715 ZGB abzustellen, der aus noch darzulegenden Gründen mehr Flexibilität bietet.

4.2.2 Vereinbarung über einen Eigentumsvorbehalt und Eigentumsvorbehalt

Entgegen dem französischen Wortlaut von Art. 715 ZGB ist der Eigentumsvorbehalt und nicht dessen Vereinbarung unwirksam, wenn er nicht in das Eigentumsvorbehaltsregister eingetragen worden ist[817]. Der Eigentumsvorbehalt selbst ist nichts anderes als eine Erklärung des Veräusserers, das Eigentum am veräusserten Gegenstand beibehalten zu wollen[818]. Stimmt der Erwerber dieser Erklärung zu, so gilt sie als vereinbart.

---

[816] zit. bei *Liver* Anm. 6 S. 21.
[817] Gleicher Meinung; Eugen *Huber*, Zum Schweizerischen Sachenrecht. Drei Vorträge: ASR 58 (1914) S. 108.
[818] Auf diese Weise wird bewusst vermieden, von einer «Bedingung» zu sprechen, wie dies *Liver* in seiner Definition des Eigentumsvorbehaltes S. 331 tut. Gleicher Meinung wie hier H. *Giger*, Komm. zu Art. 184 OR (Bern 1973) N 97 und *Steinauer* Nr. 2036;. Eine andere Definition gibt St. *Ottrubay*, Die Eintragung des Eigentumsvorbehalt unter Berücksichtigung des internationalen Rechts und der internationalen Harmonisierungsbestrebungen: AISUF 50 (1980) S. 3.

Wie *Sandoz*[819] überzeugend nachweist, ist ein Eigentumsvorbehalt nur bei einem Kauf möglich, was sich auch aus der einleitenden Zusammenstellung der schweizerischen Rechtsnormen ergibt. Im Zusammenhang mit dem Kauf hat die Erklärung des Verkäufers, sich das Eigentum am Kaufgegenstand vorbehalten zu wollen, eine besondere Bedeutung, weil er damit zu erkennen gibt, dass er nicht gewillt ist, dem Käufer das Eigentum am Kaufgegenstand zu verschaffen[820], wie er nach Art. 184 OR verpflichtet wäre. Damit schränkt er seine Erfüllungspflicht ein, was auf Grund der Privatautonomie zulässig ist[821], soweit damit nur ein Aufschub der Eigentumsübertragung, nicht aber ein vollständiger Verzicht auf Eigentumsverschaffung, der nach zwingendem Kaufrecht unzulässig wäre[822], beabsichtigt ist. Die Notwendigkeit für den Käufer, schon beim Kaufabschluss zu wissen, welche Verpflichtungen der Verkäufer ihm gegenüber eingehen will, ist auch der einzige Grund, der die Rechtsprechung[823] und die Doktrin[824] dazu veranlassen kann, zu fordern, dass die Vereinbarung über die Einräumung eines Eigentumsvorbehaltes vor der Übertragung der Sache an den Käufer abgeschlossen werden müsse.

Wiederum nach der deutschen Fassung von Art. 715 ZGB ist der Vorbehalt des Eigentums ... nur dann wirksam, wenn er in einem vom Betreibungsbeamten zu führenden öffentlichen Register eingetragen ist. Wie bereits erwähnt, wird «wirksam» in der französischen Fassung in unzutreffender Weise mit «valable» übersetzt. «Wirksam» aber heisst rechtswirksam. Diese Qualifikation bezieht sich nach dem deutschen Text auf den Eigentumsvorbehalt und nicht auf die Vereinbarung, einen Eigentumsvorbehalt einräumen zu wollen. Die Vereinbarung über den Eigentumsvorbehalt selbst ist vielmehr formlos gültig[825]. Eine Ausnahme stellt lediglich nach Art. 226a Abs. 2 Ziff. 9 OR der Abzahlungsvertrag dar, bei welchem für die allfällige Vereinbarung eines Eigentumsvorbehaltes die schriftliche Form Gültigkeitserfordernis ist. Diese Vorschrift wäre im Übrigen überflüssig, wenn für die Form einer solchen Vereinbarung der Eintrag in das Eigentumsvorbehaltsregister Gültigkeitserfordernis wäre.

---

[819] S. 574 ff.; anderer Meinung *Ottrubay* S. 8. und offenbar *Piotet* S. 366.
[820] Über den Inhalt der Eigentumsverschaffungspflicht: *Giger* N 77 ff. insbes. N 90 ff.
[821] Vgl. *Giger* N 82 ff.
[822] *Giger* N. 79.
[823] BGE 93 III 104; weitere Entscheide bei *Sandoz* S. 547.
[824] zit. bei *Sandoz* N 22 S. 547.
[825] *Zobl* Syst. Teil N 1703; *Liver* S. 332.; *Steinauer* Bd.2 N 2036.

Sowohl Art. 102 als auch Art. 103 IPR-Gesetz sprechen nur von «Eigentumsvorbehalt» und nicht von «Vereinbarung eines Eigentumsvorbehalts». Die Expertenkommission zum Gesetzesentwurf[826] und der Bundesrat[827] haben ausdrücklich die Lösung[828] abgelehnt, «für die gültige Begründung des Eigentumsvorbehalts einen vorläufigen Registereintrag am schweizerischen Wohnsitz des Verkäufers zu begründen»[829], womit sie implizite zum Ausdruck brachten, dass sie ein Eigentumsvorbehaltsregister nicht als Gültigkeitsvoraussetzung für die Vereinbarung eines Eigentumsvorbehaltes betrachteten. Wenn also Art. 715 ZGB mit den Bestimmungen des IPR-Gesetzes konsistent bleiben soll, was beim Grundsatz der Widerspruchslosigkeit der Rechtsordnung unerlässlich ist, ist die Auffassung, dass bereits die Vereinbarung über die Einräumung des Eigentumsvorbehaltes der Eintragung in das Eigentumsvorbehaltsregister bedarf, nicht mehr haltbar.

Der Grundstückkauf kann auch nicht als Analogiefall herangezogen werden, weil das Gesetz klar zwischen Form des Grundstückkaufvertrages (= Verurkundung) gemäss Art. 216 OR und Wirkung des Erwerbs (Eintrag im Grundbuch) gemäss Art. 656 ZGB unterscheidet. Das erstere ist eine obligationenrechtliche Frage und ist richtigerweise im OR geregelt, das zweite ist eine sachenrechtliche und daher im ZGB geregelt.

Genau gleich verhält es sich mit dem Eigentumsvorbehalt. Folglich fallen die Formvorschriften für die Vereinbarung über den Eigentumsvorbehalt in das Gebiet des Obligationenrechts, jene der Rechtswirkungen des Eigentumsvorbehaltes in jenes des Sachenrechts.

4.2.3 Das «Wirksamwerden» des Eigentumsvorbehaltes

Das Sachenrecht befasst sich mit den dinglichen Rechten[830]. Der Eigentumsvorbehalt ist seinem Wortsinn gemäss die Negation des Eigentums.

---

[826] Bundesgesetz über das Internationale Privatrecht (IPR-Gesetz). Schlussbericht der Expertenkommission zum Gesetzesentwurf: Schweiz. Studien zum Internationalen Recht Bd. 13 (1978) S. 202.
[827] Botschaft zum Bundesgesetz über das internationale Privatrecht vom 10. November 1982 S. 136.
[828] die sie als eine Abänderung von Art. 715 ZGB betrachtet hätten: Botschaft des BR. a.a.O.
[829] Botschaft a.a.O. S. 136.
[830] Der Begriff «dingliche Rechte» deckt sich nicht mit jenem der «absoluten Rechten»; vgl. *E. Huber*, Dingliche Rechte im schweizerischen Privatrecht: Zum Schweiz. Sachenrecht S. 33.

Nun ist das Eigentum «das umfassendste dingliche Recht; dasjenige Recht an einer Sache, welches dem Berechtigten alle Befugnissse darüber zuweist, die nicht durch Rechtsordnung oder Rechtsgeschäft ausgenommen werden»[831]. Diese Definition ist zugegebenermassen abstrakt und daher konkretisierungsbedürftig. Der Inhalt des Eigentums ergibt sich jedoch aus Art. 641 ZGB: «Wer Eigentümer einer Sache ist, kann in den Schranken der Rechtsordnung über sie nach seinem Belieben verfügen (Abs. l). Er hat das Recht, sie von jedem, der sie ihm vorenthält, herauszuverlangen und jede ungerechtfertigte Einwirkung abzuwehren (Abs. 2)». Das Eigentum besteht somit aus zwei Hauptbestandteilen, die allumfassendste Verfügungsmacht, die an einer Sache überhaupt möglich ist[832] und ein Ausschliessungsrecht. «Die Verfügung ist hiebei entweder eine tatsächliche wie Besitz, Gebrauch, Fruchtgenuss, Änderung, Trennung, Verschlechterung, Zerstörung oder eine rechtliche wie Verkauf, Schenkung, Belastung mit dinglichen Rechten (Dienstbarkeiten, Pfandrechten), Begründung persönlicher Rechte (Miete, Pacht, Leihe usw.)»[833]. Demgegenüber dienen der Eigentumsvorbehalt wie das Pfandrecht, der Sicherstellung eines Krediets durch eine Sache; dem Eigentumsvorbehalt liegt stets ein Sicherungszweck zugrunde. Gleichwohl ist er juristisch kein Pfandrecht[834]. Er unterscheidet sich von diesem wesentlich dadurch, dass sich der Kreditierende durch seine eigene Sache sichert, beim Pfand dagegen nicht, und dass demgemäss der Veräusserer im Unterschied zum Pfandgläubiger, nicht berechtigt ist, den unter Eigentumsvorbehalt verkauften Gegenstand, sofern der Schuldner seine Zahlungspflicht ganz oder teilweise nicht erfüllt, verwerten zu lassen und den Erlös zur Tilgung seiner Forderung zu verwenden. Die Geltendmachung des Eigentumsvorbehaltes erfolgt vielmehr ausschliesslich durch Zurücknahme des Gegenstandes und zwar mit der Folge, dass die Forderung des Veräusserers, abgesehen von einem angenommenen Mietzins und einer Entschädigung für Abnützung, erlischt

---

[831] A. *Meier-Hayoz*, Komm.zum Sachenrecht, Das Eigentum (Bern 1981) Syst. Teil N 306; ferner ders., Vom Wesen des Eigentums: Revolutionen der Technik, Evolutionen des Rechts, Festgabe K. Oftinger (1969) S. 171 ff. insbes.S. 185, wo die bisherige schweizerische Doktrin dargestellt ist. Ferner *Liver* S. 4 ff.; *Huber*, Zum Schweiz. Sachenrecht S. 13.
[832] *Tuor/Schnyder,* Das Schweizerische Zivilgesetzbuch (Zürich 1986) S. 610 ff.; *Tuor/Schnyder/Schmid,* Das Schweizerische Zivilgesetzbuch (1995) S. 659 ff.
[833] Ebenda S. 660.
[834] Wirtschaftlich mag zwar die Analogie gegeben sein, vgl. BGE 37 I 173 f. zit. bei *Fritzsche/Walder*, Schuldbetreibung und Konkurs nach schweizerischem Recht Bd.1 (1979) S. 9.

(Art. 716 Abs.1 ZGB)[835]. Die Sache darf somit ohne Zustimmung des Veräusserers nicht veräussert und nicht verpfändet werden und ist vor Beschädigung und Zerstörung zu bewahren[836]. Bis zur Fälligkeit der Zahlungspflicht kann also der Erwerber eine unter Eigentumsvorbehalt stehende Sache bloss gebrauchen und nutzen, er darf sie aber nicht ändern, trennen, zerstören, verkaufen, verschenken oder mit dinglichen Rechten belasten, in anderen Worten er kann nicht über sie verfügen.

Zu diesem Grundsatz gibt es zwei Ausnahmen: 1. den Fall, dass ein Eigentumsvorbehalt an verbrauchbaren Sachen (Lebensmitteln, Weinen, Zigarren) begründet wurde oder 2. den Fall, dass die Sachen zum Weiterverkauf durch den Erwerber bestimmt sind wie ein Warenlager[837]. Im ersten Fall ist der Eigentumsvorbehaltserwerber ermächtigt, die Sache zu verbrauchen, im zweiten Fall kann er darüber verfügen, in beiden Fällen muss er sie durch Sachen derselben Gattung wieder ersetzen.

Die Beschränkung des Vorbehaltseigentümers in seinen Eigentümerbefugnissen sind somit durch das Sachenrecht geregelt, es sei denn, die Parteien hätten diese Befugnisse in der Eigentumsvorbehaltsvereinbarung privatautonom stipuliert, was aber in der Praxis kaum je vorkommt.

Im Gegensatz zum Obligationenrecht, das sich mit relativen Rechten befasst, sind Gegenstand des Sachenrechts absolute Rechte. Absolute Rechte sind Ausschliessungsrechte, «weil die Herrschaft des Berechtigten gegenüber jedem Dritten, der als Störer auftritt, zur Geltung gebracht werden kann»[838]. Von dieser Prämisse her kommen als Rechtswirkungen des Eigentumsvorbehalts nach Art. 715 ZGB nur solche in Frage, die sich gegen jedermann richten. Damit Dritte die dingliche Berechtigung erkennen können, müssen diese in irgendeiner Weise öffentlich wahrnehmbar sein. Man nennt dies das Publizitätsprinzip[839]. Dieses Publizitätsprinzip gilt jedoch nicht ausnahmslos. Derjenige, der sich auf dieses Prinzip beruft, muss gutgläubig[840] sein und darf sich namentlich nicht dem Vorwurf

---

[835] *Leemann*, Komm. zu Art. 715 ZGB N 4; Scherrer N 15 f.
[836] *Liver* S. 335.
[837] BGE 88 II 85.
[838] *Von Tuhr/Peter*, Allgemeiner Teil des Schweizerischen Obligationenrechts Bd. 1 (1979) S. 9.
[839] Statt aller *Meier-Hayoz* Syst.Teil N 57 ff.
[840] BGE 44 II 469 und *P. Jäggi,* Komm. zu Art. 3 ZGB (Bern 1966) N 148.

aussetzen, er hätte bei pflichtgemässer Aufmerksamkeit[841] von der wahren dinglichen Berechtigung Kenntnis erhalten können[842].

Aus Art. 715 ZGB ist bereits ersichtlich, dass ein Eigentumsvorbehalt nur an «beweglichen Sachen» oder Fahrnis (vgl. Art. 713 ZGB) möglich ist. Publizitätsmittel für das Fahrniseigentum ist der Besitz (Art. 714 ZGB). Nach Art. 714 ZGB bedarf es zur Übertragung des Fahrniseigentums des Überganges des Besitzes auf den Erwerber (Abs. 1). Wer in gutem Glauben eine bewegliche Sache zu Eigentum übertragen erhält, wird, auch wenn der Veräusserer zur Eigentumsübertragung nicht befugt ist, deren Eigentümer, sobald er nach den Besitzesregeln (Art. 933–936 ZGB) im Besitze der Sache geschützt ist. Eine erste Ausnahme zu diesem Grundsatz bildet der Eigentumsvorbehalt, der in den dem Art. 714 folgenden Artikeln geregelt wird.

Dem Gesetzgeber standen hierbei folgende Alternativen zur Verfügung:

1. Ein Publizitätsmittel zu schaffen, das gegenüber jedermann ausweist, dass der Erwerber einer Sache unter Eigentumsvorbehalt zwar deren Besitzer, nicht aber deren Eigentümer ist, d.h. eines Publizitätsmittels – wobei es sich naturgemäss nur um ein Register handeln kann – das den Rechtsschein, dass der Besitzer zugleich auch Eigentümer ist, zerstört, womit dieses Publizitätsmittel die gleiche Wirkung wie ein Grundbuch hätte;

2. Den Rechtsschein, dass der Besitzer zugleich Eigentümer der Sache ist, vorerst so zu belassen und diesen erst dann zu zerstören, wenn dazu Anlass besteht und der Ansprecher nachweisen kann, dass er der Eigentümer ist oder geblieben ist oder in anderen Worten die Frage der wahren Eigentumsverhältnisse erst dann akut werden zu lassen, wenn dies erforderlich wird. Dies ist beim Eigentumsvorbehalt dann der Fall, wenn der Käufer seiner Zahlungspflicht nicht nachkommt oder zahlungsunfähig wird oder in Konkurs gerät. Erst in diesem Augenblick sollen die wirklichen Eigentumsverhältnisse aufgedeckt werden. Diese Lösung ist eine rein pragmatische und daher undogmatische[843].

---

[841] Hierzu *Jäggi* N 114 ff.
[842] Vgl. BGE 107 II 41 ff.; ferner *Jäggi* Schluss und nachfolgend.
[843] *Bürgi* S. 126.
[844] Vgl. BGE 92 II 581 ff., wo die Entstehungsgeschichte von Art. 715 ZGB und die Überlegungen hierzu ausführlich geschildert sind.

Für sie hat sich nun der schweizerische Gesetzgeber entschieden[844] : Die Vermutung, dass der Besitzer der unter Eigentumsvorbehalt stehenden Sache auch deren Eigentümer ist, bleibt solange bestehen, bis der Veräusserer in die Lage kommt, nachzuweisen, dass nicht der Besitzer, sondern er der Eigentümer ist. Nun hat der schweizerische Gesetzgeber an die Fähigkeit des Veräusserers, den Rechtsschein des Besitzes zu zerstören und für sich das Eigentum in Anspruch zu nehmen, die Bedingung geknüpft, dass dieser in einem besonderen Register eingetragen ist und dass diese Fähigkeit nur soweit und solange besteht, als er in diesem Register eingetragen ist. Diese Bedingung wurde deshalb eingeführt, um dem kreditierenden Gläubiger des Käufers zu ermöglichen, «sich jeder Zeit darüber zu vergewissern, ob ihr Schuldner Waren unter Eigentumsvorbehalt besitze»[845]. Dieses Recht kann unter bestimmten Umständen zur Pflicht werden[846], womit dann das Register zum Publizitätsmittel wird. In allen übrigen Fällen aber wurde das Eigentumsvorbehaltsregister nicht um der Publizität der wahren Eigentumsverhältnissen willen eingeführt. Eugen *Huber* zählt es daher zurecht zur Kategorie der Register mit negativer Rechtskraft[847].

4.2.4 Ist die Eigentumsübertragung suspensiv- oder resolutivbedingt?

Diese Vorstellungen legten es nahe, gegen die herrschende Lehre[848] den Standpunkt zu vertreten, der Erwerber unter Eigentumsvorbehalt werde sofort Eigentümer, jedoch unter der resolutiven Bedingung, dass er seinen Zahlungsbedingungen nachkommt[849].

---

[845] BGE 42 II 5.
[846] So gemäss der in BGE 107 III 42 f. genannten Doktrin und Rechtsprechung.
[847] In Formen im Schweizerischen Privatrecht: Zum Schweizerischen Sachenrecht Anm. 2 S. 109.
[848] *Leemann* N.6 zu Art. 715 ZGB; *Scherrer* N. 9; *Sandoz* S. 548 mit Übersicht der Anhänger dieser Lehre; *Steinauer* Nr. 2029 f. *Tuor/Schnyder/Schmid* S. 750 f.;ferner BGE 55 II 302 ff.; 56 II 209; ohne Stellung zu nehmen: *H. Hinderling*, Die Bedeutung der Besitzübertragung für den Rechtserwerb im Mobiliarsachenrecht, jetzt Ausgewählte Schriften (Zürich 1982) Anm. 33 S. 204.
[849] So Eugen *Huber* in Formen im Schweizerischen Privatrecht a.a.O.; *Emil Beck*, Der Eigentumsvorbehalt nach dem schweiz. ZGB: ASR 72 (1916); *Liver* S. 341 ff.; Karl H. *Neumayer*, Dogmatische Unebenheiten um den Eigentumsvorbehalt nach schweizr. Recht: SJZ 66 (1970) S. 349 ff., der für einen verdinglichten Rücktrittsvorbehalt plädiert, was den Widerspruch von *Piotet* a.a.O. S. 369 hervorruft. Die Kontroverse ist bei *Steinauer* Nr. 2029a umfassend dargestellt.

Liver[850] begründet diesen Standpunkt folgendermassen: «Wenn die Eintragung erst nach der Tradition erfolgt, was in der Regel zutrifft, hätte sie danach die Wirkung, dass das Eigentum vom Käufer auf den Verkäufer zurückspringt, ohne dass sich an der tatsächlichen Herrschaft des Käufers über die Sache etwas ändert. Wechselt der Käufer den Wohnsitz, ohne dass dies dem Verkäufer innert drei Monaten bekannt wird, verliert dieser das Eigentum wieder an den Käufer und erlangt es wieder mit der Eintragung des EV am neuen Wohnort. Dieses Herüber- und Hinüberspringen des Eigentums ohne Tradition und ohne dass ein Traditionssurrogat gegeben wäre, ist eine allen Rechtsgrundsätzen hohnsprechende Komödie. Die Eintragung erhält eine beispiellose und unerhörte Wirkung, während sie nur die normale Funktion der Verstärkung des obligatorischen Rückforderungsrechtes zu einem dinglichen Recht hat, wenn der Erwerber mit der Tradition nicht suspensiv, sondern resolutiv bedingtes Eigentum erhält.» Huber[851] spricht demgegenüber von einem verdinglichten Rücktrittsrecht.

Die Lehre, dass beim Eigentumsvorbehalt das Eigentum erst an den Käufer übergeht, wenn die Resolutivbedingung eintritt, dass der Schuldner seiner Zahlungspflicht nicht nachkommt, hat den unbestreitbaren Nachteil, dass gegen den Käufer, der die Sache, die unter einem Eigentumsvorbehalt steht, veräussert, nicht mehr strafrechtlich wegen Veruntreuung[852] vorgegangen werden kann, weil das Tatbestandsmerkmal der fremden Sache nach Art. 140 Abs. 1 StGB fehlt[853/854]. Anderseits müsste es unter diesen Voraussetzungen zulässig sein, die Sache, die unter Eigentumsvorbehalt steht, durch eine andere als Surrogat (= sogenannter verlängerter Eigentumsvorbehalt) zu ersetzen. Letzteres ist von der Natur der Sache her zwangsläufig der Fall bei verbrauchbaren Sachen (vgl. auch Art. 772 ZGB), die vom Erwerber konsumiert werden[855] oder bei Sachen,

---

[850] S. 341.
[851] A.a.O. Anm.2 S.109.
[852] Zur diesbezüglichen Praxis vgl. Stefan *Trechsel*, Kurzkommentar zum Schweiz. Strafgesetzbuch (1989) N 3 zu Art.140 StGB; *Rehberg*, Grundriss Strafrecht III (1987) S. 53.
[853] Vgl. hierzu BGE 82 IV 185 ff.; 90 IV 180 ff. mit der ganzen Gesetzesgeschichte, 108 IV 88 ff.; SJZ 71 (1978) Nr. 49 S. 113, der Eigentumsvorbehalt muss allerdings im Eigentumsvorbvehaltsregister eingetragen sein: *Bürgi* S. 124.
[854] Eugen *Huber*, Formen im Schweizerischen Privatrecht a.a.O. scheint dem Eigentumsvorbehaltsverkäufer mit Art. 152 Abs. 3 OR helfen zu wollen, wonach Verfügungen während der Schwebezeit soweit hinfällig sind, als sie deren Wirkung beeinträchtigten. An den Veruntreuungstatbestand konnte er nicht gedacht haben, da es diesen in dieser Form noch gar nicht gab.
[855] *Meier-Hayoz*, Komm. Syst. Teil N 175 S. 83 ff.; BGE 88 II 85 ff.

die zum Weiterverkauf durch den Erwerber bestimmt sind, wie z.B. ein Warenlager[856]. Die verbrauchbaren Waren oder Sachen, die zum Weiterverkauf durch den Erwerber bestimmt sind, bilden eine besondere Kategorie von Sachen[857], ebenso fallen Warenlager unter den Begriff der Gattungs- oder Speciessachen, genauer gattungsmässig bestimmte Sachen, was identisch ist mit vertretbaren Sachen[858]. Verbrauchbare Sachen sind oft aber keineswegs notwendigerweise auch vertretbare Sachen[859]. Für diese Kategorien von Sachen ist es somit sinnvoll, beim Eigentumsvorbehalt das Eigentum sofort unter der Resolutivbedingung der Zahlungspflichterfüllung übergehen zu lassen, umso mehr, als nach heute gefestigter Rechtsprechung für vertretbare Sachen Art. l40 Ziff. 1 Abs. 2 StGB und nicht Abs.1 anwendbar ist[860].

Der gattungsmässig bestimmten Sache steht die individuell bestimmte Sache oder Species[861] gegenüber. Unter diesen Begriff gehören eine nach besonderen Spezifikationen hergestellte Maschine oder Anlage aber auch Sachen, die zwar gattungsmässig bestehen, aber dadurch individualisiert werden, als sie durch eine Fabrikationsnummer oder einen besonderen Typus einer bestimmten Person zugewiesen werden, wie der Pw Marke Fiat, der von der Garage X der Person Y verkauft worden ist. Eine solche Species ist von Natur aus oder gemäss ausdrücklichem oder hypothetischem Parteiwillen[862] nicht austauschbar sondern individuell konkret. Die Veräusserung einer solchen individuell-konkreten Sache erfüllt den strafrechtlichen Veruntreuungstatbestand nur dann, wenn sie als «fremde Sache» zu betrachten ist und somit im Eigentum des Veräusserers geblieben bzw. wieder in dieses eingebracht worden ist[863]. Damit gibt es für individuell bestimmte Sachen keine andere Wahl als der herrschenden Doktrin zu folgen, dass der Eigentumsvorbehalt eine aufschiebende Bedingung begründe.

---

[856] *Meier-Hayoz* a.a.O. N 142; BGE 88 II 85 ff.
[857] *Meier-Hayoz* N 187 ff.
[858] *Ebenda* N 184.
[859] *Ebenda* N 185.
[860] BGE 103 IV 88 mit zit. Doktrin und Rechtsprechung und 90 IV 180 ff.
[861] *Meier-Hayoz*, Komm. N 180 f.
[862] Hierzu *P. Gauch*, Vertrag und Parteiwille: Hundert Jahre Schweizerisches Obligationenrecht, Jubiläumsschrift (Freiburg 1982) S. 343 ff. Dass aber die Abgrenzung zwischen Gattungsschuld und Speziesschuld letztlich die Parteien entscheiden, betonen *Meier-Hayoz*, Komm. N 180 ff. und Rolf *H. Weber*, Komm. zu Art. 71 OR (Bern 1983) N 18.
[863] Wobei die Fremdheit der Sache sich streng nach juristischen Kriterien beurteilt: Doktrin und Rechtsprechung bei *Trechsel* S. 435.

Liver stört das «Herüber- und Hinüberspringen des Eigentums ohne Tradition», wenn – wie es üblich ist, der Eigentumsvorbehalt erst einige Zeit nach der Übergabe der Sache an den Erwerber erfolgt, oder wie es notwendigerweise geschieht, wenn der Käufer seinen Wohnsitz wechselt und der Eigentumsvorbehalt in das Register am neuen Wohnsitz einzutragen ist. Hierzu ist zu bemerken, dass das ZGB selbst mehrere Fälle kennt, so Art. 718, 744 Abs. 2 und 933 nach dem Rechtssprichwort «Hand wahre Hand», wo das Eigentum unbemerkt übergeht[864]. Wie gerade der Tatbestand von Art. 933 ZGB in Verbindung mit Art. 717 zeigt, ist die Funktion des Besitzes als Ausweis der Rechtsstellung an beweglichen Sachen entscheidend und das Eigentum dieser untergeordnet. Eine Vorschrift, wonach jeder Eigentumsübergang sichtbar oder nachvollziehbar sein müsse, besteht nicht.

Dass der Besitz einer Sache durch blosse Vereinbarung zwischen Erwerber und Veräusserer beim Veräusserer verbleibt, der Erwerber aber damit ihr Eigentümer wird (sog. Constitutum possessorium oder Besitzeskonstitut) ist aufgrund von Art. 924 Abs. 1 ZGB als zulässig anerkannt[865]. Allerdings wird gegenüber Dritten ein Eigentumsübergang mit Constitutum possessorium nicht anerkannt, wenn damit die Benachteiligung des Dritten oder eine Umgehung der Bestimmungen über das Faustpfand beabsichtigt worden ist (Art. 717 ZGB). Inter partes ist dagegen das Besitzeskonstitut voll wirksam[866]. Auch die Besitzanweisung nach Artikel 924 Abs. 1 und 3 ist inter partes voll wirksam[867]. Die Lehre spricht dabei von Traditionssurrogaten und bezeichnet den Vertrag hierüber als Besitzvertrag[868].

Gemäss Art. 714 Abs. 1 ZGB bedarf es zur Übertragung des Fahrniseigentums des Überganges des Besitzes auf den Erwerber. Ein blosser Schuldvertrag genügt somit nicht, um den Erwerber zum Eigentümer zu machen, sondern vermittelt ihm nur ein obligatorisches Forderungsrecht

---

[864] Vgl. *Th. Bühler*, Hand wahre Hand und sein Niederschlag im ZGB: ZSR NF 91 (1972) S. 55 ff.; möglicherweise ist dies auch bei Art. 208 ZGB der Fall; weitere Beispiele bei *Hinderling* S. 205 ff., der hier auch zur Unterscheidung zwischen «anvertraut» und «abhanden gekommen» in Art. 922 Abs. 1 ZGB kritisch Stellung nimmt.
[865] *Stark* N 44 zu Art. 924 ZGB; *Zobl* N 716 zu Art. 884 ZGB mit weiteren Hinweisen
[866] *Zobl* N 719 und 722 zu Art. 884 ZGB und die in N 719 zitierten
[867] *Ebenda* N 684 zu Art. 884 ZGB mit dortigen Hinweisen; *W. Wiegand*, Fiduziarische Sicherungsgeschäfte: ZBJV 116/1980 S. 548 ff.
[868] Seit *H. Hinderling*, Die Bedeutung der Besitzüübertragung für den Rechtserwerb im Mobiliarsachenrecht: ZSR NF 89 (1970) I S. 159 ff; neuestens ausgewählte Schriften (Basel 1982) S. 197 f; Zobl a.a.O. N 682

auf Verschaffung des Eigentums[869]. Es braucht also noch eine eigentliche Besitzübertragung. Ist diese jedoch in der Form eines Übertragungssurrogates wie beispielsweise die Vereinbarung eines Besitzeskonstitutes, so tritt diese an die Stelle der Besitzübertragung und die Eigentumsübertragung wird damit voll gültig (Art. 717 Abs. 1 ZGB)[870].

Allerdings steht damit noch nicht fest, dass die so vollzogene Eigentumsübertragung auch einem Dritten gegenüber entgegengehalten werden kann, da es an dem Publizitätsmittel Besitz fehlt[871].

Dennoch kann daraus der Schluss gezogen werden, dass auch im Fall des Eigentumsvorbehaltes diese Regeln zur Anwendung kommen, und dass ein vereinbarter aber noch nicht eingetragener Eigentumsvorbehalt unter den Vertragsparteien gültig sein muss.

4.2.5 Die Wirkungen des Eigentumsvorbehaltsregisters

Gemäss Art. 4 Abs. 1 der Verordnung des Bundesgerichtes betreffend die Eintragung des Eigentumsvorbehalts vom 19. Dezember 1910 kann die Eintragung von beiden Parteien gemeinsam oder von einer derselben mündlich oder schriftlich nachgesucht werden. Eine einseitige Anmeldung ist nach Abs. 4 nur zu berücksichtigen, wenn gleichzeitig das schriftliche Einverständnis der andern Partei, und zwar in allen für die Eintragung wesentlichen Punkten, beigebracht wird. Es müssen also entweder beide Parteien mitwirken oder die anmeldende Partei muss das Einverständnis der andern Partei nachweisen. Für dieses Einverständnis genügt die blosse Zustimmung zum Eigentumsvorbehalt nicht, sondern es muss zumindest stillschweigend[872] auch die Zustimmung zur Anmeldung zwecks Eintragung in das Eigentumsvorbehaltsregister[873] vorliegen. Eine solche Zustimmung oder Vereinbarung muss auch nach der grundlegenden Vereinbarung über die Einräumung eines Eigentumsvorbehaltes gegeben sein, da es sich um zwei unterschiedliche Willenserklärungen handelt und Par-

---

[869] *Tuor/Schnyder/Schmid* S. 745.
[870] *Ebenda* S. 746.
[871] Vgl. hierzu *H. Hausheer* zum Entscheid des Bundesgerichtes vom 30. April 1992 in ZBJV 128 (1992) S. 480 ff. Dies übersieht meines Erachtens *Piotet* in seinem Beitrag in der ZSR NF 107 (1988) I S. 359 ff.: indem in den Fällen von Art. 717 Abs.1 ZGB der «contrat d'aliénation» an die Stelle der Besitzübertragung und nicht zusätzlich zu dieser tritt, denn sonst wäre Art. 924 Abs.1 ZGB überflüssig.
[872] Vgl. BGE 93 III 111.
[873] Ob dann diese Anmeldung als «Gestaltungsrecht» des Veräusserers betrachtet wird, ist unerheblich, vgl. BGE 93 III 109.

teien auch einen bereits vereinbarten Vertrag jederzeit ergänzen oder abändern dürfen, wenn sie sich hierüber einigen können. Auch kann die eine Partei die andere ermächtigen, für sie zu handeln, ohne dass hierfür ein bestimmter Zeitpunkt festgelegt wird. Dass damit notwendigerweise ein «Herüber- und Hinüberspringen des Eigentums» verbunden ist, muss in Kauf genommen werden. Vielmehr gibt es im heutigen Rechtsleben immer mehr Fälle – so insbesondere im Wertpapierhandel – wo das Eigentum täglich in grosser Kadenz «hin und herspringt», ohne dass die Beteiligten daran Anstoss nehmen oder sich besondere rechtliche Probleme ergeben; die Frage der Gefahrtragung ist, wie noch zu zeigen sein wird, von der Frage der Tradition des Eigentums zu trennen.

Das Eigentumsvorbehaltsregister gibt lediglich darüber Auskunft, wer an Stelle des Besitzers möglicherweise der Eigentümer der Sache ist. Wie es im Zeitpunkt der Einsichtnahme effektiv damit steht, ist daraus nicht ersichtlich[874]. Das Eigentumsvorbehaltsregister ist nicht vollständig, auch besteht keine Vermutung dafür, dass Drittpersonen die Eintragung im Register der Eigentumsvorbehalte kennen[875]. Wer in der Schwebezeit Eigentümer der unter Vorbehalt stehenden Sache ist, interessiert zunächst auch nur die Parteien. Relevant wird die Eigentumsfrage erst mit dem Eintritt der Bedingung. Dann muss der Eigentümer vindizieren und seine Eigenschaft, Eigentümer zu sein, nachweisen. Damit wird klar, dass nicht die Eintragung in das Eigentumsvorbehaltsregister über den Eigentümer Auskunft gibt sondern die Vindikation. Zur Vindikation ist aber nur legitimiert, wer im Eigentumsvorbehaltsregister als Eigentümer eingetragen ist. Als Konsequenz dieser Überlegungen ergibt sich, dass allein die Frage von Relevanz ist, ob der Veräusserer einer Sache unter Eigentumsvorbehalt, der die Sache im Bedingungsfall zurückfordern muss, seine Eigentümerstellung auf Grund des Eintrages im Eigentumsvorbehaltsregister nachweisen kann oder nicht. Die Frage, wann und wie er diese erwirbt oder erworben hat, ist nicht von Bedeutung und damit auch, ob die Bedingung für diese suspensiv oder resolutiv ist. Als weitere Konsequenz ergibt sich, dass allein der Zeitpunkt der Eintragung, jener der Austragung sowie derjenige des Unwirksamwerdens des Eintrags massgebend sind.

Hierzu sind in der Gesetzgebung und den Anwendungsnormen folgende Hinweise zu finden:

---

[874] BGE 106 II 328 f.; 93 III 111 f.
[875] BGE 107 II 42; *Tuor/Schnyder/Schmid* S. 750.

Gemäss Art. 2 Abs. 2 VO betreffend die Eintragung des Eigentumsvorbehalts bleibt eine provisorische Eintragung bei einem unzuständigen Betreibungsamt nur zehn Tage bestehen, bzw. solange als es nötig ist, bis eine Beschwerde gegen die Unzuständigkeitserklärung rechtskräftig entschieden ist (vgl. auch Art. 3). Zuständig zur Entgegennahme der Anmeldung und zur Vornahme der Eintragung ist gemäss Art. l das Betreibungsamt des Wohnorts[876] des Erwerbers, bei ausländischem Wohnort das Betreibungsamt am Sitz der Geschäftsniederlassung und bei mehreren Betreibungsämter in derselben Ortschaft das Betreibungsamt, das von der kantonalen Aufsichtsbehörde bezeichnet wird. Verlegt der Erwerber seinen Wohnort oder seine Geschäftsniederlassung in einen anderen Betreibungskreis – wie es in Art. 3 Abs. l VO heisst – so ist der Eigentumsvorbehalt am neuen Ort einzutragen. Die frühere Eintragung behält gemäss Art. 3 Abs. 3 ihre Wirkung noch drei Monate nach der Verlegung des Wohnorts oder der Geschäftsniederlassung. «Wird die neue Eintragung später erwirkt, so tritt der Eigentumsvorbehalt erst mit ihrer Vornahme wieder in Kraft.» Gemäss Art. 9 ist jede Anmeldung am nämlichen Tag (wie die Anmeldung) zur Eintragung zu bringen, wenn sie sämtliche notwendigen Angaben (gemäss Art. 7 lit. c-i) enthält. Die Eintragung wird gemäss Art. 12 der VO gelöscht, a) entweder auf Grund einer übereinstimmenden mündlichen Erklärung beider Parteien oder b) auf mündlichen oder schriftlichen Antrag des Veräusserers, oder c) auf Antrag des Erwerbers, wenn eine schriftliche Zustimmung des Veräusserers oder ein diese ersetzendes gerichtliches Urteil bzw. im Konkursfall eine Bescheinigung der Konkursverwaltung vorliegt, wonach der Eigentumsvorbehalt infolge Durchführung des Konkurses dahingefallen ist.

Daraus erhellt, dass Löschung und Wirkungslosigkeit des Eintrages nicht identisch sind: Wenn nämlich der Erwerber seinen Wohnsitz wechselt, so wird der Eintrag beim Betreibungsamt des alten Wohnsitzes nach drei Monaten wirkungslos[877], aber nicht automatisch gelöscht. Ferner muss der Eigentumsvorbehalt im Register am zuständigen Ort in der Schweiz nämlich beim Betreibungsamt des Wohnsitzes oder des Sitzes der Geschäftsniederlassung, eingetragen sein, um wirksam zu werden, ungeachtet dessen, dass dies nicht immer möglich ist[878].

---

[876] Über diesen Begriff: BGE 106 II 320 ff.
[877] Art. 3 Abs. 3 der VO betr. Eintragung des Eigentumsvorbehalts; *Bürgi* S. 86.
[878] Vgl. BGE 106 II 197 ff. und *A. Bucher*, La réserve de la propriété en droit international privé suisse: Semjud.112 (199 =) S. 318.

Der Gesetzgeber hat also die Initiative ganz den am Eigentumsvorbehalt beteiligten Parteien überlassen, welche dafür zu sorgen haben, dass der Eigentumsvorbehalt eingetragen oder gelöscht wird.

Gemäss Art. l02 Abs. 2 IPRG bleibt der Eigentumsvorberhalt in der Schweiz noch während drei Monaten gültig, wenn eine bewegliche Sache in die Schweiz gelangt oder an ihr im Ausland ein Eigentumsvorbehalt gültig begründet worden ist, der den Anforderungen des schweizerischen Rechtes nicht genügt[879]. Voraussetzung für die Wirksamkeit dieser Gnadenfrist ist, dass der Eigentumsvorbehalt nach dem dafür zuständigen ausländischen Recht gültig ist[880].

4.2.6 Eigentumsvorbehalt und Gefahrtragung

Gefahrtragung ist Einstehenmüssen für ein zufälliges Ereignis, das den Untergang der Sache, die Unmöglichkeit der Leistung oder einen sonstigen Schaden zur Folge hat[881]. Nach Art. 185 Abs. 1 OR gehen Nutzen und Gefahr der Sache mit dem Abschluss des (Kauf-)Vertrages auf den Erwerber über. Der Käufer trägt somit die Gefahr, sobald der Vertrag mit dem Verkäufer abgeschlossen ist[882]. Eine Ausnahme zu diesem Grundsatz besteht in Art. 185 Abs. 3 OR, wonach bei Verträgen, die unter einer aufschiebenden Bedingung abgeschlossen sind, Nutzen und Gefahr der veräusserten Sache erst mit dem Eintritt der Bedingung auf den Erwerber übergehen.

Diese Vorschrift ist nach der herrschenden Doktrin[883] auf den Eigentumsvorbehalt nicht anwendbar, weil – und entgegen der französischen Fassung von Art. 715 ZGB nicht der Kaufvertrag, sondern der Eigentumsvorbehalt aufschiebend bedingt ist[884]. Bei der Lehre der resolutiven Bedingung versteht sich dies von selbst.

---

[879] Hierüber *Anton K. Schnyder,* Das neue IPR-Gesetz (Zürich 1990); *Bucher* S. 318 und *Heini* in *Heini/Keller/Siehr/Vischer/Volken*, IPRG-Kommentar (Zürich 1993) S. 823 ff.; *Dutoit*, Commentaire de la loi fédérale du 18 décembre 1987 (Basel 1996) N 4 zu Art.102 IPRG.
[880] *Bucher* S. 320.
[881] Vgl. *Giger*, Komm. zu Art.185 N 9.
[882] *Guhl/Merz/Kummer/Koller/Druey*, Das Schweizerische Obligationenrecht (Zürich 1991) S. 345; *Schönle*, Komm. zu Art.185 OR (1993) N 14 ff.
[883] *Scherrer* N 730; Giger N 54 f.
[884] SJZ 53 (1957) S.187 Nr. 98; *Chr. Kollbrunner*, Der Zeitpunkt des Eintrages des Eigentumsvorbehaltes (Diss.Zürich 1971) S. 26 N 86.

Das Wiener Kaufrecht oder CISG (Art. 66 ff.) trennt die Gefahrtragung ganz von der Eigentumsfrage und koppelt sie an die vertragliche Regelung. In Ermangelung einer solchen geht die Gefahr mit der faktischen Sachübergabe über[885]. Damit verliert die Frage der Eingentumstradition derart an Bedeutung, dass sie nur noch von dogmatischem Interesse bleibt.

4.2.7 Eigentumsvorbehalt und Dritte

4.2.8 Versetzung des Veräusserers in die Klägerrolle

Da dem Eigentumsvorbehaltsregister die positive Rechtskraft fehlt[886] und dessen negative Rechtskraft sehr beschränkt ist[887], hat der Veräusserer einer unter Vorbehalt stehenden Sache in jedem Fall die Klägerrolle[888]. Dies ergibt sich zwangsläufig aus der Tatsache, dass der Veräusserer einer unter Eigentumsvorbehalt stehenden Sache zunächst den Rücktritt vom Kaufvertrag erklären muss – wozu nur er in der Lage ist –, bevor er die Sache vindizieren kann[889] und somit ein Gestaltungsrecht ausübt, das es ihm unmöglich macht, weiterhin auf Erfüllung zu bestehen[890].

Der Veräusserer einer unter Eigentumsvorbehalt stehenden Sache muss auch seine Rechte im Widerpruchsverfahren bei der Pfändung des Erwerbers geltend machen[891], wobei das Schuldbetreibungsrecht von einer wirtschaftlichen Identität zwischen Eigentumsvorbehalt und Pfandrecht des Veräusserers ausgeht[892]: «Wird von irgendeiner Seite anlässlich der Pfändung oder nachher die Existenz eines Eigentumsvorbehaltes behauptet, so hat das Betreibungsamt erforderlichenfalls unter Ansetzung einer Frist hierfür, den Verkäufer der betreffenden Sache und den Schuldner zur

---

[885] *Eugen Bucher*, Gefahrenübergang im Wiener Übereinkommen von 1980 über den internationalen Warenkauf: Lausanner Kolloquium vom 19. und 20.11.1984 (Zürich 1985) S. 212 ff.
[886] Siehe oben S. 199.
[887] BGE 42 III 208 F.; 82 IV 196; 92 I 68 und 171.
[888] BGE 93 III 43.
[889] BGE 78 II 168; *Fritzsche/Walder*, Schuldbetreibung und Konkurs nach schweizerischem Recht Bd. 2 (1993) S.166.
[890] *Fritzsche/Walder* ebenda.
[891] nach Art.108 SchKG (neu); *Fritzsche/Walder* Bd.1 S. 379 ff.; Botschaft des BR über die Änderung des Bundesgesetzes über Schuldbetreibung und Konkurs (SchKG): Bbl. Nr. 27 Bd. III (16. Juli 1991) S. 55.
[892] *Fritsche/Walder* 1 a.a.O.; BGE 37 I 173 f. und im Anschluss daran Kreisschreiben Nr. 29 vom 31. März 1911 in *Jäger/Walder*, SchKG (1979) S. 512 ff. insbes. S. 513; ferner BGE 90 III 18.

Angabe nach der Höhe des noch ausstehenden Kaufpreises zu veranlassen[893] und sodann sowohl von der Tatsache des Eigentumsvorbehaltes, wie von der Höhe der Kaufrestanz entweder in der Pfändungsurkunde Vormerkung zu nehmen oder, wenn die Pfändungsurkunde schon zugestellt ist, den Parteien besondere Anzeige zu machen[894], wobei unter den «Parteien» – analog dem Fall der Pfändung einer verpfändeten Sache – der Schuldner und der betreffende Gläubiger zu verstehen sind, soweit natürlich nicht sie selber es sind, die den Betreibungsbeamten auf die Tatsache des Eigentumsvorbehaltes aufmerksam gemacht haben... Gleichzeitig mit der erwähnten Mitteilung setzt das Betreibungsamt gemäss Art.107 Abs. 2 SchKG dem pfändenden Gläubiger und dem Schuldner zur Bestreitung des Eigentumsvorbehaltes beziehungsweise der Höhe der Kaufpreisrestanz die in Art.107 Abs 2 (neu) SchKG vorgesehene Frist von zehn Tagen mit der Androhung, dass Stillschweigen als Anerkennung des Eigentumsvorbehaltes und des Ausstehens der angegebenen Kaufpreisrestanz betrachtet würde... Erfolgt auf die Androhung hin eine Bestreitung sei es seitens des Schuldners, sei es seitens des pfändenden Gläubigers, so fordert das Betreibungsamt den Verkäufer auf, binnen zwanzig Tagen gerichtlich Klage auf Feststellung der Rechtsgültigkeit seines Eigentumsvorbehaltes beziehungsweise der Höhe des noch ausstehenden Kaufpreises zu erheben[895] Kommt der Verkäufer der Aufforderung nach, so findet Art. l07 Abs. 4 SchKG entsprechende Anwendung. Kommt der Verkäufer dagegen der Aufforderung nicht nach, so fällt der Anspruch in der betreffenden Betreibung ausser Betracht[896].

Aus der Natur des Konkurses ergibt sich eine Ausnahme zur notwendigen Klägerstellung des Veräusserers einer unter Eigentumsvorbehalt befindlichen Sache, indem es der Konkursverwaltung obliegt, abzuklären, ob der Eigentumsvorbehalt gültig begründet worden ist[897]. «Ist er in Ordnung, dann hat die Konkursverwaltung sich darüber schlüssig zu machen, ob sie nach Art. 211 Abs. 2 SchKG den Kaufvertrag an Stelle des Gemeinschuldners erfüllen, die noch ausstehenden Raten des Kaufpreises voll entrichten und damit den Gegenstand der Masse als freies Eigentum zuführen will. Sie wird es tun, wenn der Eigentumsvorbehalt mit geringen

---

[893] mit dem Formular Nr. 19.
[894] mit dem Formular Nr. 20.
[895] mit dem Formular Nr. 25.
[896] Kreisschreiben Nr. 29 vom 31. März 1911 bei *Jäger/Walder* S. 514, jetzt Art. 106 ff. SchKG.
[897] Die diesbezüglichen Aussagen bei *Ottrubay* sind, weil zu allgemein, irreführend.

Opfern abgelöst werden kann. Es ist dies für den Verkäufer die günstigste Lösung, weil in dieser Art der Kauf auf Abzahlung zur normalen Durchführung gelangt.»[898].

4.2.9 Gutglaubensschutz

Die Stellung des gutgläubigen Dritterwerbers einer unter Eigentumsvorbehalt stehenden Sache ist stärker als jene des Veräusserers dieser Sache mit der Folge, dass der erstere Eigentümer der Sache bleibt[899], denn es besteht «keine allgemeine Rechtspflicht, sich vor dem Kauf einer Sache durch Einsicht ins Eigentumsvorbehaltsregister davon zu überzeugen, dass der Dispositionsbefugnis des Verkäufers nicht ein Eigentumsvorbehalt entgegenstehe.»[900] In Art.18 der VO betreffend Eintragung der Eigentumsvorbehalte wird dementsprechend festgehalten, dass das Betreibungsamt keine Verpflichtung hat, bei Pfändung von Gegenständen im Register nach allfällig eingetragenen Eigentumsvorbehalten Nachschau zu halten und die Rechte des Eigentümers in der Pfändungsurkunde von Amtes wegen vorzumerken[901]. Es ist daher folgerichtig, dass nach ständiger Praxis das Retentionsrecht des Vermieters dem Eigentumsvorbehalt des Verkäufers vorgeht, solange keine Anzeige an den Vermieter ergangen ist[902].

Dennoch ist dieser Gutglaubensschutz gegenüber einem Eigentumsvorbehalt nicht unbeschränkt. Von «namhaften Autoren»[903] und von verschiedenen kantonalen Gerichten[904] wird nämlich die Auffassung vertreten, dass «ein Kaufmann, der gewerbsmässig mit Occasionsautomobilen handle», unter dem Gesichtspunkt von Art. 3 Abs. 2 ZGB gehalten sei, vor dem Erwerb eines Gebrauchtwagens ins Eigentumsvorbehaltsregister

---

[898] *H. Fritzsche*, Schuldbetreibung und Konkurs nach schweizerischem Recht Bd. 2 (1968) S. 136; *Fritzsche/Walder* 2 S. 166; daran ändert sich unter Art. 211 SchKG (neu) nichts: Botschaft S. 129.
[899] BGE 42 II 581 f mit Entstehungsgeschichte dieser Lehre.
[900] BGE 107 II 42.
[901] Vgl. BGE 42 II 583.
[902] *H. Stofer*, Komm. zum Schweizerischen Bundesgesetz über den Abzahlungs- und Vorauszahlungsvertrag (Basel und Stuttgart 1972) S. 28. Bezüglich des Verfahrens, vgl. BGE 96 III 69 ff. und dort zit. BGE 44 III 107 ff.; 70 III 220 ff. sowie 73 III 57 ff.
[903] Nach der Formulierung des Bundesgerichtes, welches *P. Jäggi,* Komm. zum ZGB Bd.1 (Bern 1966) N 123 und 146 zu Art. 3 ZGB und *Liver* S. 336 zitiert.
[904] Obergericht Aargau in AGVE 1956 S. 46 f.; etwas zurückhaltender, Kassationsgericht Zürich in SJZ 63 (1967) S. 376.

Einsicht zu nehmen[905], was sicher der Fall ist, wenn der Kaufpreis ungewöhnlich tief ist[906].

4.2.10 Spezialfälle von Kollision mit Drittrechten

Im Falle der Pfändung einer unter Eigentumsvorbehalt veräusserten Sache steht die Pfändung als solche den in Art. 226a bis m und 227a bis i OR und Art. 716 ZGB niedergelegten Rechten des Verkäufers nicht entgegen.

«Dieser bleibt berechtigt, im Fall des Rückstandes mit Teilzahlungen sein Eigentumsrecht geltend zu machen und die Sache zurückzunehmen, allerdings nur gegen Rückerstattung der bezogenen Raten unter Abzug eines angemessenen Mietzinses und einer Entschädigung für Abnützung für die ihm das Retentionsrecht an der verkauften Sache zusteht (Art. 895 ZGB)». Über die Höhe dieser Entschädigung kann im Streitfall nur der Richter entscheiden[907].

Übt nun ein Dritter, beispielsweise der Vermieter, gemäss Art. 268 OR, das Retentionsrecht an der unter Eigentumsvorbehalt stehenden Sache aus und will der Verkäufer, dessen Eigentumsvorbehalt dem Retentionsrecht vorgeht (Art. 268a, Abs. 1 OR), den unter Eigentumsvorbehalt verkauften Gegenstand als sein Eigentum zurücknehmen, so hat er dies dem Betreibungsamt mitzuteilen sowie, was er an Mietzins und Abnützungsentschädigung[908] abzuziehen, beanspruche. Das Betreibungsamt setzt den Retentionsgläubiger und den Schuldner davon in Kenntnis mit Aufforderung, dazu Stellung zu nehmen[909]. Anerkennen der Retentionsgläubiger und der Schuldner die Ansprüche des Veräusserers, erklärt sich insbesondere der Retentionsgläubiger mit der Verwertung des Retentionsgegenstandes als Surrogat seines Retentionsrechtes einverstanden, so übernimmt das Betreibungsamt den Gegenstand in Verwahrung und gibt ihn Zug um Zug gegen Bezahlung der erhaltenen Anzahlungen minus Mietzins- und Abnützungsentschädigung an den Eigentumsvorbehaltsberechtigten heraus. Wird hingegen der Anspruch des Eigentumsvorbehaltsberechtigten oder der Betrag der Abnützungs- und Mietzinsentschädigung bestritten, haben diejenige die dies bestreiten entsprechend vor Gericht zu klagen[910].

---

[905] BGE 107 II 42 f. mit zustimmendem obiter dictum.
[906] BGE 107 II 43 f. und 113 II 400.
[907] *Fritzsche/Walder* 1 S. 381 sowie BGE 48 III 65 ff.
[908] Hierüber *Bürgi* S. 122.
[909] Das Verfahren ist im Einzelnen bei *Fritzsche/Walder* 1 S. 383 beschrieben.
[910] *Fritzsche/Walder* S. 383.

4.2.11 Faktischer Untergang durch Verarbeitung, Verbindung oder Vermischung

Im Falle von Verarbeitung gehört gemäss Art. 726 Abs. 1 ZGB die neue Sache dem Verarbeiter, wenn dieser eine fremde Sache verarbeitet oder umgebildet hat und die Arbeit kostbarer ist als der Stoff, wobei nach Art. 726 Abs. 2 ZGB der Verarbeiter gutgläubig gewesen sein muss. Ist der Veräusserer unter Eigentumsvorbehalt der Eigentümer des Stoffes gewesen, so verliert er unter diesen Voraussetzungen[911] durch die Verarbeitung dieses Stoffes sein Eigentumsrecht an den Verarbeiter[912]. Wird die unter Eigentumsvorbehalt stehende Sache mit einer anderen derart verbunden oder vermischt, dass sie als deren nebensächlichen Bestandteil[913] erscheint, so gehört gemäss Art. 727 Abs. 2 die ganze Sache dem Eigentümer der Hauptsache, während im Normalfall der Verbindung oder Vermischung für die Beteiligten Miteigentum entsteht (Art. 727 Abs. 1 ZGB) und der Eigentumsvorbehalt am Miteigentumsanteil fortbesteht[914].

Streitig ist die Frage, ob zwischen dem Veräusserer und Verarbeiter rechtsgültig vereinbart werden kann, dass sich der Eigentumsvorbehalt auch auf die durch den Verarbeiter neu hergestellte Sache beziehe. Eine solche Vereinbarung ist gemäss *Zobl*[915], dessen Auffassung ich mich anschliesse, unmöglich, weil es sich bei der verarbeiteten Sache um einen neuen Gegenstand handelt, somit ein neuer Eigentumsvorbehalt begründet werden müsste, wofür aber der Rechtstitel fehlt und ein Surrogat wegen des numerus clausus der gesetzlichen Fälle unzulässig wäre.

Aus dieser Darstellung ergibt sich, dass der Veräusserer eines Gegenstandes unter Eigentumsvorbehalt nicht nur die Initiative zum Vorgehen ergreifen muss, sondern gegenüber gutgläubigen Dritten kaum Chancen auf Erfolg hat. Es bleibt ihm dann nur die Möglichkeit, den Erwerber wegen Veruntreuung zu verfolgen und von diesem Schadenersatz zu fordern, was aber angesichts einer höchst wahrscheinlichen Zahlungsunfähigkeit illusorisch bleibt. Der Eigentumsvorbehalt nach schweizerischem Recht ist somit ein sehr fragwürdiges Sicherungsmittel und es stellt sich daher die Frage, ob und inwieweit es verstärkt werden sollte.

---

[911] *Zobl* in *Haab/Simonius/Scherrer*, Komm. zu Art. 726 ZGB (Zürich 1929–77) N 11.
[912] *Ebenda* N 31.
[913] Begriff bei *Liver* S. 36 ff.
[914] *Zobl* N 60; zur ganzen Problematik *Tuor/Schnyder/Schmid* S. 666 und *Bürgi* S. 82 f.
[915] N 58. In N 47 ff. gibt *Zobl* eine ausführliche Darstellung der Pro- und Contra-Argumente in der bisherigen Lehre.

4.3 Das Mobiliarpfandrecht

4.3.1 Vorbilder

4.3.1.1 Im schweizerischen Recht

Eine wesentliche Verstärkung des Sicherungszweckes und zugleich eine Alternative zum Eigentumsvorbehalt stellt die sog. Mobiliarhypothek oder Fahrnisverschreibung dar. Das geltende schweizerische Recht kennt sie nur noch für Vieh in der Form der sog. Viehverpfändung nach Art.885 ZGB, der Schiffsverschreibung und der Luftfahrzeugverschreibung[916]. Zudem kennt das Schweizerische Recht noch verschiedene Mobiliarpfandrechte besonderer Art, die alle als Mobiliarpfandrechte im weitesten Sinne qualifiziert werden können[917]. Im früheren Bundesrecht sowie in den kantonalen Privatrechten war die Mobiliarverpfändung auch auf anderen Gegenständen möglich.

4.3.1.2 Im früheren schweizerischen Recht

Im Entwurf vom 28. Mai 1904 zu einem Zivilgesetzbuch, der das Ergebnis der Beratungen einer Expertenkommission gewesen ist, wird in Art. 702 unter der Marginalie «Eigentumsvorbehalt» festgehalten, dass der Empfänger Eigentümer der übertragenen Sache werde, auch wenn der Veräusserer sich das Eigentum bis zur Entrichtung einer Gegenleistung vorbehalten habe. Damit sollte der Eigentumsvorbehalt, der von der Gerichtspraxis zugelassen worden war, ausdrücklich ausgeschlossen werden[918], was als gerechtfertigt erachtet wurde, weil der Entwurf die Fahrnisverschreibung zulassen wollte[919].

Eine solche wäre allerdings auf Vieh, bewegliche Betriebseinrichtungen[920], Vorräte und Warenlager, wenn diese Sachen ihrem Eigentümer zur Ausübung seines Berufes oder Gewerbes[921] dienen, beschränkt geblieben

---

[916] *Altorfer* S. 38 f. und 56 ff.
[917] im Einzelnen *Altorfer* S. 43 ff.
[918] Botschaft des Bundesrates vom 28. Mai 1904 S. 68; *Wiegand* S. 556 f. und insbes. Anm. 49.
[919] zur Vorgeschichte eingehend *Altorfer* S. 25 ff.
[920] wozu Maschinen und Werkzeuge zu zählen sind: Erläuterungen zum Vorentwurf des Eidge. Justiz- und Polizeidepartementes Bd. 2 (Sachenrecht und Text des Vorentwurfes vom 15. Nov. 1900) S. 334.
[921] Es wurde damit bewusst ein numerus clausus von beweglichen Sachen eingeführt, an denen ein Mobiliarpfandrecht zugelassen werden sollte: Erl. S. 334 ff.

(Art. 890). Für Vieh, Vorräte und Warenlager – nicht aber für «bewegliche Betriebseinrichtungen»– kann die Verschreibung nur errichtet werden zur Sicherheit für Forderungen von Geldinstituten und Genossenschaften, die von der zuständigen Behörde ihres Wohnsitzkantons ermächtigt sind, solche Geschäfte abzuschliessen. Die Verschreibung erfolgt nach Art. 892 durch Eintragung in das öffentliche Pfandprotokoll des Kreises, wo der Pfandbesteller seinen Wohnsitz und des Kreises, wo die Sache ihren eigentlichen Standort hat (Art. 892 Abs.l). Hierzu bemerken die Erläuterungen[922], dass die Einrichtung und Gestaltung des Verschreibungsprotokolls nicht dem kantonalen Recht überlassen werden könne und dass die Dezentralisation analog zum Grundbuch und zu den Zivilstandsämtern vorgenommen worden sei. Zum Standort der Sache heisst es sodann[923] «In den meisten Fällen wird dies auf den Wohnort des Eigentümers hinauskommen. Man braucht aber nur an Maschinen zu denken, um sich zu vergegenwärtigen, dass ihr ordentlicher Standort, auch wenn sie nicht Zugehör von unbeweglichen Sachen sind, sehr wohl ein anderer Ort sein kann.» Die Verschreibung hat nach Art. 893 der Eigentümer der Pfandsache, den Gläubiger und den Schuldner der pfandversicherten Forderung und den Forderungsbetrag anzugeben. Die Pfandsache ist so genau zu bezeichnen, als die Umstände es zur Vermeidung von Verwechslung erfordern. Werden Warenlager oder andere Sachgesamtheiten verpfändet, so ist ein Inventar aufzunehmen und der Ort, wo sie sich befinden, anzugeben. Die Pfandverschreibung ist auf zwei Jahren von dem Datum der Verschreibung an gerechnet, befristet, welche Frist um zwei weitere Jahre erstreckt werden kann (Art. 894 Abs. l und 2). Wechselt der Pfandbesteller seinen Wohnsitz oder die Sache ihren ordentlichen Standort, so verliert der Eintrag nach Ablauf von drei Monaten seine Wirkung, insofern er nicht in das Protokoll dieser Kreise übertragen wird (Art. 894 Abs. 2).

Das Parlament hat – wie bereits erwähnt – die Fahrnisverschreibung abgelehnt und ist zum Eigentumsvorbehalt zurückgekehrt.

---

[922] A.a.O. S. 336.
[923] *Ebenda* S. 337.

4.3.1.2   Im früheren kantonalen Recht

Obwohl die Fahrnisverschreibung ihre Vorbilder im früheren kantonalen Recht[924] hatte, wurde sie im alten Obligationenrecht mit wenigen Ausnahmen[925] abgeschafft. Namentlich die pfandrechtliche Verschreibung von Maschinen kannten Schaffhausen selbständig, Schwyz, Glarus und St.Gallen mit dem Gebäude zusammen[926]. Sie bestand dort überall in einer amtlichen Verschreibung mittels Eintrag in ein öffentliches Buch unter Mitwirkung eines Beamten und verbunden mit einem Ausweis darüber, dass der Verpfänder nicht betrieben sei. Nach dem Basler Zivilgesetzentwurf von 1865 und auch nach dem Entwurf der sog. Zivilgesetzkommission von 1867 hätte die «Mobiliarverschreibung» für Sachgesamtheiten wie Warenlager eingeführt werden sollen, wobei diese hätten in einer notariellen Urkunde errichtet und in ein öffentliches Pfandbuch eingetragen werden müssen[927].

4.3.2   Rechtsvergleichend

Mobiliarpfandrechtsformen kennen (in alphabetischer Reihenfolge) Argentinien, Deutschland, Chile, Costa Rica, England und Wales, (in sehr eingeschränktem Masse) Frankreich, Liechtenstein, die Niederlande und die USA[928].

Einzelstaaten der USA und die UCC kennen das registrierte Mobiliarpfandrechtssystem, wobei das Spezialitätsprinzip nur in sehr unvollkommener Weise verwirklicht ist. Beim Ort der Registrierung herrscht durch die einzelstaatlichen Regelungen die Dezentralisation vor[929], die nicht

---

[924]   So u.a. in Zürich (hierzu *Altorfer* S. 24), Luzern, Uri, Schwyz, Obwalden, Schaffhausen und Thurgau: *E. Huber*, System und Geschichte des Schweiz. Privatrechtes Bd. 4 (1893) Anm. 3 S. 817, eingehend *E. Gerster*, Die geschichtliche Entwicklung der Fahrnisverschreibung in der Schweiz (Diss. Bern 1907)

[925]   Wie Zubehör, Viehverpfändung und Verpfändung von Forderungen je nach kantonalem Recht.

[926]   *Huber* S. 447 ff. und Bd. 4 S. 818 ff.

[927]   *Th. Bühler, Andreas Heusler* und die Revision der Basler Stadtgerichtsordnung 1860–1870: Basler Studien zur Rechtswissenschaft Bd. 69 (1963) S. 376 ff.

[928]   Eingehend *Altorfer* S. 91 ff.; *Drobnig Ulrich*, Empfehlen sich gesetzliche Massnahmen zur Reform der Mobiliarsicherheiten? Gutachten F für den 51. DJT (Sonderdruck München 1976); ders., CNUDCI, 10e session, Paiements internationaux. Etude sur les sûretés, Rapport du Secretariat général avec annexes: Principes juridiques régissant les sûretés, Document A/CN.9/131 (Wien 1977); Mobiliarsicherheiten im internationalen Wirtschaftsverkehr: *Rabels* 1974 S. 468 ff.

[929]   hierüber *Altorfer* S. 106 f.

nachahmenswert ist. Die Wirkungen des Registers sind mit denjenigen der entsprechenden schweizerischen Register nicht vergleichbar[930], sodass sich das US-Mobiliarpfandrecht als Vorbild für das schweizerische nicht eignet. Hingegen wären die sehr feinen Differenzierungen des UCC-Mobiliarpfandrechts dann heranzuziehen, wenn eine Totalrevision des schweizerischen Mobiliarsachenrechts zur Debatte stünde.

Das englische Recht der Mobiliarsicherheiten ist vielschichtig, unübersichtlich, außerordentlich umfangreich und reformbedürftig[931]. Damit scheidet es als Vorbild für das schweizerische Recht aus.

Das französische Mobiliarsachenrecht beruht auf völlig anderen Grundlagen und Vorstellungen (Verfügungsrecht des besitzenden Pfandschuldners, unbeschränktes droit de suite des Gläubigers, Ausschluss jeder Möglichkeit eines gutgläubigen Erwerbes)[932], als dass es als Vorbild für das schweizerische Recht in Frage kommen kann. Immerhin entspricht das 1951 neu eingeführte «nantissement de l'outillage et du matériel d'équipement professionnel»[933] dem Mobiliarpfandrechtskonzept, wie es hier postuliert wird und ist der nachfolgend darzustellenden italienischen Maschinenhypothek sehr ähnlich.

In Deutschland wurde mit der Sicherungsübereignung[934] das Fahrnispfand weitgehend verdrängt. Damit hat diese die Funktion einer besitzlosen Mobiliarhypothek übernommen[935]. Das Bedürfnis nach einer solchen ist damit weitgehend entfallen. Reformvorschläge zur Einführung eines Registerpfandrechts sind stets gescheitert[936]. Der Preis ist eine grosse Rechtsunsicherheit und daher ist das deutsche «Modell» nicht nachahmenswert.

Hingegen haben die folgenden Regelungen für das schweizerische Recht durchaus Modellcharakter, indem sie einerseits den Regelungen des früheren und noch geltenden schweizerischen Mobiliarpfandrecht (Vieh-, Schiffs-, Luftfahrzeugsverschreibung) entsprechen sich anderseits mit den Prinzipien des schweizerischen Sachenrechts in Einklang bringen liessen.

---

[930] *Ebenda* S. 111.
[931] *Ebenda* S. 124.
[932] *Ebenda* S. 150.
[933] Gesetz vom 18.1.1951; hierüber *Altorfer* S. 164.
[934] hierüber eingehend *Serick Rolf*, Eigentumsvorbehalt und Sicherungsübertragung Bd. 1–IV/1 (Heidelberg 1963–1976).
[935] *Altorfer* S. 186.
[936] *Ebenda* S. 200.

4.3.2.1 Das argentinische Registerpfandrecht

In Argentinien kann sich der Verkäufer an der verkauften Sache ein Registerpfandrecht (= prenda con registro) einräumen lassen[937]. Das Registerpfandrecht berechtigt den Verkäufer, die verkaufte Sache zu verwerten, falls der Käufer seinen Zahlungsverpflichtungen nicht nachkommt[938].

Die Bestellung eines Registerpfandrechts ist vom Gesetz nur zugunsten bestimmter Personen gestattet. Neben dem Staat und den autonomen staatlichen Dienststellen, öffentlichen, gemischtrechtlichen und privaten Banken und Kreditinstituten, die bei der Generalsteuerdirektion eingetragen sind, können insbesondere Handels- und Industrieunternehmen, die in Argentinien im Handelsregister eingetragen sind, ein Registerpfandrecht erwerben. Voraussetzung für den Erwerb eines Registerpfandrechts ist ausserdem eine vorherige Eintragung im Register der Pfandgläubiger[939].

Das argentinische Recht unterscheidet zwischen festem Pfandrecht (= prenda fija) und dem gleitenden Pfandrecht (= prenda flotante)[940].

4.3.2.2 Das sog. feste Pfandrecht

Das sog. feste Pfandrecht erfasst einzelne bewegliche Sachen. Sind sie nach ihrer Zweckbestimmung unbeweglich (immuebles por su destino), also von dem Eigentümer einem Grundstück zugeordnet, ohne nach ihrer Beschaffenheit Zugehör zu sein[941] und ist das Grundstück mit einer Hypothek belastet, so können sie nur mit Zustimmung des Hypothekargläubigers verpfändet werden[942]. Sofern die Sachen ohnehin Zugehör eines Grundstückes sind, kann an ihnen kein Registerpfandrecht bestellt werden. Der Eigentümer der Pfandsache – in der Regel der Käufer – darf die Sache ihrer wirtschaftlichen Bestimmung gemäss nutzen und auch verarbeiten, im letzteren Fall erstreckt sich das Pfandrecht auf die neu

---

[937] Gesetzesdekret Nr. 15348 vom 28.5.1946 (Bolletin Official vom 25.6.1946), Gesetz Nr. 12962 vom 27.3.1947 (Boletin Oficial vom 27.6.1947), *Hans-Joachim Mertens*, Eigentumsvorbehalt und sonstige Sicherungsmittel des Verkäufers im ausländischen Recht: Wirtschaftsrecht des Auslandes 3 (1964) S. 71.
[938] *Peter-Valo Rosenau*, Das argentinische Registerpfandrecht in Boletin de la Camara de Industria Y Comercio Argentina-Alemana 1964 S. 228; Retention of Title. A practical ICC Guide to legislation in 35 countries, Publ. Nr. 301 (1993) S. 17.
[939] *Rosenau* a.a.O.
[940] *Ebenda*.
[941] Gesetzesdekret Nr. 6810 vom 12.8.1963: Bolletin Oficial vom 24.8.1963.
[942] Art.10.

entstehenden Sachen[943]. Es kann aber auch vereinbart werden, dass die Pfandsache nicht verändert oder verbraucht werden darf[944].

Das Pfandrecht wird durch einen Vertrag zwischen Verkäufer und Käufer privatschriftlich auf behördlich vorgeschriebenen Formblättern jedoch mit bestimmten Angaben[945] errichtet und damit zwischen den Parteien wirksam. Es kann in ein von der örtlich zuständigen Registerbehörde zu führendes Pfandregister eingetragen werden, womit es auch gegenüber Dritten wirksam wird[946]. Zuständig ist die Registerbehörde am Ort, an dem sich der verpfändende Gegenstand befindet. Der Belastete darf das Pfand nicht an einen anderen Ort bringen, es sei denn, der Registerbeamte vermerkt es und unterrichtet die übrigen Beteiligten[947].

4.3.2.3 Das sog. gleitende Pfandrecht

Das «gleitende» Pfandrecht erfasst Waren und Rohstoffe, die sich zur Zeit des Vertragsabschlusses in einem Handels- und Industriebetrieb befinden oder später an die Stelle der ursprünglich verpfändeten Waren treten, entweder indem sie durch Verarbeitung der ursprünglichen Waren entstehen oder für die anfangs vorhandenen Waren angeschafft werden[948] (Surrogationsprinzip). Dabei darf die Tilgungsfrist der gesicherten Forderung 180 Tage nicht überschreiten[949]. «Gleitende» Pfandrechte werden denn auch selten vereinbart[950].

In den Pfandvertrag selbst ist ausdrücklich die Bezeichnung «prenda flotante» aufzunehmen. Die formellen Eintragungsvoraussetzungen entsprechen im wesentlichen denen des «festen» Pfandrechts. Doch erfolgt die Eintragung hier in das für den Wohnsitz des Schuldners zuständige Register[951].

---

[943] Art. 8 Abs.1.
[944] Art. 8 Abs. 2 sowie *R. Zimmermann* in *H. Stumpf*, Eigentumsvorbehalt und Sicherungsübereignung im Ausland: Schriftenreihe RIW (Heidelberg 1980) S. 40.
[945] *Ebenda* S. 41.
[946] *Rosenau* S. 229, wobei es auf 24 Stunden rückwirkend wirksam, wenn es innert dieser Frist seit Abschluss des Vertrages eingetragen wird.
[947] *Zimmermann* a.a.O.
[948] *Ebenda* S. 42.
[949] *Rosenau* S. 229.
[950] *Zimmermann* a.a.O.
[951] Art.15 f.; *Zimmermann* S. 42.

4.3.2.4 Das chilenische Registerpfandrecht

Analog zu Argentinien kennt Chile die Möglichkeit für den Verkäufer, sich für seine Forderung aus dem Kaufvertrag ein Pfandrecht an der verkauften Ware einräumen zu lassen[952]. Eine solche Möglichkeit besteht aber nur für folgende Kategorien von Sachen:

- Maschinen und Motoren für den Gebrauch in Industrie, Landwirtschaft und Haushalt;
- Automobile, Autobusse, Fahrräder, Mopeds, und andere Fahrzeuge;
- Klaviere und andere Musikinstrumente;
- Bücher, Maschinen und Werkzeuge für Wissenschaft, Kunst und andere berufliche Tätigkeit;
- Uhren, Nähmaschinen, Kühlschränke, Schreib- und Rechenmaschinen; Registerkassen;
- Kücheneinrichtungen, Lampen sowie andere Haushalts- und Büroeinrichtungen.

Der Kaufvertrag und die Klausel über die Pfandbestellung müssen in einer einzigen Urkunde zusammengefasst sein. Die Urkunde muss entweder eine öffentliche oder notariell beglaubigte sein. Der Vertrag muss in das Pfandregister des Bezirkes, in dem er geschlossen wurde, eingetragen werden[953]. Der Vertrag muss den verpfändeten Gegenstand genau bezeichnen und die Erklärung enthalten, dass die Sache dem Käufer übergeben worden ist. Ausserdem ist der Ort anzugeben, an dem die Sache aufbewahrt wird.

Der Käufer darf die Sache dann nur im Einverständnis mit dem Verkäufer an einen anderen Ort bringen. Falls der Käufer diese Verpflichtungen verletzt, macht er sich strafbar, wenn der Verkäufer dadurch einen Schaden erleidet[954]. Wird der Pfandgegenstand mit einem Gebäude oder Grundstück verbunden, so geniesst das Pfandrecht Vorrang vor den Grundstücksbelastungen, die auch den Pfandgegenstand erfassen; fällt der Käufer in Konkurs, so hat der Pfandgläubiger Anspruch auf eine gesonderte Befriedigung.

Im Unterschied zum argentinischen Recht ist eine Verpfändung an Rohstoffen, Werkzeugen, Maschinen und Schiffen auch als reines Kredit-

---

[952] Gesetz Nr. 4702 vom 3.12.1929 = Ley sobre Compraventas de Casas Muebles a in Plaza: Diario Official vom 6.12.1929.
[953] Art. 3.
[954] Art. 33.

sicherungsmittel, d.h. unabhängig von einem bestimmten Kaufvertrag und ohne dass die gepfändete Sache zugleich Kaufgegenstand ist, möglich. Die Verpfändung ist ebenfalls in einer öffentlichen oder notariell beglaubigten Urkunde zu errichten. Im übrigen sind die Formvorschriften dieselben wie beim Registerpfandrecht[955].

4.3.2.5 Das Registerpfandrecht in Costa Rica

Das Registerpfandrecht nach dem costaricanischen Handelsgesetzbuch[956] ist dem argentinischen ziemlich ähnlich[957].

4.3.2.6 Das niederländische besitzlose Mobiliarpfandrecht

Auf den 1. Januar 1992 traten Buch 3, 4, 5, 6 und Teile von 7 des neuen Zivilgesetzbuches in Kraft. Das neue niederländische Zivilgesetzbuch führt nun ein Mobiliarpfandrecht ohne Besitz oder fiduziarisches Eigentum[958] ein[959], wobei der Kaufgegenstand auch zur Absicherung von anderen als die aus dem spezifischen Kaufvertrag entstehenden Schulden verpfändet werden kann. Um wirksam zu werden, muss der Pfandvertrag in öffentlichen Büchern registriert oder durch eine öffentliche Urkundsperson verurkundet werden (Art. 3–237). Solche Pfandrechte können bestellt werden, bevor der Schuldner Eigentümer der zu verpfändenden Sache wird oder durch Retention[960] begründet werden (Art. 3–51), was zur Folge hat, dass der Verkäufer auch dann das Pfandrecht an der verkauften Sache beibehalten kann, wenn der Kaufpreis voll bezahlt ist, um andere Schulden abzusichern, so dass er sich darüber die Vorhand vor anderen Gläubigern sichern kann[961].

---

[955] *Zimmermann* S. 87 ff.; *Mertens* S. 88 ff.
[956] Codigo di Comercio von 1941 Art. 352 ff.
[957] *Zimmermann* S. 92 ff.; *Mertens* S. 20 ff.
[958] *E.B. Berenschot/J.M. Horstra/ J.M. Vegter,* Eigendom en beperkte rechten naar BW und NBW (Deventer 1986) S. 737 f. sprechen von besitzlosem Pfandrecht. *B. M. Mezas,* eigendomsvorbehaud naar huidig en komend nederlands recht (Zwolle 1985) S. 100 macht die Analogie zum römisch-rechtlichen constitutum possessorium, während *P. A. Stein*, Zekerheidsrechten hypotheek: serie rechten praktijk 70 (Deventer 1986) S. 14 von fiduziarischem Eigentum spricht.
[959] Retention of Title. A practical ICC Guide to legislation in 35 countries, Publ. N 501 (1993) S. 90.
[960] Generell hierzu *J. E. Fesevur*, Retentionsrecht: serie recht en praktijk 49 (1989) und *C.C.AJ. Aorts,* Het retentierecht (Arnhem 1999).
[961] *Zimmermann* S. 337.

Bemerkenswert ist, dass das zurzeit neueste Zivilgesetzbuch die besitzlose Mobiliarhypothek wieder einführt.

4.3.2.7 Der Eigentumsvorbehalt und die Mobiliarhypothek nach Liechtensteinischem Recht

Der Eigentumsvorbehalt ist in Art. 173 Sachenrecht (SR) geregelt, wobei dieser Artikel dem Art. 715 schweiz. ZGB wörtlich entspricht allerdings mit dem entscheidenden Unterschied, dass Liechtenstein nur ein einziges Grundbuchamt und damit nur ein Eigentumsvorbehaltsregister kennt. Art. 174 liechtensteinisches SR entspricht Art. 716 ZGB, Art. 175 ff. liechtensteinisches SR betreffen das Register und enthalten Regelungen, die in der Schweiz in der Verordnung des Bundesgerichtes betreffend die Eintragung des Eigentumsvorbehaltes enthalten sind.

Die Art. 392 ff. SR befassen sich mit der Fahrnisverschreibung. Diese ist zulässig an Vieh, beweglichen Betriebseinrichtungen, Vorräten und Warenlagern, wenn diese Sachen ihrem Eigentümer zur Ausübung seines Berufes oder Gewerbes dienen, allerdings nur zur Sicherung von Forderungen der Landessparkasse oder anderer, von der Regierung hierzu ermächtigten Geldinstitute und Genossenschaften, wobei die Voraussetzungen der Ermächtigung in Art. 394 SR umschrieben sind. Art. 393 führt eine Prioritätsordnung zwischen den verschiedenen Sicherheiten an einem Zugehör ein, an erster Stelle ein Faustpfand, das in gutem Glauben erworben worden ist, an zweiter Stelle der Grundpfandrecht, das der Gläubiger in gutem Glauben daran erworben hat und erst an dritter Stelle die Fahrnisverschreibung. Gemäss Art. 395 SR erfolgt die Verschreibung ohne Übertragung des Besitzes durch schriftlichen Pfandvertrag und erhält dingliche Wirkung durch Eintragung in das öffentliche Pfandprotokoll. Dieses wird vom Grundbuchamt geführt und ist zuständig für die Verpfändung von Sachen, die sich im Gebiete des Fürstentums befinden und deren Eigentümer im Fürstentum seinen regelmässigen Wohnsitz hat. Die Führung des Verschreibungsprotokolles ist sodann in den Art. 395 Abs. 3 und folgende geregelt. Schliesslich befristet Art. 402 SR die Pfandverschreibung auf zwei Jahre mit einer Erneuerungsmöglichkeit auf zwei weitere Jahre.

Nachdem das liechtensteinische Sachenrecht mit Ausnahme der Fahrnisverschreibung ohnehin eine Kopie des Sachenrechts des ZGB ist, liegt es nahe, das liechtensteinische Fahrnisverschreibungsrecht de lege ferenda in das schweizerische Recht zu rezipieren.

4.3.3 Andere Mobiliarsicherungsformen

4.3.3.1 Das italienische Maschinenprivileg

Der Verkäufer einer Maschine mit einem Kaufpreis von mehr als 30'000 Lire hat nach Art. 2762 Abs. 1 bis 3 Codice civile ein gesetzliches Vorausbefriedigungsrecht, sofern er die Registrierung des Kaufvertrages bei dem Registergericht, in dessen Bezirk sich die Maschine befindet[962], vornehmen lässt. Die Registrierung kann einseitig beantragt werden, wobei die Vorlage der bestätigten Rechnung genügt. Das Vorausbefriedigungsrecht gilt für die Dauer von drei Jahren vom Zeitpunkt des Vertragsabschlusses; es geht selbst dann nicht unter, wenn die Maschine fest eingebaut wird. Allerdings macht erst die Eintragung das Maschinenprivileg Dritten gegenüber wirksam. Das Maschinenprivileg bleibt auch nur solange wirksam, als die Maschine im Besitz des Erwerbers und an dem Ort steht, für den sie eingetragen ist, es sei denn, der Erwerber schaffe sie arglistig fort. Das Maschinenprivileg bewirkt eine gesonderte Befriedigung in der Zwangsvollstreckung und im Konkurs.

Bei begründeter Befürchtung, dass der Käufer die Maschine aus dem Eintragungsbezirk entfernen wolle, kann der Verkäufer die gerichtliche Sequestrierung verlangen (Art. 2789, 2905 CCI und Art. 671 CPC)[963].

Die geschilderte Regelung sichert den Verkäufer nur in einem recht beschränkten Umfang. Deshalb wurde die Reichweite des Privilegs durch ein Gesetz von 1965[964] erweitert und an eine gesteigerte Publizität gebunden, wobei durch dieses Spezialgesetz nur fabrikneue Werkzeug- und Produktionsmaschinen erfasst werden. Will sich der Verkäufer auf diese besondere Form des Maschinenprivilegs berufen, bedarf der Kaufvertrag der öffentlichen Beurkundung oder Beglaubigung (Art. 2 Abs. 1 des Gesetzes). An gut sichtbarer Stelle ist zudem ein Schild anzubringen, das den Namen des Verkäufers, die Maschinennummer, das Baujahr und das zuständige Registergericht enthält. Mit der Eintragung beim zuständigen Registergericht wird diese besondere Form des Maschinenprivilegs des Verkäufers oder eines finanzierenden Dritten sogar gegenüber Drittwerbern wirksam (Art. 3 Abs. 4). Das Privileg hat überdies eine Dauer

---

[962] *Ebenda* S. 217; *Mertens* S. 155; *Altorfer* S. 181.
[963] *Zimmermann* S. 217 f.
[964] Gazetta Ufficiale Nr. 311 vom 14.12.1965, Verordnung zur Durchführung des Gesetzes Nr. 1329 vom 28.11.1965; Ministerialerlass vom 10.3.1965: Gazzetta Ufficiale Nr. 73 vom 24.3.1966, in Kraft getreten ist das Gesetz am 24.4.1966.

von sechs Jahren, vor allem endet es nicht mit der Entfernung der Maschine aus dem Gerichtsbezirk[965].

4.3.3.2 Die österreichische Maschinenanmerkung im Grundbuch

Durch eine Teilnovelle aus dem Jahre 1916 wurde dem Allgemeinen Bürgerlichen Gesetzbuch (ABGB) folgende Bestimmung als § 297a und unter der Überschrift «Maschinen» angefügt:

«Werden mit einer unbeweglichen Sache Maschinen in Verbindung gebracht, so gelten sie nicht als Zugehör, wenn mit Zustimmung des Eigentümers der Liegenschaft im öffentlichen Buch angemerkt wird, dass die Maschinen Eigentum eines anderen sind. Werden sie als Ersatz an Stelle solcher Maschinen angebracht, die als Zugehör anzusehen waren, so ist zu dieser Anmerkung auch die Zustimmung des früher eingetragenen bücherlichen Berechtigten erforderlich. Die Anmerkung verliert mit Ablauf von fünf Jahren nach der Eintragung ihre Wirkung, durch das Konkurs- oder Zwangsvollstreckungsverfahren wird der Ablauf der Frist gehemmt.»[966].

Wird im Grundbuch nicht angemerkt, dass die betreffende Maschine Eigentum eines Dritten ist, so wird sie trotz Eigentumsvorbehaltes den Hypothekargläubigern gegenüber Zugehör des Grundstückes. Der Eigentumsvorbehalt an der Maschine geht trotz § 297a ABGB unter, wenn die Maschine z.B. durch Verbindung mit einem Gebäude dessen unselbständiger Bestandteil wird[967]. Gegenüber bereits eingetragenen Realgläubigern des Grundstückes gilt die Maschine nicht als Zugehör. Werden Maschinen allerdings als Ersatz solcher Maschinen angebracht, die als Zugehör zu betrachten waren, so bedarf es für die Anmerkung auch der Zustimmung der früher eingetragenen Rechtsinhaber. Die Maschine wird auch nicht Zugehör, wenn sie nicht vom Eigentümer, sondern vom Mieter oder vom Pächter mit dem Grundstück verbunden wird [968].

Wie jede grundbuchliche Eintragung kann die Anmerkung des § 297a ABGB nur auf Grund einer Urkunde erfolgen. Regelmässig wird die be-

---

[965] *Zimmermann* S. 223.
[966] Nov. III S. 10; vgl. ferner Retention of Title S. 24.
[967] Diese Auffassung ist allerdings nicht unbestritten: vgl. *Ehrenzweig*, System des österreichischen Allgemeinen Privatrechts 2.A. Bd.1 S.41.
[968] Vgl. OGH vom 9.3.1965: SZ XXVIII S. 72; II.12.1957: Jbl. 1958 S. 309; 18.11.1965: SZ XXVIII S. 180.

glaubigte Unterschrift des Liegenschaftseigentümers auf den Eintragungsantrag ausreichen. Die Anmerkung verhindert einen gutgläubigen Erwerb nur, wenn sie vor oder gleichzeitig mit der Verbindung erfolgt.

Wird die Anmerkung unterlassen, so hat das auf die Wirkung des Eigentumsvorbehalts gegenüber dem Käufer keinen Einfluss. Der Vorbehaltseigentümer verliert aber das Sicherungsmittel im Falle der Zwangsvollstreckung der Liegenschaft[969].

4.4 Schlussfolgerungen: Konzept einer Neuordnung de lege ferenda im schweizerischen Recht

Wie bereits bemerkt, ist der Eigentumsvorbehalt im schweizerischen Recht als Sicherungsmittel für den Verkäufer von Mobilien auf Kredit in mehrfacher Hinsicht von zweifelhaftem Wert. Insbesondere ist die Rechtstellung des Vorbehaltseigentümers gegenüber einem gutgläubigen Dritten viel zu schwach und ist das Eigentumsvorbehaltsregister am jeweiligen Wohnort bei den heute sehr viel häufigeren Wohnortswechseln unzuverlässig. Eine Stärkung des Sicherungseffektes und eine Vermehrung der Sicherungsmittel für Mobilien sind aus Sicht der Handelspraxis wünschbar. Anderseits zeigt die Rechtsvergleichung, dass unter den Mobilien Kategorien gebildet werden und für sie unterschiedliche Sicherungsmöglichkeiten bestehen. Aus der Vorgeschichte zum ZGB wird zudem ersichtlich, dass die Fahrnisverschreibung durch den Eigentumsvorbehalt ersetzt worden ist, während einige frühere kantonale Kodifikationen und vorab südamerikanische Rechte ein Nebeneinander der beiden Sicherungsmittel kennen. Daraus gilt es, nachfolgend die Lehren zu ziehen.

1. Aus den Erörterungen zum geltenden schweizerischen Eigentumsvorbehaltsrecht drängt sich eine Unterscheidung auf zwischen der Gattung nach bestimmten Sachen, die in der Regel verbraucht werden, und individuell bestimmten Sachen in dem Sinne, dass bei Gattungssachen der Eigentumsvorbehalt resolutivbedingt, bei individuell bestimmten Sachen dagegen suspensivbedingt ist. Dieselbe Unterscheidung wäre auch als Grundlage für eine allfällige Alternative Eigentumsvorbehalt/Fahrnisverschreibung geeignet, indem für Gattungssachen der Eigentumsvorbehalt, für individuell bestimmte Sachen die Fahrnisverschreibung zur Verfügung ständen. Die Bedürfnisse der

---
[969] *Zimmermann* S. 359 f.; *Mertens* S. 182.

Praxis liessen es auch zu, den Anwendungsbereich der Fahrnisverschreibung auf einige individuell bestimmte Sachen wie Maschinen und Anlagen, Autos und Vieh auszudehnen. An individualisierbaren Sachen lassen sich besser Pfandrechte begründen als an Vorräten und Warenlagern, die in ihrer Substanz dauernden Wandlungen unterworfen sind. Wie wiederum die Rechtsvergleichung lehrt, steht in einzelnen Ländern für teuere Investitionsgüter wie Maschinen und Anlagen die Mobiliarhypothek zur Verfügung. Sie sollte auch in der Schweiz als Sicherungsmittel für Maschinen und Anlagen wieder eingeführt werden. Das Beispiel der Niederlande zeigt, dass die Neueinführung der Mobiliarhypothek in einer Kodifikation als zeitgemäss betrachtet wird.

2. Der Eigentumsvorbehalt ist – und dies zeigen auch ausländische Gerichtsurteile – von der Unsicherheit belastet, dass die Sache durch Einbau Bestandteil des betreffenden Gebäudes wird und steht somit stets in Gefahr unterzugehen, weil die Sache durch den Einbau in das Eigentum des Grundeigentümers übergegangen ist, wenn es sich bei diesem Grundeigentümer um einen gutgläubigen Dritten handelt. Diese Gefahr ist bei einer registrierten Mobiliarhypothek von vornherein ausgeschlossen, was deren Überlegenheit als Sicherungsmittel gegenüber dem Eigentumsvorbehalt belegt[970].

3. Die Dezentralisation des Eigentumsvorbehaltsregisters und ihre Imponderabilien im schweizerischen Recht sind mit der heutigen Mobilität der Gesellschaft nicht mehr in Einklang zu bringen. Dies haben offensichtlich schon die Redaktoren des IPR-Gesetzes eingesehen und den ärgsten Missstand im Transitverkehr zwischen der Schweiz und dem Ausland abgeschwächt, doch genügt diese Reform den Bedürfnissen des Handels nicht. Vielmehr wird es – insbesondere im Hinblick auf eine Integration in die EU – unerlässlich sein, ein das gesamte Territorium der Schweizerischen Eidgenossenschaft erfassendes Register einzuführen. Wird die Mobiliarhypothek nach unseren Vorstellungen wieder eingeführt, so wird auch für sie ein besonderes Register – wohl Fahrnisverschreibungregister genannt – etwa nach dem Vorbild des Viehverschreibungsregisters nötig sein, wobei man gerade dieses von Anfang an als eidgenössisches und nicht als kantonales Register einführen sollte.

---

[970] Die Registerpublizität ist, wie auch *Altorfer* S. 230 aufzeigt, die Einzige, die vom Gesichtspunkt der Rechtssicherheit her überzeugt.

Anhang

Draft united nations convention on independent guarantees and stand-by letters of credit[1]

Chapter I. Scope of application

Article 1. Scope of application

(1) This Convention applies to an international undertaking referred to in article 2:

(a) If the place of business of the guarantor/issuer at which the undertaking is issued is in a Contracting State, or
(b) If the rules of private international law lead to the application of the law of a Contracting State,

unless the undertaking excludes the application of the Convention.

(2) This Convention applies also to an international letter of credit not falling within article 2 if it expressly states that it is subject to this Convention.

(3) The provisions of articles 21 and 22 apply to international undertakings referred to in article 2 independently of paragraph (1) of this article.

Article 2. Undertaking

(1) For the purposes of this Convention, an undertaking is an independent commitment, known in international practice as an independent guarantee or as a stand-by letter of credit, given by a bank or other institution or person («guarantor/issuer») to pay to the beneficiary a certain or determinable amount upon simple demand or upon demand accompanied by other documents, in conformity with the terms and any documentary conditions of the undertaking, indicating, or from which it is to be inferred, that payment is due because of a default in the per-

---

[1] Der Text wurde dem UNCITRAL-Kommissionsbericht A/CN.9/XXVIII/CRP.1/Add.9 vom 16.5.1995 entnommen.

formance of an obligation, or because of another contingency, or for money borrowed or advanced of any mature indebtedness undertaken by the principal/applicant or another person.

(2) The undertaking may be given:

(a) At the request or on the instruction of the customer ("principal/applicant") of the guarantor/issuer;
(b) On the instruction of another bank, institution or person ("instructing party") that facts at the request of the customer ("principal/applicant") of that instructing party; or
(c) On behalf of the guarantor/issuer itself.

(3) Payment may be stipulated in the undertaking to be made in any form, including:

(a) Payment in a specified currency or unit of account;
(b) Acceptance of a bill of exchange (draft);
(c) Payment on a deferred basis;;
(d) Supply of a specified item of value.

(4) The undertaking may stipulate that the guarantor/issuer itself is the beneficiary when acting in favour of another person.

Article 3. Independence of undertaking

For the purposes of this Convention, an undertaking is independent where the guarantor/issuer's obligation to the beneficiary is not:

(a) Dependent upon the existence or validity of any underlying transaction. Or upon any other undertaking (including stand-by letters of credit or independent guarantees to which confirmations or counter-guarantees relate); or
(b) Subject to any term or condition not appearing in the undertaking, or to any future, uncertain act or event except presentation of documents or another such act or event within a guarantor/issuer's sphere of operations.

Article 4. Internationality of undertaking

(1) An undertaking is international if the places of business as specified in the undertaking, of any two of the following persons are in different States: guarantor/issuer, beneficiary, principal/applicant, instructing party, confirmer.

(2) For the purposes of the preceding paragraph:

(a) If the undertaking lists more than one place of business for a given person, the relevant place of business is that which has the closet relationship to the undertaking;

(b) If the undertaking does not specify a place of business for a given person but specifies its habitual residence, that residence is relevant for determining the international character of the undertaking.

Chapter II. Interpretation

Article 5. Principles of interpretation

In the interpretation of this Convention, regard is to be had to its international character and to the need to promote uniformity in its application and the observance of good faith in the international practice of independent guarantees and stand-by letters of credit.

Article 6. Definitions

For the purposes of this Convention and unless otherwise indicated in a provision of this Convention or required by the context:

(a) «Undertaking» includes «counter-guarantee» and «confirmation of an undertaking»;

(b) «Guarantor/issues» includes «counter-guarantor» and «confirmer»;

(c) «Counter-guarantee» means an undertaking given to the guarantor/issuer of another undertaking by its instructing party and providing for payment upon simple demand or upon demand accompanied by other documents, in conformity with the terms and any documentary conditions of the undertaking, indicating, or from which it is to be inferred, that payment under that other undertaking has been demanded from, or made by, the person issuing that other undertaking;

(d) «Counter-guarantor» means the person issuing a counter-guarantee;

(e) «Confirmation» of an undertaking means an undertaking added to that of the guarantor/issuer, and authorized by the guarantor/issuer, providing the beneficiary with the option of demanding payment from the confirmer instead of from the guarantor/issuer, upon simple demand or upon demand accompanied by other documents, in conformity with the terms and any documentary

conditions of the confirmed undertaking, without prejudice to the beneficiary's right to demand payment from the guarantor/issuer;
(f) «Confirmer» means the person adding a confirmation to an undertaking;
(g) «Document» means a communication made in a form that provides a complete record thereof.

Chapter III. Form and content of undertaking

Article 7. Issuance, form and irrevocability of undertaking

(1) Issuance of an undertaking occurs when and where the undertaking leaves the sphere of control of the guarantor/issuer concerned.

(2) An undertaking may be issued in any form which preserves a complete record of the text of the undertaking and provides authentication of its source by generally accepted means or by a procedure agreed upon by guarantor/issuer and the beneficiary.

(3) From the time of issuance of an undertaking, a demand for payment may be made in accordance with the terms and conditions of the undertaking, unless the undertaking stipulates a different time.

(4) An undertaking is irrevocable upon issuance, unless it stipulated that it is revocable.

Article 8. Amendment

(1) An undertaking may not be amended except in the form stipulated in the undertaking or, failing such stipulation, in a form referred to in paragraph (2) of article 7.

(2) Unless otherwise stipulated in the undertaking or elsewhere agreed by the guarantor/issuer and the beneficiary, an undertaking is amended upon issuance of the amendment if the amendment has previously been authorized by the beneficiary.

(3) Unless otherwise stipulated in the undertaking or elsewhere agreed by the guarantor/issuer and the beneficiary, where any amendment has not previously

been authorized by the beneficiary, the undertaking is amended only when the guarantor/issuer receives a notice of acceptance of the amendment by the beneficiary in a form referred to in paragraph (2) of article 7.

(4) An amendment of an undertaking has no effect on the rights and obligations of the principal/applicant (or an instructing party) or of a confirmer of the undertaking unless such person consents the amendment.

Article 9. Transfer of beneficiary's right to demand payment

(1) The beneficiary's right to demand may be transferred only if authorized in the undertaking, and only to the extend and in the manner authorized in the undertaking.

(2) If an undertaking is designated as transferable without specifying whether or not the consent of the guarantor/issuer or another authorized person is required for the actual transfer, neither the guarantor/issuer nor any other authorized person is obliged to effect the transfer except to the extend and in the manner expressly consented to by it.

Article 10. Assignment of proceeds

(1) Unless otherwise stipulated in the undertaking or elsewhere agreed by the guarantor/issuer and the beneficiary, the beneficiary may assign to another person any proceeds to which it may be, or may become, entitled under the undertaking.

(2) If the guarantor/issuer or another person obliged to effect payment has received a notice originating from the beneficiary, in a form referred to in paragraph (2) of article 7, of the beneficiary's irrevocable assignment, payment to the assignee discharges the obligor, to the extend of its payment, from its liability under the undertaking.

Article 11. Cessation of right to demand payment

(1) The right of the beneficiary to demand payment under the undertaking ceases when:
(a) The guarantor/issuer has received a statement by the beneficiary of release from liability in a form referred to in paragraph (2) of article 7;

(b) The beneficiary and the guarantor/issuer have agreed on the termination of the undertaking in the form stipulated in the undertaking or, failing such stipulation, in a form referred to in paragraph (2) of article 7;
(c) The amount available under the undertaking has been paid, unless the undertaking provides for the automatic renewal or for an automatic increase of the amount available or otherwise provides for continuation of the undertaking;
(d) The validity period of the undertaking expires in accordance with the provisions of article 12.

(2) The undertaking may stipulate, or the guarantor/issuer and the beneficiary may agree elsewhere, that return of the document embodying the undertaking to the guarantor/issuer, or a procedure functionally equivalent to the return of the document in the case of the issuance of the undertaking in non-paper form, is required for the cessation of the right to demand payment, either alone or in conjunction with one of the events referred to in subparagraphs (a) and (b) of paragraph (1) of this article. However, in no case shall retention of any such document by the beneficiary after the right to demand payment ceases in accordance with subparagraphs (c) or (d) of paragraph (1) of this article preserve any rights of the beneficiary under the undertaking.

Article 12. Expiry

The validity period of the undertaking expires:

(a) At the expiry date, which may be a specified calendar date or the last day of a fixed period of time stipulated in the undertaking, provided that, if the expiry date is not a business day at the place of business of the guarantor/issuer at which the undertaking is issued, or of another person or at another place stipulated in the undertaking for presentation of the demand for payment, expiry occurs on the first business day which follows;
(b) If expiry depends according to the undertaking on the occurrence of an act or event not within the guarantor/issuer's sphere of operations, when the guarantor/issuer is advised that the act or event has occurred by presentation of the document specified for that purpose in the undertaking or, if no such documents is specified, of a certification by the beneficiary of the occurrence of the act or event;
(c) If the undertaking does not state expiry date, or if the act or event on which expiry is stated to depend has not yet been established by presentation of the required document and an expiry date has not been stated in addition, when six years have elapsed from the date of issuance of the undertaking.

Chapter IV. Rights, obligations and defences

Article 13. Determination of rights and obligations

(1) The rights and obligations of the guarantor/issuer and the beneficiary arising from the undertaking are determined by the terms and conditions set forth in the undertaking, including any rules, general conditions or usages specifically referred to therein, and by the provisions of this Convention.

(2) In interpreting terms and conditions of the undertaking and in setting questions that are not addressed by the terms and conditions of the undertaking or by the provisions of this Convention, regard shall be had to generally accepted international rules and usages of independent guarantee or stand-by letter of credit practice.

Article 14. Standard of conduct and liability of guarantor/issuer

(1) In discharging its obligations under the undertaking and this Convention, the guarantor/issuer shall act in good faith and exercise reasonable care having due regard to generally accepted standards of international practice of independent guarantees or stand-by letters of credit.

(2) A guarantor may not be exempted from liability for its failure to act in good faith or for any grossly negligent conduct

Article 15. Demand

(1) Any demand for payment under the undertaking shall be made in a form referred to in paragraph (2) of article 7 and in conformity with the terms and conditions of the undertaking.

(2) Unless otherwise stipulated in the undertaking, the demand and any certification or other document required by the undertaking shall be presented, within the time that a demand for payment may be made, to the guarantor/issuer at the place where the undertaking was issued.

(3) The beneficiary, when demanding payment, is deemed to certify that the demand is not in bad faith and that none of the elements referred to in subparagraphs (a), (b) and (c) of paragraph (1) of article 19 are present.

Article 16. Examination of demand and accompanying documents

(1) The guarantor/issuer shall examine the demand and any accompanying documents in accordance with the standards of conduct referred to in paragraph (I) of article 14. In determining whether documents are in facial conformity with the terms and conditions of the undertaking, and are consistent with one another, the guarantor/issuer shall have due regard to the applicable international standard of independent guarantee or stand-by letter of credit practice.

(2) Unless otherwise stipulated in the undertaking or elsewhere agreed by the guarantor/issuer and the beneficiary, the guarantor/issuer shall have reasonable time, but not more then seven business days following the day of receipt of the demand and any accompanying documents, in which to:

(a) Examine the demand and any accompanying documents;
(b) Decide whether or not to pay;
(c) If the decision is not to pay, issue notice thereof to the beneficiary.

The notice referred to in subparagraph (c) above shall, unless otherwise stipulated in the undertaking or elsewhere agreed by the guarantor/issuer and the beneficiary, be made by teletransmission or, if that is not possible, by other expeditious means and indicate the reason for the decision not to pay.

Article 17. Payment

(1) Subject to article 19, the guarantor/issuer shall pay against a demand made in accordance with the provisions of article 15. Following a determination that a demand for payment so conforms, payment shall be made promptly, unless the undertaking stipulates payment on a deferred basis, in which case payment shall be made at the stipulated time.

(2) Any payment against a demand that is not in accordance with the provisions of article 15 does not prejudice the rights of the principal/applicant.

Article 18. Set-off

Unless otherwise stipulated in the undertaking or elsewhere agreed by the guarantor/issuer and the beneficiary, the guarantor/issuer may discharge the payment obligation under the undertaking by availing itself of a right of set-off, except with any claim assigned to it by the principal/applicant or the instructing party.

Article 19. Exception to payment obligation

(1) If it is manifest and clear that:

(a) Any document is not genuine or has been falsified;
(b) No payment is due on the basis asserted in the demand and the supporting documents; or
(c) Judging by the type and purpose of the undertaking, the demand has no conceivable basis,

the guarantor/issuer, acting in good faith, has a right, as against the beneficiary, to withhold payment.

(2) For the purposes of subparagraph (c) of paragraph (I) of this article, the following are types of situations in which a demand has no conceivable basis:

(a) The contingency or risk against which the undertaking was designed to secure the beneficiary has undoubtedly not materialized;
(b) The underlying obligation of the principal/applicant has been declared invalid by a court or arbitral tribunal, unless the undertaking indicates that such contingency falls within the risk to be covered by the undertaking;
(c) The underlying obligation has undoubtedly been fulfilled to the satisfaction of the beneficiary;
(d) Fulfillment of the underlying obligation has clearly been prevented by willful misconduct of the beneficiary;
(e) In the case of a demand under a counter-guarantee, the beneficiary of the counter-guarantee has made payment in bad faith as guarantor/issuer of the undertaking to which the counter-guarantee relates.

(3) In the circumstances set out in subparagraphs (a), (b) and (c) of paragraph (I) of this article, the principal/applicant is entitled to provisional court measures in accordances with article 20.

Chapter V. Provisional court measures

Article 20. Provisional court measures

(1) Where, on an application by the principal/applicant or the instructing party, it is shown that there is a high probability that, with regard to a demand made, or expected to be made, by the beneficiary, one of the circumstances referred to in

subparagraphs (a), (b) or () of paragraph (I) of article 19 is present, the court, on the basis of immediately available strong evidence, may:

(a) Issue a provisional order to the effect that the beneficiary does not receive payment, including an order that the guarantor/issuer hold the amount of the undertaking, or
(b) Issue a provisional court order to the effect that the proceeds of the undertaking paid the beneficiary are blocked,

taking into account whether in the absence of such an order the principal/applicant would be likely to suffer serious harm.

(2) The court, when issuing a provisional order referred to in paragraph (I) of this article, may require the person applying therefor to furnish such form of security as the court deems appropriate.

(3) The court may not issue a provisional order of the kind referred to in paragraph (1) of this article based on any objection to payment other than those referred to in subparagraphs (a), (b) or (c) of paragraph (I) of article 19, or use of the undertaking for a criminal purpose.

Chapter VI. conflict of laws

Article 21. Choice of applicable law

The undertaking is governed by the law the choice of which is:

(a) Stipulated in the undertaking or demonstrated by the terms and conditions of the undertaking; or
(b) Agreed elsewhere by the guarantor/issuer and the beneficiary.

Article 22. Determination of applicable law

Failing a choice of law in accordance with article 21, the undertaking is governed by the law of the State where the guarantor/issuer has that place of business at which the undertaking was issued.

Chapter VII. Final clauses

Article 23. Depositary

The Secretary-General of the United Nations is the depositary of this Convention.

Article 24. Signature. ratification, acceptance. approval, accession

(1)This Convention is open for signature by all states at the Headquarters of the United Nations, New York. until... (the date two years from the date of adoption).

(2) This Convention is subject to ratification, acceptance or approval by the signatory States.

(3) This Convention is open to accession by all States which are not signatory States as from the date it is open for signature.

(4) Instruments of ratification, acceptance, approval and accession are to be deposited with the Secretary-General of the United Nations.

Article 25. Application to territorial units

(1) If a State has two or more territorial units which different systems of law are applicable in relation to the matters dealt with in this Convention, it may, at the time of signature, ratification, acceptance, approval or accession, declare that this Convention is to extend to all units or only one or more of them, and may at any time substitute another declaration for ist earlier declaration.

(2) These declarations are to state expressly the territorial units to which the Convention extends.

(3) If, by any virtue of a declaration under this article, this Convention does not extend to all territorial units of a State and the place of business of the guarantor/issuer or of the beneficiary is located in a territorial unit to which the Convention does not extend, this place of business is considered not to be in a Contracting State.

(4) If a State makes no declaration under paragraph (I) of this article, the Convention is to extend to all territorial units of that State.

Article 26. Effect of declaration

(1) Declarations made under article 25 at the time of signature are subject to confirmation upon ratification, acceptance or approval.

(2) Declarations and confirmations of declarations are to be in writing and to be formally notified to the depositary.

(3) A declaration takes effect simultaneously with the entry into force of this Convention in respect of the State concerned. However, a declaration of which the depositary receives formal notification after such entry into force takes effect on the first day of the month following the expiration of six months after the date of ist receipt by the depositary.

(4) Any State which makes a declaration under article 25 may withdraw it any time by a formal notification in writing addresses to the depositary. Such withdrawal takes effect on the first day of the month following the expiration of six moths after the date of the receipt of the notification of the depositary.

Article 27. Reservations

No reservations may be made to this Convention.

Article 28. Entry into force

(1) This Convention enters into force on the first day of the month following the expiration of one year from the date of the deposit of the fifth instrument of ratification, acceptance, approval or accession.

(2) For each State which becomes a Contracting State to this Convention after the date of the deposit of the fifth instrument of ratification, acceptance, approval or accession, this Convention enters into force on the first day of the month following the expiration of one year after the date of the deposit of the appropriate instrument on behalf of that State.

(3) This Convention applies only to undertakings issued on or after the date when the Convention enters into force in respect of the Contracting State referred to in subparagraph (a) or the Contracting State referred to in subparagraph (b) of paragraph (I) of article 1.

Article 29. Denunciation

(1) A Contracting State may denounce this Convention at any time by any means of a notification in writing addressed to the depositary

(2) The denunciation takes effect on the first day of the month following the expiration of one year after the notification is received by the depositary. Where a longer period is specified in the notification, the denunciation takes effect upon the expiration of such longer period after the notification is received by the depositary.

DONE at,..., this...day of...one thousand nine hundred and ninety-..., in a single original, of which the Arabic, Chinese, English, French, Russian and Spanish texts are equally authentic.

IN WITNESS WHEREOF the undersigned plenipotentiaries, being duly authorized by their respective Governments, have signed the present Convention.

Stichwortverzeichnis

A

Abänderung 28, 35, 38, 39, 68, 106, 121
Abnahmezertifikat 159
Abnützungsentschädigung 176, 198
Abrede 15
Abstraktheit 27, 36, 53, 84, 100, 127 f.
Abstraktheitsregel 56 ff.
Abstraktionsprinzip 53
Abtretung 22, 52, 148
– des Akkreditivs 108
– von Akkreditiverlösen 108
Abweichung 77, 81 ff.
Abzahlungsvertrag 176 ff., 182
Affidavit 58
Agent 68
Akkreditiv 17, 19 ff., 53, 115, 122, 126, 152, 163, 175
– avisiertes 86
– bestätigtes 37
– unwiderrufliches 27, 29, **30** f., 36, 40, 57, 61, 103
– widerrufliches 29, 36, 40
– mit hinausgeschobener Zahlung 31, 36, 39 f., 99, 100
Akkreditivbank 32, 36, 53 ff., 56, 63, 86, 93
Akkreditivbedingungen 36 ff., 59, 68, 72 ff., 74, 78, 90, 98
Akkreditivbetrag 39, 58 ff., 65, 78, 85 ff., 107
Akkreditivverlös 108 f.
Akkreditiveröffnungsauftrag 37, **39** ff.
Akkreditivkonformität 38, 57, 90, 102
Akkreditivklausel 26, 34, **36** ff., 39, 109
Akkreditivsteller 32, 38, 51, 53 f.
Akzeptierungsakkreditiv 31, 99
Akzept 29 f., 55, 90, 96
Akzessorietät 122, 127, 131, 154
Allgemeine Geschäftsbedingungen 23 ff., 54, 84, 115, 132
Amendment 135 f.
An-Bord-Vermerk 43, 46, 47
Angstklausel 90

Anmeldung des Eigentumsvorbehaltes 191
Annahme 38
Annahmeverzug 38
Antrag 34
anwendbares Recht 93, 132
Anweisung 27 f., 32, 34 ff., 54 f., 90 f., 98, 122, 126
Anzahlung 124, 131
Anzahlungsgarantie 131
Arglist 62
Arrest 61, 63 ff., 67, 156
Arrestbegehren 62
Aufnahmefähigkeit 42
Auftrag 26, 32 f., 34, 56, 93, 103, 116, 125, 134, 161 ff.
Auftraggeber 21, 28, 55, 70, 76 ff., 90 ff., 98, 102, 116, 125, 133, 136 ff., 145, 149, 152, 161
Auftragstrenge 28
Aufwendungsersatz 32
Ausfalls-Zahlungsgarantie 124
Auslandbank (siehe Zweitbank)
Auslegung 25, 77, 79, 140, 143, 145, 179
Ausschreibung 136, 152
Aussteller 41, 50, 74
Ausstellung 116, 127
Auszahlungsanspruch (siehe auch Zahlungsaufforderung) 67, 82
Automobil 189, 197 f., 206, 212
Avisierung 28, 86, 88

B

Bank 20, 25 f., **29**, 34 ff., 53 f., 59 ff., 68 ff., 84, 90, 116 f., 125, 126, 134, 139, 140 ff.
– Avisbank 28, 33, 40, 67, **86** f.
– benannte 40, 86, **97** ff.
– bestätigende 28 f., 33, 40, 54, 61, 76, 80, **90** ff.
– eröffnende 25, 28, 30 ff., 36, 39, 54 f., 61, 79, 80 f., 85 f., 93, 100, 103

227

– Remboursbank **90** ff.
– Sitzbank 33
Bankgarantie 17, 54, 113 ff., 117 ff.,
  135, 140, 152, 175
– first demand 121, 149 ff., 153
– Dokumentarbankgarantie 121
Bankgarantietext 126, 128, 131 f., 138
Bankenusanz 131, 157
Bearbeitungsfrist **97** f., 146
Bedingung 31, 37, 74, 117, 136, 187 ff.
– Suspensivbedingung 65, 187 ff., 211
– Resolutivbedingung 27, 29, 36,
  187 ff., 211
Beglaubigung 41
Begünstigter 21, 25 f., 34 f., 38 f., 55,
  58, 69, 74, 85 ff., 92, 94 f., 116, 125,
  132, 138 ff., 145, 147, 150
Beleg 158
Beratungspflicht der Banken 141
Benutzbarkeit 39
Beschaffenheit 40, 74, 83
Besitz 20, 52, 184, 186, 190 f., 207
Besitzanweisung 54
Besitzeskonstitut 190
Besitzübertragung 191
Bestätigung 86, 90 ff.
Besteller 20, 26, 36 f., 150
Bestimmungsort 45
Betreibung 196
Betriebseinrichtungen 201, 208
Betrug 60, 151
Beweisurkunde 51
Bid Bond 123, 152
Bietungsgarantie 123
Bill of Lading 42, 77
Branchenbedingungen 86, 90 ff., 115
Bürgschaft 21, 117 f., 126, 130 f.
– einfache 117
– solidarische (siehe Solidarbürgschaft)
Bürgschaftsvertrag 129 f.
bürgschaftsähnliche Garantie 119
Bürgschaftsurkunde 129 ff.

C

Charterpartie 40
Charterpartie-Konossement 42, 45, 77

Chartervertrag 45
CIM-Frachtbrief 46
clean 47 f.
clean-on-board 47
CMR-Frachtbrief 46
CTO 45

D

Darlehen 176
Darlehensgarantie 124
Datum 131
Dauerschuldverhältnis 16
Deckung 27, 40, 48, 56, 88
Deckungsverhältnis 26, 32, 34, 36, 54,
  57, 66, 71, 81, 94, 103, 125, 128
Devisenbeschränkungen 133
Dienstbarkeit 184
Dokumente 15, 20, 22, 26, 28, 30 ff.,
  40 ff., 70 ff., 98, 104 ff., 125, 140
  145 f., 161
– des Binnenschiffahrtstransportes 42
– des Eisenbahntransportes 42, 76
– des Strassentransportes 42
– Kopie 40
– Original 41, 48
– Rechtswirksamkeit 74, 93
– unstimmige 80 ff.
Dokumentenakkreditiv siehe Akkreditiv
Dokumentenkonnossement 45
Dokumentenmängel 80 ff.
Dokumentenprüfung (siehe auch Prüfung) 39, 63, 85 ff.
Dokumentenstrenge 48
– beim Akkreditiv 32, 58, 61, **69** ff.
– bei der Bankgarantie 140 ff.
doppelte Zustimmung 105 f.

E

Echtheit 74, 83 f., 86 f., 145
Effektivklausel 138 ff.
Eigentum 53, 56, 183, 188, 189
Eigentumsvorbehalt 175 ff.
Eigentumsvorbehaltsregister 181, 183,
  191 ff.

Eigentumsübertragung 182, 186, 191 f.
einfache Bürgschaft (siehe Bürgschaft)
Einredeverzicht 130
Einreicher der Dokumente 72, 78
einstweilige Verfügung 61, 66 f., 101, 103
Eintragung in das Eigentumsvorbehaltsregister 192 ff., 208
– provisorische 193
– Löschung 193
Embargo 57, 60
Empfangsbescheinigung 50
ERA 22 ff., 29, 31 f., 37, 60, 68 ff., 74, 84, 104 f., 115, 164, 233 ff.
Erfüllungsgarantie 124, 156
Erfüllungsgehilfe (siehe Hilfsperson)
Erfüllungsort 13
ERGDA 22 ff.
Erklärung 97, 136, 139, 145 f., 161, 181
Erlöschen der Bankgarantie 138 f., 148, 151, 160 f.
Eröffnung des Akkreditivs 36 f., 57, 60, 68, 86, 93 f.
Eröffnungsauftrag 39, 61.
exceptio non adimpleti contractus 14
Expertise 121
Exporteur 25, 122, 124, 132
extend or pay 137 f., 154

F

Fälligkeit 16, 99 ff., 103, 151
Fälschung 74 f., 79, 83 ff.
Fahrnis 186
Fahrniseigentum 177
Fahrnisverschreibung 180, 200 f., 211
Fahrzeug 46, 189
Faustpfand 190, 208
Faustpfandprinzip 190
FIATA 46
fiduziarisches Eigentum 53 f., 207
Filiale 29, 92, 117, 144
Forfaitierung 148
Form 37, 42, 68 ff., 74, 83, 129 f., 135, 144, 145, 161, 182
Formvorschriften 44, 50, 118, 207
– Akkreditiv 44
– Bankgarantie 127 ff., 131, 136

– Bürgschaft 128 f.
– Garantie 128 f.
– Mitteilungen 68 ff.
Frachtführer 41, **43**, 50 ff., 74, 83, 95
Frachturkunde 45, 52
Frachtvertrag 41
Freizeichnung 83, 97, 161
Frist 37 f., 68, 93 ff., 131, 137, 144

G

Garant 117, 137, 161 ff.
Garantie 21, 82 f., 130
– akzessorische 114
– direkte 156
– unabhängige 115 f., 119, **121,** 123, 125, 127, 129
Garantieauftrag 140
Garantieauftraggeber 125, 127, 129
Garantiebestimmungen 141 ff., 163
Garantiebetrag 144, 149
Garantiefrist 151
Garantieversprechen 153
Garantievertrag 22, 118, 126
Gattungssache 185, 189, 211
Gefahrtragung 192, 194 ff.
Gefahrübergang 97
Gegenakkreditiv 22
Gegengarantie 125, 132 ff., 136 f. 157
Genauigkeit 74, 83, 145
Gerichtsbeschluss 57
Gerichtsurteil 63, 121, 145, 152
Geschäftsniederlassung 116, 193
Gestaltungsrecht 29, 195
Gesundheitsbestätigung 76
Gewährleistungsgarantie 124
Gewicht 49, 74, 78, 83
Gewichtsvermerk 49
Gewohnheitsrecht 24
Glaubwürdigkeit 157
Grundstückkauf 181, 183
Grundvertrag 133, 136, 152
Gültigkeit 125, 144
Gültigkeitsdauer 39
guter Glaube 143, 146, 158, 163, 177, 185
Gutglaubensschutz 197 f.

H

Haftung 161
- der Banken allgemeinen 74, 83 ff., 145
- der bezogenen Bank 103 ff.
- der eröffnendenBank 102 ff.
Haftungsausschluss 83
Haftungsausschlussklausel 85
Handelsbrauch 144, 164
Handelsrechnung 48 f., 75 f.
Handelsusanz 24, 29, 51
Hand wahre Hand 190
Herausgabeanspruch 52
Hilfsperson 28, 31, 86 f., 93, 161 f.
Hinterlegung 27, 56
Höchstbetrag 39, 129 ff.
höhere Gewalt 96, **98,** 152, 162
Honorierungspflicht 31, 39, **98**

I

ICC-Einheitliche Richtlinien für Contract Bonds 114
ICC Einheitliche Richtlinien für auf Anfordern zahlbare Garantien (siehe URGD)
IHK 17, 22 ff., 114
Importeur 121, 125, 132 f., 155, 156
Inanspruchnahme 128, 131, 136 ff., 140, 145, 147, 150
Incoterm 43 f., 48
indirekte Garantie 132 ff., 154
Indossierung 53
Inkrafttreten der Bankgarantie 131
Inspektionszertifikat 49, 76
Internationales Privatrecht 116, 126
IPRG 134, 189, 194
Irrtum 60, 75, 97

K

Kauf 20, 26, 36 f., 55, 125, 177, 180, 194, 207
Kaufpreis 125, 196
Kausalität 126, 128
Kettengarantie 125

Kredit 27, 33, 104, 194
Kreditbenützung 40
Kreditbrief 33
Kreditfunktion 36
Kreditwürdigkeit 36
Konkurs 14, 196 f., 206
Konnossement 42, 50 f., 52, 77, 96
Konnossementsgarantie 125
Kontrollfirma 76
Kumulative Schuldübernahme 119
Kurierdienst 47
Kurierempfangschei 42, 46

L

Lagerhalter 50
Lagerschein 49
Lagerurkunde 45, 52
Laufzeit 34, 36, 56 ff., 88, 97, 153
Legitimation 144
Leihe 184
Leistung 13 f., 32, 53, 61, 124, 127
Leistungsgarantie 124, 127
Leistungsverweigerungsrecht 14 f.
Letter of Credit 22, 25
lex contractus 25
Lieferant 121
Liefergarantie 124
Lieferklausel 40
Lieferschein 49
Lieferung 38, 61, 74, 83, 153
Luftfrachtbrief 46
Lufttransport 43
Lufttransportdokument 42

M

Makler 48
Mängel 151
Maschinen 124, 201 f., 206, 209 f., 212
Maschinenanmerkung 210
Maschinenprivileg 209
Menge 54, 74, 83
Miete 184
Mietzins 176, 184
Mindestversicherung 48
missbräuchliche Inanspruchnahme 115

Mitbürgschaft 118
Mitteilung 30, 33, 35, 68 ff., 85, 86 ff., 93, 106., 162
Mobiliarpfandrecht 200 ff.
Mobiliarverschreibung 178
multimodales Transportdokument 42
Multi-purpose-Formular 44
Musikinstrumente 206
Mustervertragsklauseln 115

N

Nachsichtakkreditiv 100
Negoziierung 31, 40, 55, 87, **88**, 90, 94, 96
Negoziierungsakkreditiv 100
Nichtigkeit
– des Akkreditivgeschäftes 57
– des Valutaverhältnisses 58
Notifikation 54

O

offene Rechnung 124
«on first demand» 130
Ordre public 129, 152
Ortsangabe 75

P

Pacht 184
pactum de non cedendo 148
pactum de non petendo 61 f.
paper-bag-Klausel 47
Performance Bond 124, 151, 159
Pfändung 195 ff.
Pfandbuch 202
Pfandprotokoll 201
Pfandregister 206
Pfandrecht 184, 195
– festes 204 f.
– gleitendes 204 f.
Pfandvertrag 205, 207
Police 48
Postlieferungsschein 48
Prüfbescheinigung 49

Prüfung 49, 56, 63, 70 ff., 84, 86 ff., 98, 102, 141, 144 f., 160
Prüfungsort 146
Prüfungsrecht 49
Publizität 187
Publizitätsmittel 186 f., 191
Publizitätsprinzip 185

Q

Qualität 49, 74, 83
Qualitätszertifikat 49

R

Rechtskraft 145
– negative 187
– positive 195
Rechtsmissbrauch 58 ff., 137, 150 ff.
rechtsmissbräuchliche Inanspruchnahme 137, 151 ff, 160
Rechtsquelle 25, 54
– faktische 25
Rechtsschein 186 f.
Rechtsprechung
– Bundesgericht 62, 97, 126, 153 ff.
– ausländischer Gerichte 84, 98
– Genfer Cour de Justice 156 ff.
– IHK Schiedsgerichte 151 ff.
– kantonaler Gerichte 153 ff., 197
Reduktion der Bankgarantie 132, 144
Register 176, 178, 181 f., 187, 198, 214 ff.
Registerpfandrecht 203 f., 207
Reiseroute 43
Rembours 30, 60, 89 f., 93
Remboursanspruch 89, 135, 154, 156
Retentionsrecht 51, 197 f., 207
Richter 66, 84, 130, 145 ff., 160, 198
Rohstoff 199, 206
Rückgarantie 125, 155 f.
Rücktritt 15
Rücktrittsrecht 27
Rückzahlung 152

S

Sache 185
- bewegliche Sache 176 ff., 186
- fremde Sache 158 ff., 199 ff.
- verbrauchbare Sache 185, 189
- vertretbare Sache 189
Sachenrecht 52 ff., 178, 183, 185, 203
Sachgesamtheiten 201 f.
Schaden 47, 64, 138, 152, 160, 206
Schadenersatz 15, 34, 67, 119, 199
Schadenersatzanspruch 150
Schiedsgerichtsurteil 121, 142, 145, 149 f., 152
Schiff 45, 206
Schiffahrtsgesellschaft 77 f.
Schriftlichkeit 132, 136 ff., 182
Schuldbekenntnis 35, 126 f.
Seekonnossement 42, 43, 44
Seefrachtbrief 42, 45
Seefrachtführer 31
Seetransport 43
Sicherheit 123, 126
Sicherungsfunktion 36, 71, 164, 184, 200, 218
Sicherungsübereignung 203
Sichtakkreditiv 31, 99
Sichttratte 21
Solidarbürgschaft 117
Sorgfalt 72, 76, 90, 132, 163
- allgemeine 73, **143**
- Prüfungssorgfalt 72, 90, 142, **145** f.
Sorgfaltspflicht 33
Spediteur 44, 49, 74, 83
Spediteurübernahmebescheinigung 49
Staatsvertrag 126, 163
Standby-letter-of-credit 21 f., 25., 119 f., 143, 163, 164
statement of default 144 f.
Substitution 28, 92, 134, 147, 163

T

Täuschung 101
Teilinanspruchnahme 95
Teilverladungen 40, 95
Telekommunikationsmittel 32, 68 ff., 146, 162

- Telegramm 69
- Telefax 69, 144
- Telex 69, 144
Tradition siehe Eigentumsübertragung
Traditionssurrogat 20, 188, 190
Transit 177 f.
Transferbeschränkungen 133
Transparenzgebot 44
Transport
- kombinierter 43, 44
- multimodaler 43, 44, 45
Transportdokument 41 ff.
Transportmodalitäten 40
Tratten 31, 40, 87, 100, 107
Treu und Glauben 5, 58, 71, 74, 79, 83, 89 f., 101
Treuhänder 20

U

Übernahmeort 45
Übertragbarkeit 147
Übertragbarkeitsklausel 40, 104
Übertragung 52, 147
- des Akkreditivs 104 ff.
- des Rechtes der Garantieinanspruchnahme 147 ff.
- des dinglichen Rechts 53, 188
Umladeverbot 43, 46
Unabhängigkeit
- des Akkreditivs 54 ff.
- der Bankgarantie **127** ff., 130
unabhängige Garantie 122
UNCITRAL 115, 158
undertaking 119 f.
Underwriter 48
ungerechtfertigte Bereicherung 38, 60, 82 ff.
Unklarheitenregel 162
Unmöglichkeit 39, 109
Unterakkreditiv 22
Unterschrift 41, 48, 50
UNO-Konvention über unabhängige Garantien und stand-by-letters of credit (Entwurf) 114, 119 f., 123, 125, 129, 135, 137, 142., 158 ff., 164., 286 ff.
Unwiderruflichkeit 132

URDG = ICC einheitliche Richtlinien für auf Anfordern zahlbare Garantien 114 f., 123, 126, 128, 130, 132, 133, 137 f. 142, 148, 164,
Urkunde 52, 202, 206
Urkundenlegitimation 53
Ursprungszeugnis 75

V

Valutaverhältnis 26 f., 34, 36, 38, 54 ff., 58, 66, 71, 89, 93, 121, 128, 131, 139 f., 141, 153
venire contra factum proprium 62
Verarbeitung 199 ff.
Vereinbarung des Eigentumsvorbehaltes 181, 185
Verfälschung (siehe auch Fälschung) 146, 158, 161
Verfall 88
Verfalldatum 39, 58, 94 f., **96** ff., 107 f., 191
Verfalltermin 94, 103
Verladedatum 39, **95**, 107
Vermischung 199 ff.
Vermutung 29, 56, 88, 186
Verpackung 47
Verrechnung 101, 109, 152, 164
Verschiffung 96 f.
Verschlechterung der Vermögenslage 14
Verschulden 84 f., 161, 162
Versicherer 74
Versicherung 40
Versicherungsdeckung 40, 48, 107
Versicherungsdokumente 48 f.
Versicherungszertifikat 48, 79
Verstrickungsbruch 67
Vertrag 144
– einseitiger 35
– sui generis 127
– synallagmatischer 13
– zugunsten eines Dritten 34
– zu Lasten eines Dritten 34, 126
Vertragserfüllung 20, 126, 127, 151
Veruntreuung 188 ff., 199
Viehhandel 179
Viehverschreibung 175 f.
Vindikation 192

Vollständigkeit 74 ff., 83
Voravis 69
Vorauszahlungspflicht 15
Vorbehalt 35, 80 ff.
Vorlagefrist 94 f.
Vorleistung 16, 37
Vorleistungspflicht 15, 21
Vorräte 200 f., 208
vorsorgliche Massnahmen 100, 156, 158

W

Währung 36, 39, 48, 131
Ware 20, 40, 41 ff., 53, 55, 74 ff., 124, 187
Warenbeschreibung 40, 48, 77 f.
Warenlager 185, 188 f., 200 f., 208
Warenpapier 50, 52 ff.
Wechsel 22, 25 f., 90, 131
Weisung 28 f., 31 f., 39, 40, 62, 69, 79, 86, 90, 99, 102 f., 138, **140** f., 161 f.
Weiterverkauf 189
Werklieferungsvertrag 26, 36, 125
Werkvertrag 20, 26, 36 f., 89, 125
Werkzeug 206
Wertpapier 43, 49 ff.
Wertpapiercharakter 50 ff.
Widerruf 29 f., 61, 132
Widerspruch 75 f., 144, 195
Wiegestempel 49
Wiener Kaufrecht 116, 164, 195
Willkür 121
Wirksamkeit 74, 146
Wohnort 179, 188, 193, 208

Z

Zahl 77, 129
Zahlstelle 28, 31 f., 36, 67, 85, 90, 104, 108
Zahlstellenvereinbarung 31
Zahlung 13, 15, 30, 35, 39, 57, 59 f., 71, 88, 90, 94 f., 96, 103, 108, 133, 138 ff.
– hinausgeschobene 31, 36, 39 f., 99, 100
– unter Vorbehalt 80 ff.

Zahlungsaufforderung 132, **136** ff.,
  144, 154, 157, 158
Zahlungsaufforderungsklauseln 132
Zahlungsaufschub 131
Zahlungshalber 109
Zahlungspflicht 21
Zahlungsstatt 109
Zahlungsfähigkeit 14, 74, 83, 121
Zahlungsfrist 13, 63
Zahlungsfunktion 36, 122
Zahlunmgspflicht 21, 184 f., 204
Zahlungssurrogat 131
Zahlungsversprechen 35 f., 66, 122
Zahlungsverzug 157
Zug um Zug 13 f., 20, 22, 71, 93 f., 198
Zugehör 201, 208, 210
Zuschlag 123, 152
Zweitbank 31 f., 40, 85 ff., 103 ff., 117,
  133, 134, 140 f., 154
Zweitbegünstigter 106 f.